울산지방의 문학전통과 작품세계

# 서 언

이 책은 고전문학 작품을 통하여 울산지방의 문학전통을 확인하고 그 작품세계를 고찰한 작업이다. 한국 문학사의 기술에서 민족이나 국가 단위에서 전승되는 문학작품을 대상으로 하는 것이 일반적이라고 할 때 '울산지방'이라는 제한된 지역을 한정사로 달고 그 지역의 문학적 전통과 작품세계를 다루는 일은 일견 미시적인 것이고 공간적 제한성을 지닌 것이므로 소소하고 보잘것없는 작업일 수 있다는 전제를 달기 쉽다. 한편 다른 각도에서 생각하면 이러한 작업은 오히려 민족이나 국가 단위의 문학사 기술에서 놓칠 수 있는 세세하고 친밀한 지역민의 정서와 향토적 특성을 담을 수 있는 장점이 있기도 하다.

지방화시대를 맞아 각 지자체에서는 자기 고장의 문화적 전통을 타지역과 차별화하기 위하여 그 지역에 전승된 것의 의미를 침소봉대하거나 아전인수 격으로 해석하는 현상은 경계해야 할 사항인 것이 분명하지만, 지금까지 중앙의 문화만을 중시하여 각 지역의 고유한 문화적 현상과 특징을 몰가치한 것으로 폄하하는 태도도 배제되어야 할 자세이다. 이런 점을 고려할 때 울산지방은 민족 차원의 문학과 지역의 문학을 함께 다루기에 적절한 곳이라고 할 수 있다. 이 지역은 향가 〈처용가〉가 생성된 지역일 뿐만 아니라 박제상과 그 부인 및 딸의 애환이 서린 치술령이 존재하는 곳으로서, 이곳에 얽힌 설화와 일화에 관련된 갖가지 후일담은 많은 사람들의 시적 제재 및 구비전승의 자료가 되어서 오랜 세월에 걸쳐 제작되고 전승된 작품으로 남아 있다. 거기에 더하여 이곳 출신의 인사와 팔도에서 찾아온 시인묵객이 반구대나 작천정, 선바위 등의 수려한 산천 명소에서 음영한 작품들은 지역적 특성을 반영하고 있다.

이 책은 1장에서 울산의 지정학적 위치와 문학전통을 일별해 본 다음 2장에서는 울산지방의 역사와 설화를 다루고 있는 문학작품을 고찰하여 보았으며, 3장에서는 울산지방의 경승을 다룬 한시의 세계를 고찰하고, 4장에서는 울산지방의 생활과 풍속을 다루고 있는 시문을 살펴보는 것으로 구성되어 있다. 대상 작품은 주로 문헌에 실려 전해지는 것을 다루었으나 경우에 따라서는 필자가 직접 현장을 답사하여 조사한 자료 및 울산대학교 국어국문학과에서 조사한 이 지역 구비문학 자료를 활용하기도 하였다.

이 책이 울산지방의 문학적 전통을 어느 정도 충실하게 정리하고 있다고 판단하고 있지만 보는 각도에 따라서는 빠진 내용이나 보충해야 할 것들이 있을 것으로 생각된다. 그러나 한 술 밥에 배부를 수는 없을 것이므로 부족한 점들은 앞으로 보완하거나 다른 작업을 통해 채울 수 있을 것으로 생각하며 스스로 위안을 삼는다.

1990년대의 아이엠에프 한국사태 때보다도 더 심한 세계적 경제위기 때문에 모두가 어려워하고 있는 이때에 출판사라고 불황을 겪지 않을 리가 없을 텐데도, 필자와의 오랜 안면 때문에 거절하지 못하고 흔쾌히 출판에 응해 주신 도서출판 월인의 박성복 사장께 감사하고 아울러 예쁜 책을 만드느라고 애써 주신 실무자에게도 고마운 뜻을 전하는 바다.

2009년 5월 20일에
문수산 아래 무거동 연구실에서
성범중 삼가 씀

# 목 차

# 제1장 울산의 지정학적 위치와 문학전통

오늘날 도시 규모와 경제력, 인구의 집약이라는 측면에서 전국에서 몇 손가락 안에 꼽히는 울산광역시(蔚山廣域市)는 한반도의 동남쪽 끝부분에 자리 잡고 있다는 지정학적 위치로 인하여 늘 정해진 때 없이 침범하는 왜구(倭寇) 방어의 최전선 역할을 감당하였고, 정치・문화의 주도권이 한반도의 중부지역으로 옮겨간 고려시대 이후에는 도성(都城)으로부터 멀리 떨어져 있음으로써 중앙에 비하여 문화적 소외지로 인식되어 온 고장이었다. 지정학적 위치에 따른 정치적 위상의 열등성과 문화의 낙후성은 오랜 세월 동안 이 지방을 정치와 문화의 소외지로 인식되게 한 동인이었다. 이러한 문화적 환경의 열악성은 다음과 같이 정리된다.

> 울산은 바다와 연해 있어 신라시대 이래 왜구의 침입에 전면적으로 노출되어 있었다. 성덕왕(702~736 재위) 때 축조한 관문성(關門城)은 경주를 방어하는 최전방 관방시설이지만 울산의 후방에 위치하고 있었다. 울산은 사실상 신라의 국방에서 제외된 지역이었던 것이다. 고려 현종 9년(1018) 울산에 최초로 파견된 관원이 방어사(防禦使)였던 것은 왜구의 침입에 대비하려는 것이었다.

> 이로 인해 울산은 고려, 조선시대 왜적 방어의 최전선 기지가 되었다. 고려 말에 종래의 읍치 신학성(神鶴城)을 두고 새로이 읍성을 쌓은 것은 왜구의 침입에 대비하려는 목적이었고, 조선 초기에 경상좌도의 육군과 수군의 본영인 병마절도사영과 수군절도사영을 옮겨 온 것도 왜구의 침입에 대비하려는 것이었다. 수군절도사영은 중종 39년(1544) 이전에 동래로 옮겨갔지만, 병마절도사영은 조선 말기까지 존속하였다.
>
> 울산의 이러한 군사요충지라는 특성이 문화적 환경을 무향(武鄕)으로 특징짓는 요인이 되었다. 『신증동국여지승람』에 울산의 풍속을 "예를 숭상하고 상업을 좋아한다. 품성이 굳세어서 문풍을 일으켜 쉽게 교화할 수 있다."고 한 것이 이를 말해주고 있다.1)

이 인용문에서는 울산의 지정학적 위치와 관련하여 울산은 신라시대 이래 왜구의 침입을 대비하는 최전선으로서 국토방위에 필수적인 군사적 기능이 중시되었고 이러한 군사요충지라는 특성 때문에 울산의 문화적 환경을 무향(武鄕)으로 특징짓게 되었다고 설명하고 있다.

그러나 울산은 신라 눌지왕(訥祗王) 때에 단신(單身)으로 일본에 가서 목숨을 바쳐 왕제(王弟)인 미사흔(未斯欣, 일명 美海)를 몰래 돌려보내고 자기는 왜왕(倭王)에게 잡혀서 끝까지 신라인으로서 변하지 않는 충절을 보이다가 불굴의 기개를 빛내고 순절(殉節)한 박제상(朴堤上)의 일화와, 그의 부인 김씨(金氏)가 마을 뒤쪽의 치술령(鵄述嶺)에 올라가서 남편의 생환을 고대(苦待)하다가 두 딸과 함께 죽어서 몸은 망부석(望夫石)이 되고 영혼은 새가 되어 건너편 국수봉(國秀峯, 國讐峯)의 바위굴에 들어가서 숨었다고 하는 전설이 전해지는 곳인 만큼 일찍부터 충효열(忠孝烈) 삼절(三絶)의 정신이 면면히 전해 내려오는 고장이기도 하다. 또 이곳은 삼국통일 뒤인 헌강왕(憲康王) 때에 처용

1) 송수환, 『울산의 역사와 문화』, 울산대학교출판부, 2007, 22~23면.

(處容)의 출현과 함께 기원(起源)된 〈처용가(處容歌)〉와 처용설화, 처용무(處容舞)의 문화적 전통이 깊이 각인되어 있는 유서(由緖) 깊은 고장인 만큼 처용과 관련된 다양한 소재는 고려시대와 조선시대를 거쳐 현대에 이르기까지 수많은 문인들의 제영(題詠) 속에서 재탄생하여 새 생명을 얻기도 하였다.

울산은 진한(辰韓)에 소속된 땅이었다가 신라 때에는 굴아화촌(屈阿火村)으로 불리던 곳이었다. 고려 태조(太祖) 때에는 흥려부(興麗府, 또는 興禮府)로 승격하였다가 성종(成宗) 때 공화현(恭化縣)으로 강등되었으며, 고려 현종(顯宗) 9년(1018)에 울주(蔚州)로 개칭하여 방어사(防禦使)를 두었다가 조선 건국 후 태조(太祖) 6년(1397)에 진(鎭)을 두어 병마사(兵馬使)가 지주사(知州事)를 겸하였다. 태종(太宗) 13년(1413)에 울산군(蔚山郡)으로 개칭하였으며, 임진왜란이 끝난 선조(宣祖) 32년(1599)에 도호부(都護府)로 되었다가 고종(高宗) 32년(1895)에는 다시 울산군이 되었다. 1931년에는 울산면(蔚山面)이 울산읍(蔚山邑)으로 승격하였고, 1962년에는 울산읍이 다시 울산시로 승격하면서 울산시와 울주군이 분리되었고, 1995년에는 다시 울산시와 울주군이 합하여 도농복합형의 울산시로 되었다가 1997년 7월에는 울산광역시로 개편되어 오늘에 이르고 있다.

이상에서 살핀 울산의 간략한 연혁에서 알 수 있듯이, 울산은 지역적으로 한반도의 동남쪽에 치우쳐 있어서 옛날부터 일본과의 교섭에서 빼놓을 수 없는 중요한 통로의 하나였을 뿐 아니라 또 왜적(倭賊)의 침략을 방어하는 최전선이기도 하였고, 삼포(三浦)의 하나인 염포(鹽浦)는 조선시대 세종(世宗) 때부터 일본과의 공식접촉 장소 중의 하나였다는 사실이 널리 알려져 있다.

울산은 일본을 왕래하는 통신사들의 중요한 통로이자 경유지였다. 『해행총재(海行摠載)』 중에서 울산을 통과하였던 통신사의 기록으로는 부사(副使) 김세렴(金世濂, 1593~1646)의 『해사록(海槎錄)』, 종사관(從事官) 남용익(南龍翼, 1628~1692)의 『부상록(扶桑錄)』, 역관(譯官) 홍우재(洪禹載)의 『동사록(東槎錄)』, 역관 김지남(金指南)의 『동사일록(東槎日錄)』, 부사(副使) 임수간(任守幹, 1665~1721)의 『동사일기(東槎日記)』, 정사(正使) 조엄(趙曮, 1719~1777)의 『해사일기(海槎日記)』 등을 들 수 있다. 통신사 일행이 일본으로 가기 위해서는 서울에서 부산(釜山)까지 육로로 왕래할 수밖에 없었는데, 그 통로는 대개 서울에서 문경(聞慶)까지는 충주(忠州)와 조령(鳥嶺)을 거치는 한 길이었지만, 문경에서 부산까지는 예천(醴泉), 안동(安東), 영천(永川), 경주(慶州), 울산(蔚山), 동래(東萊)를 거치는 길과 상주(尙州), 인동(仁同), 대구(大邱), 밀양(密陽), 양산(梁山), 동래(東萊)를 거치는 길로 나누어져 있었다.[2] 울산도 그 중 한 통로에 속하였기 때문에 이곳은 통신사 일행이 통과하는 도중에 쉬어가면서 풍류를 즐긴 경우가 제법 많았던 것으로 보인다.[3]

2) 홍우재의 『동사록』에 나타난 국내 노정을 살펴보면 使行을 떠날 때와 돌아올 때의 노정이 달리 나타나고 있다. 入去할 때의 노정은 漢城 → 良才驛(果川) → 陽智 → 竹山 → 無極 → 崇善 → 忠原(忠州) → 安保驛(水安堡) → 鳥嶺 → 聞慶 → 龍宮 → 醴泉 → 安東 → 義城 → 義興 → 新寧 → 永川 → 慶州 → 蔚山 → 東萊 → 釜山이고, 回程할 때의 노정은 부산 → 동래 → 梁山 → 密陽 → 楡川 → 淸道 → 大邱 → 松林寺 → 仁同 → 梧里院 → 尙州 → 咸昌 → 문경을 거친 다음 문경부터는 한양에서 내려올 때의 길을 되짚어 돌아간 것으로 되어 있다.(이 사행의 노정은 許善道, 「동사록 해제」, 『국역해행총재』 v.6, 민족문화추진회, 1974, 123~124면에 정리되어 있다)

3) 한 예로 趙泰億의 시, 〈울산 객사에서 구호하다(蔚山客舍口號)〉(『謙齋集』 권6, 「東槎錄」 上, 『韓國文集叢刊』 189, 87면)를 보면 다음과 같다.

행인은 저녁에 깃발을 머물게 하는데
대나무 울타리 연꽃향기가 창에 가득하네.
밤 깊어 남은 더위가 스러지기를 기다려서
작은 배로 태화강을 거슬러 오르네.
行人向晩駐麾幢 竹籬荷香滿一窓
待得夜深殘暑退, 小舠沿泝太和江

이 시를 통해 볼 때, 통신사 일행은 울산을 거쳐 갈 때 객관에 머물다가 밤에 태

또 지적할 사항은 울산이나 언양(彦陽)이 중앙에서 극변지역(極邊地域)으로 인식된 유배지(流配地)였다는 점이다. 고려 말에는 정몽주(鄭夢周, 1337~1392)와 김흥경(金興慶, ?~1374)이 언양으로 유배되었고, 조선시대에는 김수익(金壽翼, 1600~1673)이 울산에 유배되었다는 사실[4] 등으로 보아 이곳은 중앙 정계에서 보면 '하늘 끝'(天涯)으로 인식되었던 궁벽한 곳이었음을 알 수 있다. 그래서 이곳에 부임하는 관료들도 대단한 고절감(孤絶感)을 느끼게 되었으므로 그러한 느낌을 시를 통해 드러내기도 하였다.

울산지역 한시에 대한 기존의 연구로는 『울산읍지(蔚山邑誌)』「제영(題詠)」에 실린 작품을 중심으로 한 울산지역 한시에 대한 소개가 있은 뒤[5], 울산지역의 경승한시(景勝漢詩)를 모아 역주(譯註)한 작업이 이루어졌으며,[6] 조선후기의 위항시인(委巷詩人)인 홍세태(洪世泰, 1653~1725)가 울산의 감목관(監牧官)으로 와 있을 때 지은 한시의 번역하고 평설한 성과도 있었다.[7] 그러나 이런 작업들은 대개 자료의 소개와 해설이 중심을 이루고 있어서, 울산지역 한시에 본격적인 논의라고 하기에는 일정한 한계가 있는 게 사실이다. 필자는 이러한 작업성과를 바탕으로 그 동안 울산의 문학적 전통과 관련된 지속적인 작업을 진행하여 왔던 바,[8] 이 책은 그러한 작업의 성과들을 체계화하고 정리

---

화강에서 뱃놀이하며 즐기는 경우도 있었음을 알 수 있다.

4) 이 사실은 南龍翼, 〈過金濟州(壽翼)謫居(居在蔚山)〉(『扶桑錄』 上, 『국역海行摠載』 v.5, 337면)에서 확인된다.

5) 대표적인 것으로 다음 몇 가지를 들 수 있다.
崔二洛, 「蔚山八景攷」, 『鄕土史報』 1집, 蔚山鄕土史硏究會, 1988.
韓石根, 「東面八景과 方魚津十二景」, 『鄕土史報』 5집, 蔚山鄕土史硏究會, 1994.
韓石根, 「蔚山에 남겨진 名詩閱覽」, 『鄕土史報』 9집, 蔚山鄕土史硏究會, 1998.

6) 宋洙煥 譯註, 『태화강에 배 띄우고(蔚山景勝 漢詩選集)』, 울산광역시, 1999.

7) 金松泰, 「蔚山監牧 洪世泰와 그가 남긴 鄕土詩에 대한 小攷」, 『鄕土史報』 9집, 蔚山鄕土史硏究會, 1998.

8) 성범중, 「고전문학과 지역성의 문제」, 『국어국문학』 144집, 국어국문학회,

한 것이라고 할 수 있다.

이 책에서는 그 동안 집성된 울산지방과 관련된 문학 자료와 그것에 대한 연구 성과를 바탕으로 울산지방에서 전개된 문학의 몇 가지 면모를 살펴보고자 한다. 순서에 따라 제2장에서는 울산의 역사와 설화의 세계를 살피고, 제3장에서는 경승(景勝) 한시의 세계를 고찰하며, 제4장에서는 생활과 풍속에 관련된 시문을 다루기로 하겠다.

이러한 과정을 통해서 우리는 한반도 동남쪽에 위치한 울산지방의 문학전통과 작품세계를 전반적으로 살펴볼 수 있을 것으로 기대한다.

---

2006.12.

______, 「구소(九簫) 이호경(李頀卿)의 한시(漢詩)」, 『울산문학』 2007년 겨울호(통권 42호), 울산문인협회, 2007.12.

______, 「구충당(求忠堂) 이의립(李義立)의 시가」, 『울산문학』 2008년 봄호(통권 43호), 울산문인협회, 2008.3.

______, 「磻溪 李養吾의 漢詩世界」, 『韓國漢詩研究』 12집, 韓國漢詩學會, 2004.10.

______, 「반계(磻溪) 이양오(李養吾)의 「감회(感懷)」」, 『울산문학』 2007년 가을호(통권 41호), 울산문인협회, 2007.9.

______, 「반구대와 집청정의 한시」, 『울산문학』 2007년 여름호(통권 40호), 울산문인협회, 2007.6.

______, 「울산지역 한시의 제 양상」, 『韓國漢詩研究』 8집, 韓國漢詩學會, 2000.10.

______, 「한문학 속의 울산」, 『울산광역시사』2(전통문화편), 울산광역시, 2002년.

______, 『한문학 속에 남아 있는 울산지역의 풍광과 풍류』, 울산대학교출판부, 2005.

# 제2장 역사와 설화의 세계

## 1. 처용암과 처용설화, 〈처용가〉

『삼국유사』 권2, 「기이(紀異)」 제2 「처용랑 망해사(處容郎望海寺)」 조에 실린 설화를 제재로 한 작품은 이제현(李齊賢, 1287~1367)의 「소악부(小樂府)」(『益齋亂藁』 권4)를 필두로 『신증동국여지승람(新增東國輿地勝覽)』 권21, 「경주부(慶州府)」 '고적(古跡)' 조에 이제현의 소악부와 함께 수록되어 있는 이첨(李詹, 1345~1405)의 시, 이숭인(李崇仁, 1349~1392)의 〈십일월 십칠일 밤에 공익의 신라 처용가를 들으니 성조가 비장하여 사람을 감상에 젖게 하다(十一月十七日夜 聽功益新羅處容歌 聲調悲壯 令人有感)〉(『陶隱集』 권2), 김종직(金宗直, 1431~1492)의 〈처용암(處容巖)〉(『佔畢齋集』 권4, 「開雲浦二詠」), 성현(成俔, 1439~1504)의 〈처용(處容)〉(『虛白堂集』 권9), 이익(李瀷, 1579~1624)의 〈처용가(處容歌)〉(「海東樂府」), 이학규(李學逵, 1770~1834)의 〈처용무(處容舞)〉(「嶺南樂府」), 이복휴(李福休)(생몰년 미상. 英·正祖代)의 〈처용가(處容歌)〉와 이유원(李裕元, 1814~1888)의 『해동악부(海東樂府)』에 실린 시, 정현석(鄭顯奭, 1817~1895)의 『교방가보(教坊歌譜)』에 실린 작품 등 그 수를 헤아리기 어려울 정도로 많지만 이것

들은 대체로 『삼국유사』에 실린 향가 〈처용가〉의 배경설화를 그대로 인용하거나 약간의 변형을 가한 정도의 내용을 담고 있다. 그러나 작품의 초점을 어떤 부분에 맞추는지에 따라 그 내용에서 서로 차이를 보여주기도 한다.

우선 『삼국유사』에 실린 〈처용랑 망해사〉 설화를 살펴보기로 하겠다.[1)]

> 제49대 헌강대왕 시대에 서울로부터 바다에 이르기까지 집과 담이 이어지고 초가는 하나도 없었으며, 풍악과 노래가 길에서 끊이지 않고 풍우는 사철 순조로웠다. 이에 대왕이 개운포[학성 서남쪽에 있다. 지금의 울주(蔚州)]에 출유(出遊)하였다가 장차 돌아오면서 낮에 물가에서 쉬었는데 갑자기 구름과 안개가 자욱하여 길을 잃을 정도였다. 괴상히 여겨 좌우에게 물으니 일관(日官)이 아뢰되 이것은 동해 용의 조화이므로 좋은 일을 행하여 풀 것이라 하였다. 이에 당해 관원에게 명하여 용을 위하여 근처에 절을 세우도록 하였다. 왕명이 이미 내리매 구름이 개이고 안개가 흩어졌다. 그래서 개운포(開雲浦)라고 이름 지었다. 동해 용이 기뻐하여 아들 일곱을 데리고 임금 앞에 나타나서 덕을 찬양하고 춤을 추며 음악을 연주하였다. 그 중 한 아들은 왕을 따라 서울에 와서 정사를 보좌하였는데 이름을 처용이라 하였다. 왕이 미녀로써 아내를 삼게 하여 그를 머물게 하고자 하고 또 급간(級干)이라는 관직을 주었다. 그의 아내가 매우 아름다웠으므로 역신(疫神)이 흠모하여 사람으로 변하여 밤에 그 집에 가서 몰래 동침하였다. 처용이 밖으로부터 집에 돌아와 자리에 두 사람이 누웠음을 보고 노래를 부르며 춤을 추고 물러났다. 노래에 가로되 "동경(東京) 밝은 달에 밤들도록 놀며 다니다가, 들어서 자리 보니 가랑이가 넷이어라. 둘은 내 것인데 둘은 누구 것인가? 본래 내 것이다마는 빼앗아 옴을 어떻다 하리요?"[2)]라고 하였다. 그때에 신이 현형(現形)하여 앞에 꿇어앉아 가로

1) 이 번역문은 李丙燾 역, 『三國遺事』(大洋書籍, 1975)를 인용하였는데, 인용자가 약간의 첨삭을 가한 곳도 있다.

되 “내가 공(公)의 부인을 사모하여 지금 과오를 범하였는데 공이 노하지 아니하니 감격하여 아름답게 여기는 바이오. 이제부터는 맹세코 공의 모습을 그린 것만 보아도 그 문에 들어가지 않겠소.”라고 하였다. 이로 인하여 나라 사람들이 처용의 모습을 문에 붙여서 사귀(邪鬼)를 물리치고 경사를 맞아 들였다. 왕이 이미 (왕성에) 환어(還御)하여 영취산(靈鷲山) 동쪽 기슭의 승지(勝地)를 가려서 절을 세우고 이름을 망해사(望海寺) 또는 신방사(新房寺)라고 하였으니 용을 위하여 세운 것이었다. 또 왕이 포석정(鮑石亭)에 갔을 때에 남산(南山)의 신이 현형(現形)하여 왕 앞에서 춤을 추었는데 좌우의 사람들에게는 보이지 않고 왕에게만 보이었다. 사람이 앞에 나타나 춤을 추고 왕 자신도 춤을 추어 그 형상을 보이었다. 신의 이름을 혹은 상심(祥審)이라 하였으므로 지금까지도 나라 사람들이 이 춤을 전하여 어무상심(御舞祥審), 또는 어무산신(御舞山神)이라고 한다. 혹설(或說)에는 신이 이미 나와 춤을 추자 그 모양을 살피어 공인(工人)에게 명하여 모각(摹刻)시켜 후세에 보이게 하였으므로 상심(象審)이라 하였다 하며, 혹은 상염무(霜髥舞)라고도 하니 이것은 그 형상에 따라 이름을 지은 것이다. 또 왕이 금강령(金剛嶺)에 갔을 때에 북악(北岳)의 신이 나와 춤을 추었으므로 그 이름을 옥도령(玉刀鈴)이라 하고, 또 동례전(同禮殿)에서 연회할 때에는 지신(地神)이 나와 춤을 추었으므로 지백급간(地伯級干)이라 불렀다. 『어법집(語法集)』에는 그때 산신이 춤을 추고 노래를 부르되 “지리다도파(智理多都波)”라 하였는데, 도파(都波)라고 한 것은 대개 지혜로 나라를 다스리는 사람이 미리 알고 많이 도망하여 도읍이 장차 파(破)한다는 뜻이라고 하였다. 즉 지신과 산신은 나라가 장차 망할 줄 알았으므로 춤을 추어 경계케 하였지만 나라 사람들이 깨닫지 못하고 도리어 상서(祥瑞)가 나타났다 하여 탐락(耽樂)을 더욱 심히 한 까닭에 나라가 마침내 망하였던 것이라 한다.[3]

---

2) 이 해석은 신재홍, 『향가의 해석』(집문당, 2000), 141~142면에서 따온 것이다.

3) 第四十九憲康大王之代 自京師至於海內 比屋連墻無一草屋 笙歌不絶道路 風雨調於四時 於是 大王遊開雲浦(在鶴城西南 今蔚州) 王將還駕 晝歇於汀邊 忽雲霧冥曀 迷失道路 怪問左右 日官奏云 此東海龍所變也 宜行勝事以解之

이 설화는 오래 전부터 사람들의 입에 회자되면서 읽혔을 뿐 아니라 매우 다양하게 해석될 수 있는 여지가 있는 소재이기도 하다. 이 설화는 울산의 개운포(開雲浦)라는 지명 유래담의 성격을 띠고 또 망해사(望海寺)라는 사찰 창건 연기설화의 성격을 지니며, 신라 하대(下代)에 국가가 멸망할 것이라는 징조를 보여준 도참(圖讖) 설화의 성격을 띠고 있기도 하다. 또 처용은 그 정체가 울산지방 호족(豪族)의 자제라고 하거나, 멀리 이슬람 문화권에서 온 상인이라거나, 환난(患難)을 제거하고 병을 치료하는 무당(巫堂)이라고도 한다. 처용이 관점에 따라 이러한 상이하거나 복합적 성격을 지닌 존재인 만큼 그 성격이나 설화의 맥락과 관련한 〈처용가(處容歌)〉 해석에도 다양한 입장의 차이가 노정되어 왔던 게 사실이다. 위의 인용문에서의 〈처용가〉 해석은 마지막 2구를 "본디 내해다마는, 빼앗은 것을 어찌하리오"라고 체념적인 차원에서 해석하지 않고, "본래 내해이지마는, 빼앗음을 어떻게 할 것인가"라고 해석한4) 경우처럼 좀 더 적극적이고 능동적 차원에서 문

---

於是 勅有司 爲龍刱佛寺近境 施令已出 雲開霧散 因名開雲浦 東海龍喜 乃率七子現於駕前 讚德獻舞奏樂 其一子隨駕入京 輔佐王政 名曰處容 王以美女妻之 欲留其意 又賜級干職 其妻甚美 疫神欽慕之 變爲人 夜至其家 竊與之宿 處容自外至其家 見寢有二人 乃唱歌作舞而退 歌曰 東京明期月良 夜入伊遊行如可 入良沙寢矣見昆 脚烏伊四是良羅 二肹隱吾下於叱古 二肹隱誰支下焉古 本矣吾下是如馬於隱 奪叱良乙何如爲理古 時神現形 跪於前曰 吾羨公之妻 今犯之矣 公不見怒 感而美之 誓今已後 見畫公之形容 不入其門矣 因此 國人門帖〈處容〉之形 以僻邪進慶 王旣還 乃卜靈鷲山東麓勝地置寺 曰望海寺 亦名新房寺 乃爲龍而置也 又幸鮑石亭 南山神現舞於御前 左右不見 王獨見之 有人現舞於前 王自作舞 以像示之 神之名或曰祥審 故至今國人傳此舞 曰御舞祥審 或曰御舞山神 或云 旣神出舞 審象其貌 命工摹刻 以示後代 故云象審 或云霜髥舞 此乃以其形稱之 又幸於金剛嶺時 北岳神呈舞 名玉刀鈐 又同禮殿宴時 地神出舞 名地伯級干 語法集云 于時 山神獻舞 唱歌云 智理多都波都波等者 盖言以智理國者 知而多逃 都邑將破云謂也.」 乃地神·山神知國將亡 故作舞以警之 國人不悟 謂爲現瑞 耽樂滋甚 故國終亡.(『三國遺事』 권2, 「紀異」 권2, 〈處容郎望海寺〉)

4) 고정의, 「처용가 해독의 재검토」(『울산어문논집』 5집, 울산대학교 국어국문학과, 1989.2), 19면 참조.

제 해결의 방법을 모색한 것을 따른 것이다. 〈처용가〉에 대한 근대적 연구가 시작되기 전에도 처용에 대한 이해는 여러 방향에서 시도되었던 만큼 연구자들의 매우 다양한 견해를 확인할 수 있다. 우선 그 중 이첨의 시와 이익의 시를 대비해 보자.

시내에 가득히 달 밝고 밤은 느긋한데
동해의 신인(神人)이 저자의 누각에 내려왔네.
길이 넓으니 긴 소매로 춤출 수 있고
세상이 화평하니 백전(百錢)을 걸고 놂[5]이 마땅하네.
높은 발자취는 아득히 신선의 고을로 돌아갔어도
남은 노래는 흘러 전해져서 경주(慶州)에 남아있네.
거리 입구에는 봄바람이 때마침 일어나서
의연히 꽃을 꽂은 머리에 불어 움직이게 하네.

滿川月明夜悠悠　　東海神人下市樓
路闊可容長袖舞　　世平宜掛百錢遊
高蹤縹緲歸仙府　　遺曲流傳在慶州
巷口春風時一起　　依然吹動揷花頭

이첨(李詹)의 이 작품은, 동해에서 출현한 처용이 경주로 옮겨와서 달 밝은 밤이면 춤을 추면서 마음껏 태평세상을 구가하며 노니는 모습을 드러내는 데 중점을 두고 있다. 그래서 처용이 선부(仙府)로 돌아가고 없어도 경주지방에는 그 노래와 춤이 유전(流傳)되고 있다고 했다. 따라서 이 작품은 처용 출현의 긍정적인 면에 초점을 맞추고 있다.

처용무(處容舞)를 잠시 그만두고
나의 〈처용가〉를 들어 보라.

---

5) 百錢遊는 중국 晉의 阮修가 나들이할 때 항상 百錢의 돈을 지팡이 끝에 매달고 酒店을 만나면 취하도록 마시고는 돌아갔다고 하는 고사를 가리킨다.

저 사람은 일개 배우(俳優)[6]일 따름이니
군자와는 같은 등급이 아니네.
나아가서 어진 선비를 초빙(招聘)[7]한 것도 아닌데
옮겨서 벼슬을 내려주신 것은 또 웬일인가?
당시(當時) 송악(松岳)에 진인(眞人)이 내려오니
큰 운이 달리는 물결처럼 그를 향하여 돌아갔네.
궁중에서는 암탉이 새벽을 기다려 울어
시림(始林)[8]의 왕기(王氣)가 몰래 녹고 깎이었네.
음란한 놀이에 빠져 한창 기쁨에 젖고
군신(君臣)은 아양 떨고 기뻐하느라 다만 머뭇거릴[9] 뿐이네.
현명한 자는 기미를 알아 물러나서 숨을 수 있었거늘[10]
몇 사람이나 너울대며 춤추며 산모퉁이에 남았던가?
이상하구나, 이 사내[11]는 갓과 옷을 속여서 입고서
몸을 팔아 은택을 구함이 진실로 다른 까닭이 아니었네.
세상을 속이고 총애를 취함이 어떤 사업인가?
산 속의 고라니와 사슴이 응당 꾸짖으리라.
백대(百代)에 널리 퍼져 세속의 놀이가 되었거늘
여대(輿臺)[12]들이 치는 박수에 참으로 웃음꼬투리가 되었네.
그대는 보았으리라, 고운(孤雲)[13]은 벼슬을 버리고 방외(方外)[14]에서

---

6) 俳優는 樂舞나 諧戲를 생업으로 삼는 사람이다.
7) 蒲輪은 安車蒲輪의 준말로, 바퀴를 부들로 싸서 편안하게 탈 수 있도록 한 수레로 賢士를 공경스럽게 추대함을 뜻한다. 漢武帝가 편안히 앉을 수 있는 수레를 부들로 바퀴를 싸 가지고 가서 魯의 申公을 맞이했다는 『漢書』〈儒林傳〉의 고사에서 유래한 말이다.
8) 始林은 雞林, 즉 경주의 옛 이름이다.
9) 媕婀는 주저하며 나아가지 못하는 모양이다.
10) 卷懷는 몸을 거두어 숨는 것이다. 『論語』「衛靈公」의 “나라에 올바른 도가 행하여지면 벼슬을 하고, 나라에 올바른 도가 행하여지지 않으면 물러가서 숨을 수가 있었다.(邦有道則仕 邦無道 則可卷而懷之)”라는 글에서 유래한다.
11) 夫夫는 ‘사람마다’, ‘이 사람’의 뜻이다.
12) 輿臺(儓)는 옛날에 사람을 十等級으로 나눌 때의 제6등급인 輿와 제10등급인 臺로서, 賤役에 종사하는 사람이나 奴僕을 말한다.
13) 孤雲은 崔致遠의 號이다.

노닐어
지금까지 선인(仙人)의 자취가 가야산(伽倻山)에 남아 있음을.

且停處容舞　　聽我處容歌
彼一俳優耳　　君子不同科
出非蒲輪聘　　擎錫又如何
當時松岳眞人降　　大運歸向如奔波
宮中牝雞待晨鳴　　始林王氣陰銷磨
淫遊逸佃方耽懽　　君臣媚悅徒媕婀
明者知微可卷懷　　幾人婆娑在山阿
異哉夫夫詭冠服　　鬻身干澤誠非他
欺世取寵何事業　　山中麋鹿應譏訶
流傳百代成俗戲　　臺輿拍手眞笑囮
君看孤雲棄官遊方外　　至今仙蹟留伽倻

이익(李瀷)의 이 작품은, 앞의 시와는 달리 처용설화에서 네 신인(神人)이 왕 앞에 나타나서 나라가 망할 것을 경계했던 대목에 초점을 맞추어 그 경계에 따라 대비하지 못함으로써 결국 신라가 망하고 말았다는 점에 대해 하나하나 따지고 있다. 군자도 아닌 일개 배우인 처용을 왕이 경주로 데려가서 벼슬을 내려준 게 잘못이라고 했고, 송악(松岳)에 진인(眞人)이 출현하고 신라의 왕기(王氣)가 스러지고 깎이는 이변이 생기는데도 그것이 망국(亡國)의 징조임을 알지 못한 백성들은 음란한 놀이게 빠지고, 군신(君臣)은 아양을 떨며 기뻐한다고 했다. 처용이 춤추는 행위는 결국 몸을 팔아 은택을 구하려는 의도였고, 바로 세상을 속이고 왕의 총애를 취하는 일이었다고 비난하고 있다. 마지막에는 그 놀이가 후대에 널리 퍼져서 세속의 놀이가 되니 천인이나 노복들의 웃음을 유발하는 꼬투리가 되었다고 하면서, 벼슬을 버리고 가야산에 들어갔던 최치원(崔致遠)의 행적과 대비하여 처용의 매신(賣身)

14) 方外는 범위의 밖, 세속의 규범과 한계를 벗어난 곳이다.

행위를 강하게 비난하고 있다.

한편 처용암이 소재한 개운포에서 남쪽으로 바라보이는 곳에는 동백섬이 있는데, 조선시대에 그곳으로 놀러갔던 기생 30여 명이 배가 전복되는 사고로 몰사한 일이 있었다고 한다. 김종직(金宗直)의 시 〈동백도(冬栢島)〉의 서문과 본문은 다음과 같다.

> 옛날 선산 사람 김양보(金陽普)가 고을의 수령과 함께 이 섬에서 노닐고 거나하게 취하여 돌아가다가 배가 뒤집혀 기녀 30여 인과 함께 모두 익사하였다. 그런데 그 고장 사람들이 말하기를, "섬 안에는 뱀이 많은데, 김양보가 노닐 때에 뱀 한 마리가 나오자 이를 죽이고 이 변을 당했다."고 하였다.[15]
>
> 봄빛이 작은 섬을 뒤덮고
> 눈 속에 붉은 기운이 찌는 듯하네.
> 사오 리 되는 큰 바다 물결[16]이
> 비단 무늬처럼 찬란하네.
> 그 누가 방자하게 마시고 즐기면서
> 노래와 악기소리로 해변을 진동시켰는가?
> 전룡(錢龍)[17]은 특히 시기심(猜忌心)이 많아서
> 한낮에도 요망한 기운을 구사(驅使)하네.
> 목란(木蘭) 배를 젓다가 갑자기 실수하여
> 고기 뱃속에 기생(妓生)[18]들을 장사지냈네.
> 해마다 꽃구경하는 계절이 되면
> 부질없이 명지(冥紙)[19]를 불사르네.

---

15) 金宗直, 「開雲浦二詠」 중 〈冬栢島〉, 『佔畢齋集』 권4, 『韓國文集叢刊』 12, 234면. "昔善山人金陽普 與邑宰遊此島 酣醉將還 船覆 與妓三十餘人俱溺 土人云 島中多蛇 陽普之遊也 一蛇出 殺之 値此變"

16) 鰲波는 큰 물결이다.

17) 錢龍은 전설상에 나오는 용의 일종이다.

18) 紅裙은 '붉은 치마'라는 뜻으로, 美人이나 藝妓를 가리킨다.

천년 동안 학성(鶴城)에 한(恨)이 서린 것은
남위(南威)[20]의 무리들이 모두 떠내려가 버렸기 때문이네.

春光冪小島　　雪裏蒸紅雲
鼇波四五里　　爛若錦繡紋
伊誰恣耽樂　　歌吹蕩海垠
錢龍故多猜　　白日驅妖氛
蘭橈忽失手　　魚腹埋紅裙
年年看花節　　空將冥紙焚
鶴城千載恨　　漂盡南威群

이 섬은 현재 울산광역시 울주군 온산읍 방도리에 위치하고 있는데 그 형상이 흡사 동물의 눈과 같다고 하여 목도(目島)라고도 불리며 넓이는 대략 1.5ha(4,500평)이다. 옛날에는 대나무가 많아 죽도(竹島)라고 불린 적도 있는데 지금은 동백나무, 후박나무 등 각종 수목이 무성하여 천연의 절경을 이루고 있다. 섬 전체가 천연기념물 65호 '목도상록수림(目島常綠樹林)'으로 지정되어 있다. 김종직은 어처구니없는 배의 전복사고로 죽은 기생들의 꽃다운 영혼들을 위로하기 위해 이 시를 지은 것으로 볼 수 있다. 이 사건과 관련되는 것으로 『신증동국여지승람』에는 다음과 같은 안등(安騰)의 시와 주석이 실려 있다.

오산(鼇山) 아래 길에서 말 가는 대로 맡겨 놓는데
벽파정(碧波亭) 가에는 풀이 싱그럽네.
거리의 기녀(妓女)[21]들은 모두가 새로운 얼굴인데
강가의 맑은 바람은 지난날과 같네.

---

19) 冥紙는 귀신이나 죽은 사람을 위하여 불살라주는 紙錢을 가리킨다.
20) 南威는 중국 春秋時代 晉나라의 美女이다. 晉 文公이 일찍이 남위를 얻은 뒤 3일 동안 정사를 게을리 하고 나서는 마침내 남위를 멀리하면서 "후세에 반드시 여색 때문에 나라를 망치는 자가 있을 것이다."라고 하였다고 한다.
21) 紅粉은 연지와 분으로 化粧을 뜻하는데, 여기에서는 妓女를 가리킨다.

信馬鰲山山下路　　碧波亭畔草離離
街頭紅粉皆新面　　江上淸風似舊時

라고 하였다. 일찍이 고을을 다스리던 이씨 성을 가진 지군사(知郡事)가 손님과 함께 기생을 데리고 동백도에 가서 놀다가 배가 깨져서 기생이 모두 빠져 죽었으므로, 등(騰)의 시는 대개 그것을 슬퍼한 것이다.[22)]

이 기록은 김종직의 증언과 달리 김양보(金陽普)라는 사람이 이씨 성을 가진 지군사(知郡事)로 바뀌기는 하였으나, 김종직이 언급한 사건과 동일한 사건을 가리키고 있음을 분명하다. 시간이 지나면서 해당 인물에 대한 기억은 흐릿해지지만 그때 함께 죽은 기녀를 애도하는 마음은 두 사람이 마찬가지임을 보여주고 있다.

## 2. 박제상과 치술령설화

치술령은 울산광역시 두동면(斗東面) 만화리(萬和里)와 경상북도 경주시 외동읍 녹동리·석계리 사이에 있는 높이 765m의 산이다. 동해 쪽을 바라보며 정상 언저리에 있는 큰 바위를 망부석(望夫石)이라 하고 정상에 있는 작은 바위를 베틀바위라고 하는데, 이것들은 모두 신라 때 충신 박제상(朴堤上)의 부인과 관련된 증거물들로 전해진다.[23)]

22) 『新增東國輿地勝覽』 권22, 「蔚山郡」 '題詠' 중 〈信馬鰲山山下路〉 항목. "安騰詩云云 (중략) 嘗有知郡姓李者 與客携妓 往遊冬栢島 舟毁妓皆溺死 騰詩蓋傷之也"

23) 한편, 역사학 쪽에서는 鵄述(夫人)을 인명인 박제상의 부인으로 파악하고 實聖王의 딸인 鵄述과 동일인물로 보아 박제상을 실성왕의 부마로 파악하여 실성왕의 사위인 訥祗王과는 동서라고 이해하는 입장(宣石悅, 「朴堤上의 出自와 관

그런데 망부석은 현재 울산광역시 쪽에 있는 바위와 경주시 쪽에 있는 바위를 두고 서로 자기 쪽에 있는 바위가 진짜 망부석이라고 주장하고 있는 실정이다. 울산시 쪽에 있는 바위는 박제상의 부인 김씨가 살았다고 하는 만화리(萬和里)가 내려다보이는 곳 즉 치술령의 서남쪽 방향에 위치하고 있고, 경주시 쪽에 있는 바위는 박제상이 일본으로 떠난 바다를 바라볼 수 있는 곳 즉 치술령의 동쪽 정상 부근에 자리 잡고 있다. 어느 쪽의 바위이건 그것이 설화적 의미를 지니고 있는 만큼 남편 박제상을 그리워하는 부인의 정렬(貞烈)을 드러내는 데에는 별문제가 없을 것으로 생각된다.24)

### 1) 『삼국사기』와 『삼국유사』의 기록

『삼국사기』 권45, 「열전(列傳)」 권5, 〈박제상(朴堤上)〉에는 다음과 같이 기록되어 있다.25)

> 박제상[혹은 모말(毛末)이라고도 한다.]은 시조 혁거세(赫居世)의 후손이요, 파사(婆娑) 이사금(尼師今)의 5세손이고, 조부는 아도(阿道) 갈문왕(葛文王)이었으며, 아버지는 물품(勿品) 파진찬(波珍飡)이었다.

---

등 奈麻」, 『慶大史論』 10, 경남대학교 사학회, 1997)과, 실성왕의 딸의 이름인 鵄述과 박제상 부인을 지칭하는 鵄述(부인)은 자료의 출처가 다르고 또 역사적 사실을 기록한 것과 설화적 입장에서 기술된 기록을 동일시한 것은 인정하기 어렵다는 견해(申鉉雄, 「朴堤上의 出自와 身分問題(續)」, 『新羅文化』, 동국대학교 신라문화연구소, 2006)으로 양분되어 있다. 필자는 치술령과 관련된 이야기는 설화적인 윤색이 가해진 것인 만큼 치술부인이 죽은 곳이기 때문에 고개 이름이 치술령이 되었다는 지명유래담으로 보기보다는, 치술령에서 박제상의 부인이 남편을 그리워하다가 죽어서 치술령의 신모가 되었다고 하는 설화적 맥락을 수용하는 입장에 서 있다.

24) 망부석의 위치에 대한 논란 과정은 장성운, 『울산이 보인다』(대성문화, 2000)에 요약, 정리되어 있다.

25) 이 번역문과 원문은 한글과컴퓨터에서 나온 한국사사료연구소편, 『三國史記 CD 96』을 인용하였는데, 번역문은 인용자가 약간의 첨삭을 가한 곳도 있다.

제상은 벼슬길에 나아가 삽량주(歃良州)[양산(梁山)] 간(干)이 되었다.

이보다 앞서 실성왕(實聖王) 원년(元年) 임인(壬寅, 402)에 왜국과 화친을 맺을 때, 왜왕이 내물왕(奈勿王)의 아들 미사흔(未斯欣)을 인질로 요구하였다. 실성왕은 일찍이 내물왕이 자기를 고구려(高句麗)에 인질로 가게 한 것을 한스럽게 생각하여 그 아들에게 분풀이를 하려고 했기 때문에, 왜왕의 요구를 거절하지 않고 그를 인질로 보내게 하였다. 또한 11년 임자(壬子, 427)에 고구려에서도 미사흔의 형 복호(卜好)를 인질로 요구하여 왕이 또한 그를 보냈다.

눌지왕(訥祗王)이 즉위하자 말 잘하는 사람을 구하여 그들을 데려오기로 하였다. 왕은 수주촌(水酒村) 간(干) 벌보말(伐寶靺)과 일리촌(一利村) 간(干) 구리내(仇里迺)와 이이촌(利伊村) 간(干) 파로(波老) 등 세 사람이 어질고 지혜롭다는 말을 듣고 그들을 불러 물었다.

"나의 아우 두 사람이 왜국과 고구려 두 나라에 인질로 가서 수년간 돌아오지 못하고 있소. 형제인 까닭에 보고 싶은 생각을 스스로 억제할 수 없어 그들이 살아서 돌아오게 하고 싶은데 어떻게 하면 좋겠소?"

세 사람이 이구동성으로 대답하였다.

"신들이 듣건대 삽량주(歃良州) 간(干) 제상(堤上)은 사람이 굳세고 용감하며 지모가 있다 하니, 그가 족히 전하의 근심을 풀어 드릴 수 있을 것입니다."

이에 제상을 불러 앞으로 오게 하고 세 신하의 말을 전하며 고구려로 가 줄 것을 요청하니 제상이 대답하였다.

"신이 비록 어리석고 불초하나 어찌 감히 명을 받들지 않겠습니까?"

제상은 드디어 예의를 갖추고 고구려로 들어가서 왕에게 말했다.

"제가 듣건대 이웃 나라와 교제하는 도는 성실과 신의뿐이라고 합니다. 만일 인질을 서로 주고받는다면 이는 오패(五覇)[26]만도 못한 것

26) 五覇는 五伯 또는 春秋五覇라고도 하는데, 중국 春秋時代에 위세를 떨쳤던 5인의 覇者를 가린다. 覇者는 보통 諸侯를 모아 그 會盟의 盟主가 된 자를 가리키는데, 『荀子』는 齊 桓公, 晉 文公, 楚 莊王, 吳 闔閭, 越 句踐을 五覇라 하였는데, 한편으로는 秦 穆公, 宋 襄公, 또는吳 夫差 등을 꼽기도 한다.

이니 실로 말세(末世)의 일이 될 것입니다. 지금 우리 임금께서 사랑하는 아우가 여기에 있은 지 거의 10년이 됩니다. 우리 임금은 척령(鶺鴒)이 들판에 있는 듯이[27] 영영 잊지 못하고 있습니다. 만약 대왕이 고맙게도 그를 돌려보내 주신다면, 이는 마치 구우일모(九牛一毛) 격으로서 대왕에게는 손해될 것이 없으나, 우리 임금은 한없이 대왕의 유덕함을 칭송하게 될 것입니다. 왕께서는 이 점을 유념하여 주소서!"

왕은

"좋다."

고 하면서 그들이 함께 돌아가는 것을 허락하였다. 그들이 귀국하자 대왕은 기뻐하고 위로하면서 말했다.

"나는 두 아우 생각하기를 좌우의 두 팔과 같이 하는데, 이제 다만 한 팔만 찾았으니 어찌 해야 하는가?"

제상이 대답하였다.

"신이 비록 재주가 노둔하오나 이미 몸을 나라에 바쳤으니 끝까지 명을 욕되게 하지 않겠습니다. 그러나 고구려는 대국이고 왕도 역시 어진 임금이었기 때문에 신이 한 마디 말로써 그를 깨우칠 수 있었지만, 왜인들은 말로써 달랠 수 없으니 속임수로써 왕자를 돌아오게 해야합니다. 신이 저 곳에 가거든, 신이 반역하였다는 죄를 씌우고, 이 소식이 저들의 귀에 들어가게 하소서."

제상은 이에 죽기를 맹세하고 처자도 만나지 않은 채 율포(栗浦)[28]로 가서 배를 타고 왜(倭)로 향하였다. 그의 아내가 이 소문을 듣고 포구로 달려가 배를 바라보면서 대성통곡하며 말했다.

"잘 다녀오시오."

제상이 돌아보면서 말하기를

---

27) 鶺鴒在原은 형제가 급한 일이나 어려운 일을 당하여 서로 돕는 것의 비유로 쓰인다. 『詩經』「小雅(鹿鳴之什)」〈常棣〉詩 2장은 다음과 같다. "들에 있는 할미새 몹시 바쁘듯 형제는 어려울 때 급히 구하네. 아무리 좋은 벗이 있다고 해도 그럴 때는 탄식만 하리.(脊令在原 兄弟急難 每有良朋 況也永歎)"

28) 栗浦는 울산광역시 울주군 강동면 북정자에 있는 항구로 알려져 있다. 조선시대에 첨사관이 있었던 흔적이 남아 있다. 현재는 柳浦石堡라 부른다.

"내가 명을 받들고 적국으로 들어가는 것이니, 그대는 다시 만날 것을 기대하지 마시오."

라 하고, 드디어 그 길로 곧장 왜국에 들어갔다. 그는 마치 모반하다가 그 곳에 온 것처럼 행동하였으나 왜왕이 그를 의심하였다. 그런데 그보다 얼마 전에 백제인이 왜국에 가서 '신라와 고구려가 모의하여 왕의 나라를 침공하려 한다.'고 거짓말을 한 적이 있었다. 그때 왜국에서는 군사를 보내 신라 국경 밖에서 염탐하게 하였다. 그때 마침 고구려가 침입하여 왜의 염탐꾼을 모두 잡아 죽였다. 이러한 사실로 인하여 왜왕은 백제인의 말을 사실로 여겼으며, 또한 신라왕이 미사흔과 제상의 가족을 가두었다는 소식을 접하게 되자, 제상이 정말 배반자라고 믿게 되었다.

이에 왜는 군사를 출동시켜 신라를 습격하기로 하고, 제상과 미사흔을 장수 겸 향도로 삼았다. 행렬이 바다에 있는 산으로 된 섬에 이르자 왜의 여러 장수들이, 신라를 멸한 뒤에는 제상과 미사흔의 처자를 잡아오자고 은밀히 의논하였다. 제상이 이를 알고 미사흔과 함께 배를 타고 놀면서 마치 물고기와 오리를 잡는 것같이 행동하니, 왜인들은 이것을 보고 그들에게 다른 마음이 없다고 좋아하였다. 이때 제상이 미사흔에게 슬며시 본국으로 돌아갈 것을 권했다. 미사흔은

"내가 장군을 아버지처럼 받들고 있는데 어찌 나 혼자 돌아가겠는가?"

라고 대답했다. 제상이 말했다.

"만약 두 사람이 함께 떠난다면 일이 성사되지 않을까 염려됩니다."

미사흔은 제상의 목을 안고 울면서 하직하고 돌아왔다. 제상은 방안에서 혼자 자다가 늦게야 일어났다. 이는 미사흔으로 하여금 멀리 가도록 하기 위함이었다. 여러 사람들이

"장군은 왜 늦게 일어나느냐?"

고 물으니, 제상은

"전 날 배를 탔더니 피곤하여 일찍 일어날 수가 없었다."

고 하였다. 그가 밖으로 나오자 왜인들은 마침내 미사흔이 도망간 것

을 알고 제상을 결박해 놓은 채 배를 풀어 추격하였다. 때마침 안개가 대단히 짙게 끼어서 아무 것도 보이지 않았다.

왜인은 제상을 왕의 처소로 돌려보내고, 곧바로 목도(木島)로 유배시켰다가, 얼마 지나지 않아 장작불로 온 몸을 태운 뒤에 목을 베었다.

대왕은 이 소문을 듣고 애통해 하며 대아찬(大阿飡)을 추증하고, 그의 가족들에게 후하게 물건을 하사하고, 미사흔으로 하여금 제상의 둘째딸을 데려다가 아내를 삼게 함으로써 은혜에 보답케 하였다. 처음 미사흔이 돌아올 때 대왕은 6부에 명령하여 멀리 나가서 그를 맞게 하였으며, 그를 만나게 되자 손을 잡고 서로 울었다. 형제들이 모여 술자리를 마련하고 마음껏 즐겼으며, 왕이 가무를 스스로 지어 자신의 뜻을 나타냈는데, 지금 향악(鄕樂) 가운데의 〈우식곡(憂息曲)〉이 그것이다.[29)]

29) 朴堤上(或云毛末) 始祖赫居世之後 婆娑尼師今五世孫 祖阿道葛文王 父勿品波珍飡 堤上仕爲歃良州干 先是 實聖王元年壬寅 與倭國講和 倭王請以奈勿王之子未斯欣爲質 王嘗恨奈勿王使己質於高句麗 思有以釋憾於其子 故不拒而遣之 又十一年壬子 高句麗亦欲得未斯欣之兄卜好爲質 大王又遣之 及訥祇王卽位 思得辯士往迎之 聞水酒村干伐寶靺一利村干仇里迺利伊村干波老三人有賢智 召問曰 吾弟二人 質於倭麗二國 多年不還 兄弟之故 思念不能自止 願使生還 若之何而可 三人同對曰 臣等聞歃良州干堤上 剛勇而有謀 可得以解殿下之憂 於是 徵堤上使前 告三臣之言而請行 堤上對曰 臣雖愚不肖 敢不唯命祗承 遂以聘禮入高句麗 語王曰 臣聞交鄰國之道 誠信而已 若交質子 則不及五覇 誠末世之事也 今寡君之愛弟在此 殆將十年 寡君以鶺鴒在原之意永懷不已 若大王惠然歸之 則若九牛之落一毛 無所損也 而寡君之德大王也不可量也 王其念之 王曰諾 許與同歸 及歸國 大王喜慰曰 我念二弟 如左右臂 今只得一臂奈何 堤上報曰 臣雖奴才 旣以身許國 終不辱命 然高句麗大國王亦賢君 是故臣得以一言悟之 若倭人 不可以口舌諭 當以詐謀 可使王子歸來 臣適彼 則請以背國論 使彼聞之 乃以死自誓 不見妻子 抵栗浦 汎舟向倭其妻聞之 奔至浦口 望舟大哭曰 好歸來 堤上回顧曰 我將命入敵國 爾莫作再見期 遂徑入倭國 若叛來者 倭王疑之 百濟人前入倭 讒言新羅與高句麗謀侵王國 倭遂遣兵邏戍新羅境外 會 高句麗來侵 幷擒殺倭邏人 倭王乃以百濟人言爲實 又聞羅王囚未斯欣堤上之家人 謂堤上實叛者 於是 出師將襲新羅 兼差堤上與未斯欣爲將 兼使之鄕導 行至海中山島 倭諸將密議 滅新羅後 執堤上未斯欣妻孥以還 堤上知之 與未斯欣乘舟遊 若捉魚鴨者 倭人見之 以謂無心喜焉 於是 堤上勸未斯欣潛歸本國 未斯欣曰 僕奉將軍如父 豈可獨歸 堤上曰 若二人俱發 則恐謀不成 未斯欣抱堤上項 泣辭而歸 堤上獨眠室內晏起 欲

한편 일연(一然)이 지은 『삼국유사(三國遺事)』 권1, 「기이(紀異)」 권1의 〈내물왕(奈勿王)[나밀왕(那密王)이라고도 한다.] 김제상(金堤上)〉에는 다음과 같이 기록되어 있다.[30]

> 제17대 나밀왕(那密王) 즉위 36년(390)에 왜왕(倭王)이 사신을 보내어 내조(來朝)하여 말하였다.
>
> "우리 임금이 대왕이 신성하다는 소문을 듣고 신(臣) 등으로 하여금 백제(百濟)의 죄를 대왕에게 고하게 하였으니 대왕은 왕자 한 분을 보내어 우리 임금에게 성의를 표하소서."
>
> 이에 왕이 셋째 아들 미해(美海)[미토희(未吐喜)라 하기도 한다.]를 왜국에 보내니, 나이가 열 살이므로 말씨나 행동이 아직 예절에 익숙지 못한 까닭에 내신(內臣) 박사람(朴娑覽)으로 하여금 부사(副使)를 삼아 같이 보냈다. 왜왕은 이들을 억류해 두고 30년 동안이나 돌려보내지 않았다. 눌지왕(訥祗王)이 즉위 3년 기미(己未, 419)에 고구려 장수왕(長壽王)이 사신을 보내어 내조(來朝)하여 아뢰었다.
>
> "우리 임금이 대왕의 아우 보해(寶海)가 지혜와 재예가 특출하다는 말을 듣고 서로 가까이 지내고자 하여 특히 소신(小臣)을 보내어 간청하는 바입니다."
>
> 왕이 듣고 다행스럽게 여기고 이로 인하여 화친을 맺으려고 그의 아우 보해에게 고구려로 떠나게 하고 내신(內臣) 김무알(金武謁)로 보좌(輔佐)를 삼아 같이 가게 하였다. 장수왕도 이들을 억류해 두고 돌려보내지 않았다. 재위 10년 을축(乙丑, 245)에 왕이 여러 신하들과 나라 안의 호협(豪俠)들을 불러서 친히 잔치를 베풀었다. 술이 세 순배

---

使未斯欣遠行 諸人問 將軍何起之晩 答曰 前日行舟勞困 不得夙興 及出 知未斯欣之逃 遂縛堤上 行舡追之 適煙霧晦冥 望不及焉 歸堤上於王所 則流於木島 未幾 使人以薪火燒爛支體 然後斬之 大王聞之哀慟 追贈大阿湌 厚賜其家 使未斯欣娶其堤上之第二女爲妻 以報之 初 未斯欣之來也 命六部遠迎之 及見 握手相泣 會兄弟置酒極娛 王自作歌舞 以宣其意 今鄕樂憂息曲 是也.(『三國史記』 권45, 「列傳」 권5, 〈朴堤上〉)

30) 이 번역문은 李丙燾 역, 『三國遺事』(大洋書籍, 1975)를 인용하였는데, 인용자가 약간의 첨삭을 가한 곳도 있다.

가 돌아가자 모든 음악이 시작되었다. 왕이 눈물을 흘리며 여러 신하에게 말하였다.

"전에 아버님께서 성심으로 백성을 염려하신 까닭에 사랑하는 아들을 왜국에 보냈다가 보지 못하고 돌아가셨고, 내가 또 즉위한 이래로 이웃 나라의 군사가 매우 강성하여 전쟁이 그칠 사이가 없었는데 고구려만이 화친을 맺자고 하였으므로 내가 그 말을 믿고 친동생을 보냈더니 고구려도 억류해 두고 보내지 않는구려. 내가 비록 부귀를 누리지만 일찍이 하루도 잊어버리고 울지 않는 날이 없었소. 만일 두 아우를 만나 함께 선왕(先王)의 사당(祠堂)에 사례하게 된다면 나라 사람에게 은혜를 갚을 것이니, 누가 그 꾀를 이룰 수 있겠소?"

이때 백관(百官)이 모두 아뢰었다.

"이 일은 정말 쉬운 일이 아닌 만큼 반드시 지혜와 용맹이 있는 사람이라야 할 것입니다. 신(臣)들이 생각하기에는, 삽라군(歃羅郡)[양산(梁山)] 태수(太守) 제상(堤上)이 좋을 것 같습니다."

그래서 왕이 불러 들여 물으니 제상이 두 번 절하고 대답하였다.

"신이 듣기에 임금이 근심이 있으면 신하가 욕되고 임금이 욕되면 신하는 죽는다고 하였으니 만일 어렵고 쉬운 것을 골라서 행한다면 그것은 충성되지 못한 것이며, 또 생사를 생각하여 움직인다면 그것은 용맹이 없다고 할 것이니, 신이 비록 못났으나 명(命)을 받들어 행하겠습니다."

왕이 매우 가상하게 여겨 술잔을 나누어 마시고 손을 잡아 작별하였다. 제상(堤上)이 왕 앞에서 명을 받고 바로 북해(北海)의 길로 향하여 옷을 바꾸어 입고 고구려에 들어갔다. 보해(寶海)가 있는 곳에 가서 함께 도망갈 날짜를 약속하고 먼저 5월 15일에 고성(高城)의 수구(水口)엥 와서 기다렸다. 약속한 날짜가 가까워지자 보해가 병을 핑계하며 며칠 동안 조회(朝會)에 나가지 않다가 밤중에 도망해 나와 고서의 바닷가에 이르렀다. 고구려 왕이 이것을 알아차리고 수십 명을 시켜 뒤쫓게 하여 고성에 이르렀으나 보해가 고구려에 있을 때 항상 상종하던 사람들에게 은혜를 베풀었던 까닭에 그 군사들이 불쌍히 여겨 모두 화살촉을 빼고 활을 쏘는 바람에 결국 살아서 돌아왔다.

왕이 보해를 만난 후에는 미해(美海)의 생각이 더 간절하여 한편으로는 즐거우면서도 한편으로는 슬퍼서 눈물을 흘리며 좌우의 사람들에게 말하였다.

"마치 한 몸에 한쪽 팔뚝과, 한 얼굴에 한쪽 눈만 있는 것 같소. 비록 하나는 얻었으나 또 하나가 없으니 어찌 슬프지 않겠소?"

이때 제상이 이 말을 듣고 역시 두 번 절하고 하직하여 말을 타고 집에도 들리지 않고 바로 율포(栗浦) 가에 이르렀다. 그의 아내가 이 소식을 듣고 말을 달려 율포로 쫓아오니 남편은 이미 배에 오른 뒤였다. 아내가 간절히 부르나 제상은 다만 손을 흔들며 멈추지 않고 왜국(倭國)으로 가서 거짓으로 말하였다.

"신라 왕이 내 부형을 아무 죄 없이 죽인 까닭에 도망하여 이곳에 왔습니다."

왜왕이 그 말을 믿고 집을 주어 편안히 살게 하였다. 제상은 늘 미해(美海)를 모시고 해변(海邊)에 가서 놀다가 물고기와 새를 잡아 왜왕에게 바쳤다. 왜왕은 매우 기뻐하여 의심하지 않았다. 때마침 새벽 안개가 자욱하게 끼자 제상이 말하였다.

"도망가십시오."

미해가

"그러면 같이 갑시다."

하니 제상은

"신도 가면 왜인이 알고 쫓을까 두려우니, 신은 여기 머물러 그 쫓는 것을 막겠습니다."

하였다. 미해는

"지금 그대와 나는 부형(父兄)과 같은 사이인데 어찌 그대를 버리고 나 혼자 가겠습니까?"

하였다. 제상이 말하기를

"신은 공(公)의 목숨을 구하여 대왕의 마음을 위로하면 족하거늘 어찌 살기를 바라겠습니까?"

하고 술을 따루어 미해에게 드렸다.

이때 신라 사람 강구려(康仇麗)가 왜국에 와 있었으므로, 그로 하여금 미해를 따라가 호송하게 하였다. 제상이 미해의 방에 들어가 이튿날 아침까지 머물러 있었다. 좌우의 왜인들이 들어와 보려고 하자, 제상이 나와 사절하여 말하였다.

"어제 사냥하는 데 따라다니다가 병이 들어 일어나지 못하십니다."

한낮이 지나자, 왜인들이 괴상히 여겨 또다시 물으니,

"미해가 떠난 지 벌써 오래 되었소."

하였다. 좌우의 사람들이 급히 왜왕에게 알리니, 왜왕은 기병(騎兵)을 시켜 뒤쫓았으나 따라잡지 못하였다. 그러자 제상을 가두고 물었다.

"네 어찌 몰래 왕자를 보냈느냐?"

"나는 계림(鷄林)의 신하요 왜국의 신하가 아니다. 이제 우리 임금의 뜻을 이루려고 한 것인데, 그대에게 무엇을 말하리요?"

왜왕이 노하여,

"네 이미 나의 신하가 되었는데 계림의 신하라고 하니, 그렇다면 반드시 오형(五刑)[31]을 모두 쓸 것이요, 만일 왜국의 신하라고 한다면 반드시 많은 봉록(俸祿)을 상으로 줄 것이다."

하였다. 제상은

"차라리 계림의 개와 돼지가 될지언정 왜국의 신하는 되고 싶지 않으니, 차라리 계림의 형장(刑杖)을 받을지언정 왜국의 작록(爵祿)은 받고 싶지 않소."

하고 대답하였다. 왕이 노하여 제상의 다리 가죽을 벗기고 갈대를 베어 그 위로 걷게 하고[지금 갈대 위에 혈흔(血痕)이 있는 것을 세상에서는 제상의 피라고 한다.], 다시

"네가 어느 나라의 신하냐?"

고 물었으나

"신라의 신하요."

---

31) 五刑은 중국 고대의 형벌로서, 墨刑[얼굴에 글자를 새기는 것]·劓刑[코를 베는 것]·刖刑[발뒤꿈치를 자르는 것]·宮刑[생식기를 도려내는 것]·大辟[죽이는 것]을 가리킨다.

하였다. 또 달군 쇠 위에 세우고

"네가 어느 나라의 신하냐?"

고 물었으나 역시

"신라의 신하요."

하였다. 왜왕이 그를 굴복시키지 못할 줄 알고 목도(木島)라는 곳에서 불태워 죽였다.

미해가 바다를 건너오면서 먼저 강구려(康仇麗)를 시켜 나라에 알렸다. 왕이 놀랍고 기뻐서 백관(百官)에게 명하여 굴헐역(屈歇驛)에서 맞이하게 하고, 왕도 친동생 보해(寶海)와 함께 남쪽의 교외에 가서 맞이하였다. 대궐로 돌아와 잔치를 베풀고 나라 안에 대사령(大赦令)을 내리고 제상의 아내를 국대부인(國大夫人)에 책봉(冊封)하고 그의 딸을 미해(美海)의 부인으로 삼았다.

논의하는 자가 말하였다.

"옛날 한(漢)나라의 신하 주가(周苛)가 영양(滎陽)에 있다가 초(楚)나라 병사에게 사로잡혔을 때 항우(項羽)가 주가에게 자기의 신하가 되면 만록후(萬祿侯)에 봉해 주겠다고 하였으나, 주가가 꾸짖으며 굴복하지 않고 초왕(楚王)에게 죽음을 당하였는데, 제상의 충렬(忠烈)도 이 주가에 못지 않도다."

처음 제상이 떠나갈 때, 그 부인이 듣고 뒤좇아갔으나 따르지 못하고 만덕사(萬德寺)의 문 남쪽 모래밭에 이르러 거기서 드러누워 길게 울부짖었으므로 그 모래밭을 장사(長沙)라고 하였다. 그의 친척 두 사람이 그 부인을 부축하고 집으로 돌아오려는데 부인이 다리를 뻗고 앉아 일어나지 않았으므로 그 땅을 '다리 뻗은 곳[伐知旨]'이라고 하였다. 오래 지난 뒤에도 부인이 생각하는 뜻을 이기지 못하고 세 딸을 데리고 치술령(鵄述嶺)에 올라가 왜국을 바라보고 통곡하다가 죽어서 마침내 치술신모(鵄述神母)가 되니 지금까지 그 사당(祠堂)이 있다.[32]

32) 第十七 那密王卽位三十六年庚寅 倭王遣使來朝曰 寡君聞大王之神聖 使臣等以告百濟之罪於大王也 願大王遣一王子 表誠心於寡君也 於是王使第三子美海(一作未吐喜)以聘於倭 美海年十歲 言辭動止猶未備具 故以內臣朴娑覽爲副使而遣之 倭王留而不送三十年 至訥祇王卽位三年己未 句麗長壽王遣使

이상의 두 인용문을 통해서 보면, 이 이야기의 주인공은 그 이름이

---

來朝云 寡君聞大王之弟寶海秀智才藝 願與相親 特遣小臣懇請 王聞之幸甚 因此和通 命其弟寶海 道於句麗 以內臣金武謁爲輔而送之 長壽王又留而不送 至十年乙丑 王召集群臣及國中豪俠 親賜御宴 進酒三行 衆樂初作 王垂涕而謂群臣曰 昔我聖考 誠心民事 故使愛子東聘於倭 不見而崩 又朕卽位已來 隣兵甚熾 戰爭不息 句麗獨有結親之言 朕信其言 以其親弟聘於句麗 句麗亦留而不送 朕雖處富貴 而未嘗一日暫忘而不哭 若得見二弟 共謝於先主之廟 則能報恩於國人 誰能成其謀策 時百官咸奏曰 此事固非易也 必有智勇方可 臣等以爲歃羅郡太守提上可也 於是王召問焉 堤上再拜對曰 臣聞主憂臣辱 主辱臣死 若論難易而後行 謂之不忠 圖死生而後動 謂之無勇 臣雖不肖 願受命行矣 王甚嘉之 分觴而飮 握手而別 提上簾前受命 徑趨北海之路 變服入句麗 進於寶海所 共謀逸期 先以五月十五日 歸泊於高城水口而待 期日將至 寶海稱病 數日不朝 乃夜中逃出 行到高城海濱 王知之 使數十八追之 至高城而及之 然寶海在句麗 常施恩於左右 故其軍士憫傷之 皆拔箭鏃而射之遂免而歸 王旣見寶海 益思美海 一欣一悲 垂淚而謂左右曰 如一身有一臂 一面一眼 雖得一而亡一 何敢不痛乎 時提上聞此言 再拜辭朝而騎馬 不入家而行 直至於栗浦之濱 其妻聞之 走馬追至栗浦 見其夫已在舡上矣 妻呼之切懇 堤上但搖手而不駐 行至倭國 詐言曰 雞林王以不罪殺我父兄 故逃來至此矣 倭王信之 賜室家而安之 時堤上常陪美海遊海濱 逐捕魚鳥 以其所獲 每獻於倭王 王甚喜之而無疑焉 適曉霧濛晦 堤上曰 可行矣 美海曰 然則偕行 堤上曰 臣若行 恐倭人覺而追之 願臣留而止其追也 美海曰 今我與汝如父兄焉 何得棄汝而獨歸 堤上曰 臣能救公之命 而慰大王之情 則足矣 何願生乎 取酒獻美海 時雞林人康仇麗在倭國 以其人從而送之 堤上入美海房 至於明旦 左右欲入見之 堤上出止之日 昨日馳走於捕獵 病甚 末起 及乎日昃 左右怪之而更問焉 對曰 美海行已久矣 左右奔告於王 王使騎兵逐之 不及 於是囚堤上 問曰 汝何竊遣汝國王子耶 對曰 臣是雞林之臣 非倭國之臣 今欲成吾君之志耳 何敢言於君乎 倭王怒曰 今汝已爲我臣 而言雞林之臣 則必具五刑 若言倭國之臣者 必賞重祿 對曰 寧爲雞林之犬㹠 不爲倭國之臣子 寧受雞林之箠楚 不受倭國之爵祿 王怒 命屠剝堤上脚下之皮 刈蒹葭 使趨其上(今蒹葭上有血痕 俗云堤上之血) 更問曰 汝何國臣乎 曰雞林之臣也 又使立於熱鐵上 問何國之臣乎 曰雞林之臣也 倭王知不可屈 燒殺於木島中 美海波海而來 使康仇麗先告於國中 王驚喜 命百官迎於屈歇驛 王與親弟寶海迎於南郊 入闕設宴 大赦國內 冊其妻爲國大夫人 以其女子爲美海公夫人 議者曰 昔漢臣周苛在滎陽 爲楚兵所虜 項羽謂周苛曰 汝爲我臣 封爲萬祿侯 周苛罵而不屈 爲楚王所殺 堤上之忠烈無怪於周苛矣 初堤上之發去也 夫人聞之追不及 及至望德寺門南沙上 於臥長號 因名其沙曰長沙 親寂二人 扶腋將還 夫人舒脚 坐不起 名其地曰伐知旨 久後夫人不勝其慕 率三娘子上鵄述嶺 望倭國痛哭而終 仍爲鵄述神母 今詞堂存焉.(『三國遺事』 권1, 「紀異」 권1, 〈奈勿王(一作 那密王) 金堤上〉)

박제상(朴堤上) 또는 김제상(金堤上)으로 나타나고 눌지왕의 두 아우는 이름이 복호(卜好) 또는 보해(寶海), 미사흔(未斯欣) 또는 미해(美海)로 나타나는데, 주인공은 왕의 두 아우를 볼모상태에서 구하기 위해 고구려와 왜국을 왕래하면서 그들을 신라로 돌려보내는 데에는 성공하지만 자신은 왜국에서 비참한 죽음을 당한 사실을 알 수 있다. 정사(正史)인 『삼국사기』보다 야사(野史)인 『삼국유사』의 기록이 좀 더 흥미롭고 극적으로 표현되어 있는 것은 특정한 역사적 사실이 구전되어 오는 과정에서 주인공의 행동이나 사건이 과장되거나 부풀려지는 경향으로 인하여 실제 사실보다 더 실감나게 표현된 측면이 있기는 하지만, 『삼국유사』의 기록도 박제상이 미사흔을 신라로 몰래 떠나보내고 죽음을 당한 역사적 사실을 충실히 반영하고 있다고 봐야 할 것이다.

박제상이 울산 사람이라는 확실한 기록이 있는 것이 아닌데도 그의 행적에 울산지방 사람들의 관심이 집중되는 것은 대략 다음과 같은 이유 때문이다. 즉 박제상이 배를 타고 왜국으로 떠난 곳이 울산의 바닷가인 율포(栗浦)라는 것이고 그의 아내를 포함한 가족이 살았던 곳이 치술령 아래의 월평제(月坪堤)[33]라고 한다. 또 박제상 설화가 전승되고 있는 곳이 울주군 두동면 만화리 비조(飛鳥) 마을인데 아내 김씨는 매일 치술령에 올라가서 남편의 귀국을 기다리다 남편이 죽었다는 소식을 듣고 몸은 망부석이 되고 영혼은 새가 되어 자기가 살던 마을의 바위에 내려앉았다가 날아가니 그 바위가 현재 마을회관 옆에 있는 비조암(飛鳥巖)이고, 그 새가 다시 날아가서 치술령 맞은편의 국수봉(國秀峯) 바위굴로 들어갔으니 그곳이 은을암(隱乙巖)이라고 하는 설화적 후일담이 전승되고 있다.

『삼국사기』와 『삼국유사』에 나타나는 박제상 가족에 대한 후일담을

33) 1934년본 『울산읍지』 권1, 「古蹟」에는 〈月坪堤〉에 대해 “치술령 아래에 있는데, 박제상이 살던 곳(在鵄山下 朴堤上所居地)”이라고 설명되어 있다.

뽑아 보면 다음과 같다.

① 대왕은 이 소문을 듣고 애통해 하며 대아찬(大阿飡)을 추증하고, 그의 가족들에게 후하게 물건을 하사하고, 미사흔으로 하여금 제상의 둘째딸을 데려다가 아내를 삼게 함으로써 은혜에 보답케 하였다. 처음 미사흔이 돌아올 때 대왕은 6부에 명령하여 멀리 나가서 그를 맞게 하였으며, 그를 만나게 되자 손을 잡고 서로 울었다. 형제들이 모여 술자리를 마련하고 마음껏 즐겼으며, 왕이 가무를 스스로 지어 자신의 뜻을 나타냈는데, 지금 향악(鄕樂) 가운데의 〈우식곡(憂息曲)〉이 그것이다.(『삼국사기』)

② 대궐로 돌아와 잔치를 베풀고 나라 안에 대사령(大赦令)을 내리고 제상의 아내를 국대부인(國大夫人)에 책봉(冊封)하고 그의 딸을 미해(美海)의 부인으로 삼았다.(『삼국유사』)

③ 처음 제상이 떠나갈 때, 그 부인이 듣고 뒤쫓아 갔으나 따르지 못하고 만덕사(萬德寺)의 문 남쪽 모래밭에 이르러 거기서 드러누워 길게 울부짖었으므로 그 모래밭을 장사(長沙)라고 하였다. 그의 친척 두 사람이 그 부인을 부축하고 집으로 돌아오려는데 부인이 다리를 뻗고 앉아 일어나지 않았으므로 그 땅을 '다리 뻗은 곳[伐知旨]'이라고 하였다. 오래 지난 뒤에도 부인이 생각하는 뜻을 이기지 못하고 세 딸을 데리고 치술령(鵄述嶺)에 올라가 왜국을 바라보고 통곡하다가 죽어서 마침내 치술신모(鵄述神母)가 되니 지금까지 그 사당(祠堂)이 있다.(『삼국유사』)

이 인용문을 종합하여 정리하면 다음과 같다.

㉠ 박제상을 대아찬(大阿飡)에 추증하였다.

㉡ 눌지왕이 두 아우를 다시 만나 기쁨을 드러낸 것이 〈우식곡(憂息曲)〉이다.

㉢ 그의 둘째딸을 미사흔의 아내로 삼았다.

㉣ 그의 아내를 국대부인(國大夫人)에 책봉하였다.
㉤ 그의 아내가 울부짖은 모래밭을 장사(長沙)라 불렀다.
㉥ 그의 아내가 다리를 뻗고 앉았던 곳을 '다리 뻗은 곳[伐知旨]'이라 불렀다.
㉦ 그의 아내는 세 딸을 데리고 치술령에 올라가 왜국을 바라보다 죽어서 치술신모(鵄述神母)가 되었다.
㉧ 지금까지 그의 아내를 모시는 사당(祠堂)이 있다.

따라서 『삼국사기』와 『삼국유사』에 나오는 후일담은 박제상이 대아찬에 추증되었던 것과 눌지왕이 〈우식곡〉을 지어 불렀다는 사실을 제외하면 모두 그의 아내와 딸들의 이야기이고, 그 중에서도 아내의 행적을 설명하는 데에 초점이 모아지고 있다. 이것은 결국 왕에게 충성하기 위해 목숨을 바친 박제상에 못지않게 남편을 위해 지조를 지켰던 아내의 행적과 정렬(貞烈)을 강조하기 위한 진술이라고 할 수 있다. 즉 후세 사람들이 강조하려는 도덕적 가치는 박제상의 충(忠)에 뒤지지 않았던 부인의 열(烈) 관념이라고 하겠다. 이것은 이미 『삼국유사』에서 강조된 것처럼 그녀가 치술신모(鵄述神母)가 되었다는 ㉦항에서도 엿볼 수 있지만, 한편으로 박제상의 부인이 치술령에 올라가 남편이 떠난 왜국을 바라보다가 돌이 되었다는 망부석 설화를 통해서도 충분히 엿볼 수 있는 일반인의 관념이라고 하겠다.

### 2) 『일본서기』의 기록

박제상이 일본으로 가서 인질로 있던 눌지왕의 아우 미사흔을 몰래 신라로 귀국시키고 자기는 그곳에서 잡혀 화형(火刑)당한 사건은 신라와 일본 사이의 외교적 문제를 포함하고 있기 때문에 일본의 사서(史書)에서도 언급되고 있다. 『일본서기』 권9, 「신공황후(神功皇后)」 때

의 기사에 다음과 같이 기록되어 있다.[34)]

5년 춘삼월(春三月)의 계묘(癸卯) 삭(朔) 기유(己酉)에 신라(新羅) 왕은 우레시호쓰(汙禮斯伐)·모마리시치(毛麻利叱智)·호라모치(富羅母智) 등을 파견하여 조공하였다. 사자(使者) 등은 전에 인질이 되어 와 있던 미시고치호쓰간(微叱許智伐旱)을 다시 데리고 가려는 생각이 있었다. 그래서 고치호쓰간(許智伐旱)을 통하여 속여서 말하기를, "사자(使者) 우레시호쓰·모마리시치 등이 나에게 고하기를, '우리 왕은 내가 오랫동안 귀국하지 아니하므로 모든 처자를 몰수하여 관노로 삼아 버렸다.'고 말하고 있습니다. 원컨대 잠시만 나를 본국에 돌려보내 주시면 그 허실을 알아 볼까 합니다."고 하였다. 황태후(皇太后)는 그것을 허락하고, 그리하여 가즈라기노소쓰비고(葛城襲津彦)를 딸려 보내었다. 함께 대마도(對馬島)에 이르러 서해(鉏海)의 수문(水門)에 정박하였다. 그때 신라의 사자인 모마리시치 등이 몰래 배와 사공[水手]를 수배하여 미시간기(微叱旱岐)를 싣고 신라로 도망가도록 하였다. 그리고 짚인형[蒭靈]을 만들어 미시호치의 침상에 두고 거짓으로 병자(病者)처럼 보이게 하고 소쓰비고(襲津彦)에게 "미시호치가 갑자기 병이 들어 죽게 되었다."고 알렸다. 소쓰비고는 사람을 보내어 병자를 보게 하여, 속은 것을 알고는 신라의 사자 세 사람을 잡아서 함(檻)에 집어 넣고 불을 살라 죽여 버렸다. 그리고 신라에 가서 도비진(蹈鞴津, 현재 부산의 多大浦)에 숙박하고, 초라성(草羅城)을 함락시키고 귀환하였다. 이때의 포로들은 지금의 상원(桑原)·좌미(佐糜)·고궁(高宮)·인해(忍海) 등 네 고을의 한인(漢人) 등의 시조가 되었다.[35)]

---

34) 이 번역문과 원문은 成殷九 譯註, 『日本書紀』(정음사, 1987), 217~219면의 내용을 인용하였는데, 번역문은 인용자가 약간의 첨삭을 가한 곳도 있다.

35) 五年春三月癸卯朔己酉 新羅王遣汙禮斯伐·毛麻利叱智·富羅母智等朝貢 仍有返先質微叱許智伐旱之情 是以誂許智伐旱 而紿之曰 使者汙禮斯伐·毛麻利叱智等告臣曰 我王以坐臣久不還 而悉沒妻子爲孥 冀蹔還本土 知虛實而請焉 皇太后則聽之 因以副葛城襲津彦而遣之 共到對馬 宿于鉏海水門 時新羅使者毛麻利叱智等 竊分船及水手 載微叱旱岐 令逃於新羅 乃造蒭靈 置微叱許智之床 詳爲病者 告襲津彦曰 微叱許智忽病之將死 襲津彦使人令看病者

일본의 사서에 실린 이 기사문도 박제상[36]에 관한 한 『삼국사기』나 『삼국유사』의 내용과 큰 차이를 보이지는 않는다. 그러나 서로 일치하지 않는 점이 보이기도 하는 만큼 이 차이점을 대비해 볼 필요가 있다.

우선 가장 큰 차이는 우리나라의 역사 기록에는 박제상이 사사로이 미사흔을 구하러 갔다고 한 데 대해 『일본서기』에서는 박제상을 포함한 세 명의 사자(使者)가 일본에 조공하러 왔다고 한 점이다. 국가간에 국가를 대표한 공식사절로 방문한 것과 개인자격으로 사사로이 방문한 것은 그 의미에서 매우 큰 차이가 있는 것이지만 어느 쪽 기록이 사실인지를 확인하기는 어려운 형편이다. 박제상의 방일이 가지는 이런 성격의 차이에 따라 그 뒤에 이어서 나타나는 미사흔 구출의 방식에서도 달라지기 마련이었다. 우리나라의 사서(史書)에서는 어디까지나 박제상이 개인차원에서 감행한 왕자 구출작전이었기 때문에 사사로운 술수를 써서 왕자를 몰래 신라로 돌려보낸 뒤에 그 자신은 포박되어 화형(火刑)당하는 것으로 끝나고 말았지만, 『일본서기』에서는 국가의 공식사절이 벌인 국제적 사기극이었기 때문에 양국간에 전쟁으로까지 번졌던 외교적 문제로 서술하고 있다.

박제상이 왜왕을 속이는 과정에서 미사흔(또는 박제상까지를 포함하여)의 가족이 신라에서 모두 구금되었다고 거짓된 정보를 활용한 것은 『삼국사기』와 『일본서기』의 내용이 일치하고 있는 것으로 보아 사실이었을 것으로 판단된다.

---

卽知欺 而捉新羅使者三人 納檻中 以火焚而殺 乃詣新羅 次于蹈鞴津 拔草羅城還之 是時俘人等 今桑原・佐糜・高宮・忍海凡四邑漢人等之始祖也.(『日本書紀』 권9, 「神功皇后」)

36) 박제상(朴堤上)이 『일본서기』에서는 모마리시치(毛麻利叱智)로 나타나는데, 이 이름은 『삼국사기』에 나오는 박제상의 또 다른 이름인 모말(毛末)을 일본식으로 표현한 것으로 볼 수 있다. 이와 함께, 또 일본에 잡혀 가 있던 미사흔(未斯欣) 또는 미해(美海)는 『일본서기』에서는 미시고치호쓰간(微叱許智伐旱) 또는 고치호쓰간(許智伐旱)・미시고치(微叱許智) 등으로 나오는 것도 같은 현상으로 볼 수 있다.

또 박제상(또는 그 일행)이 화형을 당한 장소가 우리나라 사서에는 다 같이 목도(木島)라고 기록되어 있고 『일본서기』에는 대마도(對馬島)라고 기록되어 있어서 현재로서 그 정확한 지점을 확인하기는 사실상 불가능하다고 할 수 있다.

그러나 양국 사서의 이런 차이점에도 불구하고 부정할 수 없는 하나의 사실은 어느 쪽의 사서를 보더라도 거기에는 모두 살신성인(殺身成仁)한 박제상의 충절이 분명히 드러나고 있다는 점이다. 『일본서기』에서는 미사흔을 몰래 돌려보낸 박제상을 화형시켰고 그것이 양국간의 전쟁을 일으키는 계기가 되었다고 기록하고 있으나, 이것은 국가간의 신의에 대한 문제로 해석한 것일 뿐 그의 행동에 대해 포폄(褒貶)을 가한 것은 아니라고 할 수 있다. 따라서 일본의 입장에서 보면 박제상은 자국(自國)에 와서 몰래 신라의 왕자를 귀국시킨 간교한 인물임이 분명하지만, 신라의 입장에서 보면 그는 자기가 모시고 있는 본국 왕의 근심을 해결하고 장렬히 순국(殉國)한 충신이었음을 부인할 수 없었던 것이다.

### 3) 후세 문인들의 제영

박제상과 그의 부인의 충(忠)과 열(烈)을 기리고자 하는 의도는 후세 문인들의 작품에서도 부단히 드러나고 있다. 특히 조선시대 후기에 우리 민족의 역사와 전통을 소재로 하여 창작한 작품, 즉 이른바 해동악부체(海東樂府體)의 제영(題詠) 중에 그에 대한 작품이 다수 포함되어 있다.

그 선편을 잡은 것이 점필재(佔畢齋) 김종직(金宗直, 1431~1492)의 「동도악부(東都樂府)」에 포함된 〈우식곡(憂息曲)〉과 〈치술령(鵄述嶺)〉(『점필재집(佔畢齋集)』 권3)이다. 〈우식곡〉은 눌지왕(訥祗王)이 미사흔(未斯欣)과 복호(卜好)를 다시 만난 형제의 우애를 기린 작품이기 때문에 여기에서는 할애하고 〈치술령〉만 살펴보기로 하겠다. 이 작품에는 다음과 같은 서(序)가 붙어 있다.

> 박제상이 고구려에서 돌아와서 처자(妻子)도 만나보지 않고 바로 왜국을 향해 가므로, 그의 아내가 뒤따라 율포(栗浦)에 이르러 보니 자기 남편이 이미 배 위에 있었다. 그래서 남편을 부르며 대성통곡(大聲痛哭)을 하였으나 박제상은 다만 손을 흔들며 떠나갈 뿐이었다. 제상이 죽은 뒤에 그의 아내는 남편을 사모하는 마음을 이기지 못하여 세 딸을 데리고 치술령에 올라가서 왜국을 바라보고 통곡하다가 죽었다. 그래서 치술령의 신모(神母)가 되었다고 한다.[37)]

이 서(序)의 내용은 앞서 살펴본 『삼국사기』나 『삼국유사』에 기록된 것과 내용상 별반 차이가 없는 것으로 보아, 김종직은 이런 역사서를 통하여 박제상과 관련된 지식을 취득하게 되었을 것으로 짐작된다.

> 치술령 꼭대기에서 일본을 바라보니
> 하늘에 닿은 큰 물결은 끝이 없네.
> 남편은 떠날 때 단지 손만 흔들었는데
> 살았는지 죽었는지 소식이 끊어졌네.
> 소식이 끊어지고 길이 이별하였는데
> 죽고 삶에 어찌 서로 만날 때가 있으랴?
> 하늘에 대고 울부짖다가 무창(武昌)의 돌로 화(化)했으니
> 뜨거운 기운이 천추의 푸른 하늘을 찌르네.
> 鵄述嶺頭望日本　　粘天鯨海無涯岸
> 良人去時但搖手　　生歟死歟音耗斷
> 音耗斷長別離　　死生寧有相見時

37) 朴堤上自高勾麗還 不見妻子 而徑向倭國 其妻追至栗浦 見其夫已在船上 呼之大哭 堤上但搖手而去 堤上死後 其妻不勝其慕 率三娘子 上鵄述嶺 望倭國慟哭而死 因爲鵄述嶺神母云.(위와 같음)

呼天便化武昌石　　烈氣千年干空碧

이 시에서는 박제상이 일본으로 떠난 다음, 그 부인의 행적에 초점을 맞추어 그 뜨거운 열(烈)의 관념을 중국 무창(武昌)의 망부석(望夫石) 모티프와 연결시켜 열부(烈婦)로서의 행적을 선양(宣揚)하고 있다. 무창석(武昌石)은 중국 호북성(湖北省) 무창의 북산(北山) 위에 있던 바위로서, 옛날 어느 열녀가 전쟁에 징발되어 간 남편을 이 산 위에서 바라보며 전송하고는 그대로 화(化)하여 돌이 되었다는 전설을 간직하고 있기 때문이다.

성호(星湖) 이익(李瀷, 1681~1763)의 「해동악부(海東樂府)」에도 〈우식곡(憂息曲)〉과 〈치술령(鵄述嶺)〉(『성호집(星湖集)』 권7)이라는 작품이 수록되어 있다. 전자(前者)는 눌지왕(訥祗王)이 두 아우를 그리워하면서 근심하는 모습과 박제상이 왕의 두 아우를 구출하기 위해 노력하는 모습을 그린 것이고, 후자(後者)는 남편을 일본으로 떠나보낸 박제상 아내의 심경을 그린 것이다. 이 작품도 전자는 할애하고 후자만을 살펴보자.

작품의 앞에 실린 서(序)는 김종직(金宗直)의 작품의 그것과 큰 차이가 없으므로 생략하고 곧장 작품을 보면 다음과 같다.

어떤 몸이든 충신(忠臣)의 아내는 되지 말라.
남편이 떠나 살신성인(殺身成仁)하면 아내는 기댈 곳이 없네.
남편이 떠나고 동해(東海)의 동쪽을 바라보고 또 바라보며
아내와 아이들이 울어대고 노하여 옷을 떨치네.
분골(焚骨)하였다는 소식에 옳고 그름이 정해졌지만
다만 그 사람은 죽고 왕자가 돌아왔다고 하네.
아무리 슬퍼도 어디에 대고 피 흘리며 호소하랴?
치술령 꼭대기에서 아침 햇살을 바라보네.

아침 햇살은 오지만 보러 갈 수가 없으니
가을바람에 뿌린 눈물이 하늘을 향해 날아가네.
물고기와 용은 나를 위해 시름하고
비는 울부짖고 구름은 피어오르네.
화(化)하여 언덕에 썩지 않는 물건이 되니
지나간 자취가 푸른 산에 우뚝하네.
충신(忠臣)이 열부(烈婦)와 함께 하니
절의를 쌍으로 전하는 일은 드물다네.
지금까지 신모사(神母祠)에는
아름다운 깃발이 흐릿하게 전해 오네.

有身莫作忠臣婦　　夫去成仁婦失依
夫去望望東海東　　婦哭兒啼怒拂衣
焚骨消息定是非　　但道人亡王子歸
哀哀何處訴腔血　　鵄述嶺頭望朝暉
朝暉有來不見往　　淚灑西風向天飛
魚龍爲我愁　　雨鳴雲霏霏
化爲原不朽　　往迹靑山巍
忠臣與烈婦　　節義雙傳稀
至今神母祠　　蕙旂來依俙

이 시는 박제상 부인의 입장에서 왕의 근심을 덜어주기 위해 살신성인(殺身成仁)한 남편을 그리워하고 남편의 처지를 안타까워하는 마음을 담고 있을 뿐 아니라 남편의 죽음 소식을 들은 다음에 취한 부인의 행적을 기린 작품이다. 첫 행에서 "어떤 몸이든 충신(忠臣)의 아내는 되지 말라."고 하여, 일반 상식과는 어긋나는 언표로써 시상을 전개하고 있지만, 이것은 충신의 아내가 겪는 고초를 염두에 둔 표현일 뿐이다. 나아가 물고기나 용과 같은 자연 속의 동물들도 부인을 위해 시름한다고 하여 그 고통의 공감 영역을 인간 이외의 다른 동물들에까지 확장하고 있다. 또 부인의 몸이 죽어 망부석이 되었다는 전설을 "화(化)하여 언덕에 썩지 않는 물건이 되니 지나간 자취가 푸른 산에 우뚝하네."라고 표현하여, 이 시가 중국에 전해지는 망부석 모티프를 수용하고 있음을 분명히 하고 있다. 그러면서 한 집안에 충(忠)과 열(烈)이 공전(共傳)하도록 한 이 부부의 행적을 높이 칭양(稱揚)함으로써 그들의 행적이 역사의 귀감이 된다는 점을 천명하고 있다.

이광사(李匡師, 1705~1777)의 「동국악부(東國樂府)」에 실린 〈우식곡(憂息曲)〉과 〈치술령(鵄述嶺)〉(『원교집(圓嶠集)』 권1), 양진영(梁進永, 1788~1860)의 「의악부사(擬樂府詞)」에 실린 〈치술령(鵄述嶺)〉(『만희집(晩羲集)』 권6), 그리고 이유원(李裕元, 1814~1888)의 「해동악부(海東樂府)」에 실린 〈우식곡(憂息曲)〉과 〈치술령(鵄述嶺)〉(『가오고략(嘉梧藁略)』)도 이상의 작품들과 비슷한 관점에서 형상화된 작품들인데, 〈우식곡(憂息曲)〉이라는 제목으로 된 작품들은 모두 눌지왕의 형제애를 기리는 데 초점이 맞추어져 있다.

또 〈치술령(鵄述嶺)〉이라는 제목을 단 작품들의 서(序)는 대개 앞에서 살펴본 내용들과 비슷하므로 여기에서는 〈치술령〉이라는 제목으로 된 시들의 본문(本文)만을 살펴보기로 하겠다.

① 이광사(李匡師), 〈치술령(鵄述嶺)〉

누가 배를 만들어서 이별이 있게 되었는가?
바라건대 흉악한 파도 때문에 동아줄을 못 풀었으면.
누가 큰 바다를 만들어 돌아가는 사람을 막았는가?
바라건대 바닷물을 마르게 하여 오감에 편리하였으면.
누가 살무사나 돼지를 사랑하여 충성 열사를 죽였는가?
바라건대 거센 바다물결로 오랑캐 섬을 잠기게 하였으면.
나는 건너가고 싶어도 큰 깃이 없으니

바라건대 수리가 되어 큰 바다를 건넜으면.
굳센 귀신은 썩지 않고 반드시 나라로 돌아오리니
장차 치술령의 신모와 함께 끝까지 누리리.

孰造舟檝有離別　　願爲惡濤毋解綷
誰蓄瀛海阻婦人[38]　願殺海水利往還
孰孌卼豕殪忠烈　　願激海濤夷島沒
我欲渡去無廣翎　　願化爲鵄橫大溟
毅鬼不腐必返國　　將作嶺神與終極

② 양진영(梁進永), 〈치술령(鵄述嶺)〉

충신(忠臣)은 죽어서도 계림(鷄林)을 위하는데
열부(烈婦)는 울면서 치술령에 오르네.
고갯마루에서 님을 바라보아도 배는 돌아오지 않고
동해는 하늘에 이어져 물길이 머네.
물에는 먼지가 일지 않고 산은 평탄해지지 않는데
이 원한은 천만년이 지나도 다함이 없네.
그대는 보지 못하였는가?
중랑장[39]이 도리어 부절을 가지고 한(漢)나라로 돌아왔음을.
젊은 아내는 장막을 떠났는데 저 사람은 누구인가?

忠臣死爲雞林　　烈婦哭上鵄嶺
嶺頭望君船不返　　東海連天水路永
水未生塵山未平　　此恨無窮萬千年
君不見中郎持節還歸漢　　生妻去帷彼何人

③ 이유원(李裕元), 〈치술령(鵄述嶺)〉

---

38) '人'은 叶如干切이라는 細註가 있어서 '현'으로 읽으라고 하였다.
39) 中郎將은 蘇武(BC. 140~BC. 80)를 가리킨다. 蘇武는 중국 漢나라 武帝 때 中郎將으로 凶奴에 사신으로 갔다가 억류되어 19년 만에 돌아오니 昭帝가 그의 절개를 기려 典屬國 벼슬을 내렸다.

눌지왕(訥祗王) 때 박사신은
일본에 봉서(奉書)를 가지고 갔다가 간힌 몸이 되었네.
망부석(望夫石)이 서 있는 산이 높고 우뚝한데
옛 사당의 가을바람에 치술신모(鵄述神母)를 모셨네.
時際訥祗朴使臣　　奉書日本楚囚身
望夫石立山崔兀　　古廟秋風鵄述神

①은 박제상 부인의 입장에서 남편의 원혼을 달래고 싶은 마음과 일본에 대한 적개심을 표현한 다음 박제상의 영혼이나마 돌아와 치술신모(鵄述神母)가 된 아내의 영혼과 함께 하기를 기원한 작품이고, ②는 박제상과 그 부인의 충과 열을 동시에 기리면서 그를 흉노(匈奴)의 땅에서 죽도록 고생하다 생환했던 중국 한(漢)나라의 충신 소무(蘇武)를 부인이 박대하였던 사실과 대비시킨 작품이며, ③은 박제상과 부인의 행적을 담담한 필치로 그려낸 작품이다.

이처럼 박제상과 그 부인의 충렬은 후세 문인들에게 끊임없는 관심의 대상이 되었다. 박제상의 충신(忠臣)으로서의 행적이 『삼국사기』와 『삼국유사』와 같은 역사서에서 충분히 소개되어 평가되고 있는 만큼, 문인들의 한시 작품에서는 오히려 그 부인의 행적에 더 큰 비중을 두어 형상화하고 있다는 사실을 알 수 있다.

한편, 조선통신사로 일본을 방문한 사절단의 일원으로서 박제상의 순국지[40]를 지나면서 그의 충절을 기리는 작품들이 다수 전해지고 있다. 그것과 관련된 기록으로는 우선 강홍중(姜弘重, 1577~1642)이 인

40) 그 동안 박제상의 순국지에 대해서는 여러 가지 설이 있어 온 것이 사실이다. 그런 사정에 대해서 이수봉 교수는 "박제상의 순절장소가 『삼사(三史)』에는 목도(木島), 『해사일기』와 『해유록』 등에는 하카다(博多)로 기록돼 있지만 모두 신빙성이 없다. 1988년 한일학자 공동조사단에 의해 박제상의 순절지가 대마도 사우미 미나토임을 확인하고 〈모마릿지 순국지비(毛麻利叱智 殉國之碑)〉를 세움으로써 시비는 끝났다."라고 하였다.(이수봉, 「울산, 이야기 속으로」 (4) 「치술령의 신모」, 경상일보 2007.10.21)

조(仁祖) 2년(1624)에 조선통신사의 부사(副使)로 일본을 다녀온 견문록인 『동사록(東槎錄)』을 들 수 있다. 그 책의 10월 28일 기록에는, 그가 남도(藍島)에서 머물면서 일본의 승려 현방(玄方)과 나눈 대화에는 박제상과 그 부인에 대한 언급이 포함되어 있다.

> (현방이) 이어서 말하기를, "남도에서 마주 바라보이는 곳에 박다(博多) 냉천진(冷泉津)이 있는데, 바로 신라 충신 박제상(朴堤上)의 시체를 묻은 곳으로 일본의 옛날 서도(西都)입니다. 정포은(鄭圃隱, 정몽주의 호)·신문충공(申文忠公, 신숙주의 시호)이 수신사(修信使)로 왔을 때에도 모두 이곳에 왕래하였습니다."라고 하였다. 현방이 절구 1수를 써서 보였다.
>
> 서쪽으로 머리를 돌리니 아직 눈앞이 싸늘한데
> 10리 솔숲과 7리 여울이 있네.
> 박제상(朴堤上)의 옛 영혼이 지금도 남은 듯하여
> 밤에 꿈속에서 문안을 여쭈었네.
> 回頭西望眼猶寒　　十里松林七里灘
> 堤上舊魂今若在　　夜來入夢問平安
>
> 대개 10리 송림과 7리 여울은 모두 냉천진에 있으므로 인용한 것이다.
>
> 상사(上使)·종사(從事)와 함께 차운(次韻)하여 화답하였다. 또 묻기를, "『해동기(海東記)』에 실린 패가대(覇家臺)는 어디에 있는가?" 하니, 대답하기를, "패가대는 원래 그러한 지명이 없고 일본의 어음(語音)에 박다주(博多州)를 화가다(化家多)라 하니, 이는 하가다[博多]의 와전(訛傳)으로 신숙주(申叔舟)가 와전을 잘못 기록한 것입니다."라고 하였다.
>
> 현방이 또 묻기를, "박제상의 부인이 치술령(鵄述嶺)에서 남편이 돌아오기를 기다리다가 언덕에 떨어져 죽었다 하는데, 이른바 치술령은

> 지금 어디에 있습니까? 이 같은 남편에 이같은 부인이 있으니, 천 년 후에도 사람으로 하여금 감탄을 일으키게 합니다."라고 하였다. 충렬(忠烈)이 늠름하여 섬기는 바에 목숨을 바쳤으므로 오랑캐들도 또한 흠모할 줄 알았다. 열렬(烈烈)한 기개가 추상열일(秋霜烈日)과 더불어 빛을 다투었으니, 족히 천고(千古)의 강상(綱常)을 수립(樹立)하였다고 할 것이다.[41)]

이 인용문을 통해서 보면, 박제상과 그의 부인 김씨의 충렬은 조선뿐 아니라 일본에서도 높이 평가받고 있었음을 알 수 있다.

박제상 순국지에서 지은 작품들 중에는 조경(趙絅, 1586～1669)의 〈명호도 입구 오른쪽 언덕은 지명이 박다인데 정포은이 사신으로 갔을 때 노닐며 감상하던 곳이니, 문집 중의 패가대는 곧 이곳인 것이다. 또 이르기를, 신라 박제상이 그 아래 칠리탄에서 절의를 위해 죽은 곳인데, 신범옹이 또 사신으로 왔을 때 이곳에 이르렀다고 한다〉(〈鳴護島口右岸 地名博多 鄭圃隱奉使時遊賞處 集中覇家臺卽此地云 又云新羅朴堤上死節于其下七里灘 而申泛翁亦奉使到此云〉, 『(용주유고(龍洲遺稿)』), 윤순지(尹順之, 1591～1666)의 〈박다포는 박제상이 살신성인한 곳이고 정포은이 부절을 머문 땅이기에 옛날이 느껴워서 부질없이 짓다〉(〈博多浦 朴堤上就義處 鄭圃隱駐節地 感舊謾筆〉, 『행명재시집(涬溟齋詩集)』), 김세렴(金世濂, 1593～1646)의 〈박다주를 지나다가 박제상을 조문하고 종사관의 시에 차운하다〉(〈過博多州 弔朴堤上 次

41) 仍言藍島相望之地 有博多冷泉津 卽新羅忠臣朴堤上屍埋之處 此乃日本之故西都也 鄭圃隱申文忠奉使時 皆往來此處云 玄方以一絶書示曰 回頭西望眼猶寒 十里松林七里灘 堤上舊魂今若在 夜來入夢問平安 蓋十里松七里灘 皆在冷泉津故云 與上使從事 步而答之 又問海東記所載覇家臺在何處 答曰 覇家臺本無其名 日本語音 以博多州爲化家多 此是博多之訛 申叔舟必因訛而誤記之也 玄方又問朴堤上妻望夫於鵄述嶺 仍墜崖而死 所謂鵄述嶺今在何地 有如此夫 有如此婦 千載之下 令人起感云 忠烈凜凜 死於所事 蠻夷之人 亦知景慕 烈烈英風 直與秋霜烈日爭輝 有足以樹千古之綱常矣.(姜弘重, 「十月(小)」, '二十八日己酉'條, 『東槎錄』, 『海行摠載』)

從事韻〉, 『동명집(東溟集)』), 황호(黃戾, 1604~1656)의 〈십리성을 지나면서 박제상을 조문하다〉(〈過十里城弔朴堤上〉, 『만랑집(漫浪集)』), 신유(申濡, 1610~1665)의 〈충렬가(忠烈歌)〉(『해사록(海槎錄)』) 등이 있어서 박제상을 추모하는 사람들의 작품이 적지 않음을 짐작할 수 있게 한다. 그 중 1643년 조선통신사의 종사관으로 일본에 다녀온 신유의 〈충렬가(忠烈歌)〉를 보기로 하겠다. 이 작품의 서(序)와 시의 전문(全文)은 다음과 같다.

> 내가 이번 길에 계림을 지나다가 치술령에 올라 박제상이 아내가 그곳에서 죽었음을 슬퍼하였다. 일본에 오자 또 박다주의 냉천진을 지나니 그곳이 곧 박제상의 죽은 곳이다. 남편은 나라를 위해 죽고 아내는 또 남편을 위해 죽으니, 두 아름다움이 아울러 일컬어지고 두 절개가 모두 온전하였으니, 참으로 충신이고 열녀라고 할 만하다. 내가 일찍이 역사책을 보고 사모하였더니, 이번 길에 두 정혼(貞魂)을 조상하니, 어찌 슬프지 않으랴! 드디어 시를 지어 〈충렬가〉라고 부르기로 한다.(余行過雞林 登鵄述嶺 傷朴堤上之妻 死于其處 及抵日本 又過博多州冷泉津 卽堤上所死地也 夫死於國 婦又殉夫 兩美幷稱 雙節俱全 眞可謂忠臣烈女也 余嘗覽史而嘉慕之 今行弔兩貞魂 豈不悲哉 遂爲詩 名曰忠烈歌)

> 전에 치술령을 올랐는데
> 이제 냉천진을 지나가네.
> 고개의 나무들은 짙푸르니 해가 보이지 않고
> 나루의 흐르는 물은 드넓어서 매우 근심스럽게 하네.
> 슬프다, 신라의 박제상이여!
> 부부가 두 곳에서 모두 죽어 버렸네.
> 남편은 나라를 위해 죽고 아내는 남편을 위해 죽었으니
> 남편의 충성과 아내의 정렬이 환하디환하게 천추에 빛나네.
> 아내는 죽어 아직까지 계림(鷄林)의 산 위에서 돌이 되어 있고

남편은 죽어 이미 박다(博多)의 성 아래에서 티끌이 되었네.
돌은 행인을 바라보며 구를 때가 없는데
티끌은 외로운 혼과 함께 돌아가지 못하네.
내가 그것을 부르려 하지만 혼은 듣지 못하고
오직 슬픈 바람만이 가시덤불에 서늘하게 불어대네.
박자를 맞추며 애오라지 〈충렬가〉를 짓는데
강가에 나아가서 한바탕 부르노라니 눈물이 가슴을 채우누나.

昔度鵄述嶺　　今過冷泉津
嶺樹蒼蒼不見日　　津流浩浩愁殺人
哀哉新羅朴堤上　　夫婦兩處俱歿身
夫死國婦死夫　　夫忠婦烈昭昭照千春
婦死猶爲雞林山上石　　夫歿已化博多城下塵
石望行人無轉時　　塵與孤魂歸不得
我欲招之魂不聞　　唯有悲風颯颯吹莿棘[42)]
擊節聊爲忠烈歌　　臨江一唱淚橫臆

이 시는 박제상 충성과 그 부인의 정렬을 아울러 칭송하면서 그들의 죽음이 가지는 높은 가치와 의미를 칭송하고 있다. 조선시대는 박제상과 그의 부인이 순절한 지 오랜 시간이 경과된 시기이지만, 그들의 고귀한 행동은 후대를 살아가는 사람들에게도 귀감이 되었음을 확실히 보여주고 있다.

### 4) 치술령 관련 전설과 노래

울산지방에는 오늘날까지 치술령과 얽힌 박제상과 그 부인에 대한 이야기가 전해지고 있는데, 그 개략적 사연이 1934년본 『울산읍지(蔚

42) 이 구절에는 "박제상이 대추나무의 가시 위를 걸었다는 뜻을 취한 것이다.(取堤上走棘刺上義)"라는 주석이 붙어 있다.

山邑誌)』에는 다음과 같이 기록되어 있다.

> (망부석은) 치술령 위에 있다. 신라 눌지왕(訥祗王) 2년(418) 박제상이 왜국에서 죽자, 그의 처 김씨는 애원(哀怨)을 이기지 못하고 두 딸을 데리고 이 산에 올라 왜국을 바라보며 통곡하다가 죽었다. 몸은 화(化)하여 돌이 되고 혼은 새가 되었다. 어떤 사람은 말하기를, 큰딸 아기(阿奇)와 셋째 딸 아경(阿慶)은 모두 통곡하다가 죽었고, 둘째 딸 아영(阿榮)만은 죽지 않고 말하기를, "내가 만약 따라서 죽는다면 누가 우리 어머니와 자매들을 묻어 주고, 또 누가 내 동생 문량(文良)을 기를 것인가?" 하고 돌아가 맹인이 되었다고 한다. 지금 망부석 좌우에 있는 두 돌은 두 딸의 몸이 화(化)한 것이라 하기도 하고, 어떤 사람은 부인이 베틀을 받쳤던 돌이라 하기도 한다.[43)]

이 전설은 『삼국사기』나 『삼국유사』에서 다 같이 언급하고 있는 박제상의 둘째 딸을 미해(美海)[未斯欣]의 부인으로 삼도록 하였다는 내용과는 일정한 거리가 있다. 이 인용문에서 둘째 딸 아영은 어머니와 두 자매의 시신을 묻어야 한다는 자식(子息)된 도리와 동기(同氣)로서의 도리, 그리고 어린 남동생 문량(文良)을 보살펴야 한다는 동기애(同氣愛) 때문에 차마 죽지 못하고 살아남아서 맹인이 되었다고 하였다. 이 설화를 통해서 보면, 박제상과 그 부인에 못지않게 자녀들도 각자의 처지에서 충분히 자신이 해야 할 도리를 다한 훌륭한 인물로 그려지고 있음을 알 수 있다. 다만 아들 문량은 너무 어렸기 때문에 그 후 일담이 여기에서는 나타나고 있지 않을 뿐이다.[44)]

---

43) 在鵄述嶺上 新羅訥祗王二年 朴堤上死於倭國 其妻金氏不勝哀怨 率二女上此山 望倭國痛哭而死 身化爲石 魂爲鳥 或云長女阿奇三女阿慶 皆哭盡而死 二女阿榮獨不死曰 我若從殉 誰埋我母及姊乎 又誰養我弟文良乎 歸而盲 今望夫石左右有二石 是二女身化云 一云夫人支機石(『蔚山邑誌』 권1, 「古蹟」, 〈望夫石〉, 28葉).

44) 그러나 역사서가 아닌 『寧海朴氏大同譜』(권1)에는 朴堤上의 아들인 文良이 碓

현재까지 구전되는 이 지역 사람들의 이야기로는, 박제상을 왜국으로 보낸 뒤 그의 아내 김씨(金氏) 부인은 자기가 살고 있던 마을[현재의 울주군 두동면 만화리]에서 매일 세 딸과 아들 문량을 데리고 치술령에 올라가서 남편이 떠난 율포(栗浦)를 바라보며 베틀을 놓고 베를 짜면서 남편이 무사하게 돌아올 때를 기다리고 있었다고 한다. 그러다가 남편이 왜국에서 불에 태워져서 죽었다는 소식을 듣고, 몸은 바위로 화하여 망부석(望夫石)이 되고 넋은 화하여 새[45]가 되었다고 한다. 넋이 화한 새는 자기가 살던 마을로 내려와서 마을 어귀에 있던 바위에 잠시 앉았다가 건너편 산봉우리인 국수봉(國秀峯·國讐峯·菊秀峯)[46]을 돌아 그 산의 바위틈에 숨어 버렸다고 한다. 그래서 그 새가 앉았던 바위는 비조암(飛鳥巖)이 되고 그 마을은 비조(飛鳥)라 불리게 되었으며, 새가 숨어 버린 바위굴은 은을암(隱乙巖)이라 불리게 되었다고 한다. 지금도 비조(飛鳥) 마을회관 옆에는 초라하기는 하지만 여전히 치술령을 바라보고 서 있는 비조암[47]이 남아 있고, 은을암(隱乙巖)이 있는 자리 옆에 세워진 암자가 바로 은을암(隱乙庵)인 것이다.

---

樂의 작곡자로 알려진 百結先生이라고 한 기록이 있기도 하다.

45) 그래서 이 새를 '魂鳥'(한국정신문화연구원, 『한국구비문학대계』 8집 12책, 1984, 93면, 〈치술령 망부석〉, 김석보 구연)라고 하기도 하고, '치술새'(이수봉, 「울산, 이야기 속으로」, (3)〈넋이 새(乙)가 되어 숨은(隱) 바위(岩)〉, 경상일보, 2007.10.14)라고 명명되기도 하였다.

46) 國秀峯(國讐峯·菊秀峯)은 울산광역시 울주군 두동면 만화리와 범서면 중리 사이에 있는 높이 602m의 산이다.

47) 비조암은 현재 울산광역시 울주군 두동면 만화리 422-1에 있는 바위로서, 울산광역시 기념물 제29호로 지정된 '만화리 지석묘(萬和里支石墓)'가 정식 명칭이다. 즉 이 바위는 청동기시대의 고인돌로서 그 앞에 세워진 안내판의 글 중에서 일부를 인용하면 다음과 같다. "만화리 지석묘는 1기로서 두동면 만화리 비조마을 회관 옆에 있다. 덮개돌은 화강암으로 비스듬히 뉘어 있으며, 네모꼴에 가까운데 크기는 길이 260cm, 너비 185cm, 두께 120cm 정도이다. 덮개돌 아래에는 사람머리보다 조금 큰 받침돌이 있어 바둑판식 지석묘로 추정된다. 이 만화리 지석묘는 울산광역시 기념물 제21호인 은편리 지석묘군과 함께 청동기시대 두동지역의 정치·사회·문화 등을 연구할 수 있는 중요한 자료가 된다."

그리고 이곳 은을암(隱乙庵) 뒤편 바위틈에는 그때 새가 숨었다는 암혈(巖穴)이 지금도 남아 있다. 또 박제상과 그 부인의 충렬(忠烈)을 기리기 위해 후인들이 치술령 꼭대기에 신모사(神母祠)[48][또는 충렬사(忠烈祠)라고도 함]를 세웠고, 부인이 살던 치술령 아래 만화리 옻밭[漆田] 마을에는 치산원(鵄山院)을 세워 박제상의 충(忠)과 치술신모(鵄述神母)의 열(烈)을 기려 왔다. 치산원은 고종(高宗) 때 훼철(毁撤)되어 없어졌는데, 1993년에 다시 치산서원(鵄山書院)이라는 이름으로 재건하여 놓았다.

설화 자료 중에는 이것과 또 다른 후일담을 전하는 것도 있다.

> 예전 어르신들이 이야기하시기를, 신라 때 왕자를 구하려고 일본에 박제상이 들어갔거든요. 왕자는 내보내고 자기가 대신에 왜놈자테[49] 죽었는 기라요. 그래서 가실 직에[50] "내가 대마도(對馬島)에 검둥구름이 올라오면 내가 죽는 줄 알아라." 그런 이야기를 했더랍니다.
>
> 그래서 박제상 부인이 망부석(望夫石) 그 산 만디[51]에서 거기서 살았답니다. 인자 딸을 둘이 데리고 거기서 살다가 만날 나중 날에는 망기(忘機)하고 바다를 바라보고 있다가 그런데 낸중 하룻날에는 검둥구름이 그 대마도에서 솟았답니다. 그래서 대마도에서 솟으니까, 그래 인자, "내 남편이 죽었구나."
>
> 그래서 딸을 둘이 품고 팔은 한 쪽씩 끼고 그 방구[52]에 떨어져 죽었는데 새가 세 마리 되어 한 마리는 비조(飛鳥)로 가고, 한 마리는 은을암(隱乙庵) 절로 가고, 또 한 마리는 하늘로 가서 그래서 비룡삼천(飛龍三天)이라고 했더랍니다.[53]

---

48) 신모사(神母祠)는 치술령 정상에 있었던 것으로 보인다. 지금 치술령 꼭대기에는 치산사보존회(鵄山祠保存會)에서 1990년 5월에 세운 신모사지(神母祠址) 비가 세워져 있다.

49) '한테'의 경상도 방언.

50) '적에'의 경상도 방언.

51) 산의 정상이나 언덕의 정상을 뜻하는 경상도 방언.

52) '바위'의 경상도 방언.

이 설화에서는 박제상의 부인이 남편이 죽은 것을 알고는 두 딸과 함께 망부석 바위에서 떨어져 죽은 다음에 각기 새가 되어서, 한 마리는 자기가 살던 비조마을로 가고 한 마리는 은을암으로 갔으며, 한 마리는 하늘로 날아감으로써 비룡삼천(飛龍三天)이라고 불리게 되었다는 후일담을 전하고 있다.

현재 확인할 수 있는 자료로서 치술령과 관련된 박제상과 그 부인에 대한 가장 오래 된 설화는 울산 출신으로 조선 현종(顯宗) 때 농민의 농기구와 병사들의 무기 제작에 필요한 화약의 제조를 위해 조선팔도를 돌아다니며 무쇠와 유황, 비상을 구한 공을 세웠던 구충당(求忠堂) 이의립(李義立, 1621~1694)의 글에서 확인할 수 있다. 그는 〈치술령에 올라서 기도한 뒤 망부석을 읊으며 탄식하다(鵄嶺齊禱後 詠歎望夫石)〉라는 시의 서문에서 치술령 설화를 언급하고 있다.

> 대개 이 천지간에 있는 산 중에 어느 것이 산이 아니고, 산천에 있는 돌 가운데 어느 것이 돌이 아니랴? 돌이 돌로 되는 것 중에 간혹 다른 것이 있고, 산이 산으로 되는 중에 또한 다른 것이 있기도 하다. 그런데 교남(嶠南)의 승지(勝地)와 명산(名山)·대천(大川)은 손가락으로 이루 다 꼽지 못하지만, 기이한 모양과 이상한 자취로 논한다면 동도(東都)의 치산(鵄山)처럼 빼어난 것도 없다.
>
> 내가 일찍이 다른 사람에게 듣자니 치술(鵄鷸)이라고 이름이 붙게 된 데는 유래가 있다고 한다. 무엇인가? 이 새는 대개 신령스러운 새의 무리인데 이 고개에 와서 머물면서, 높은 봉우리가 아니면 깃들지 않고 향기로운 떨기가 아니면 먹이를 쪼지 않았으며, 태평한 시절에 왔다가 흐린 세상이 되면 가 버렸으므로 산이 아름다운 이름을 얻게

53) 이 설화는 1987년 7월 20일에 양명학 교수와 울산대학교 국어국문학과 학생들이 울주군 범서면 척과리 반용부락의 마을회관에서 조사한 것이다. 제보자는 그곳에 사는 이찬우(74세) 노인이었는데, 이 마을에서 그 노인의 8대조부터 살았다고 하였으며, 이 이야기는 옛 어른들에게 들은 것이라고 하였다.

되었다고 한다. 천 길이나 우뚝하게 서서 많은 사람들의 입에 전해졌고, 백리나 우뚝 솟아 벌려 있어서 남쪽 지방의 줄기와 병풍이 되었으며, 좌우에는 여러 산봉우리들이 아들과 손자처럼 늘어서니 이곳에서 조종(祖宗)이 되었다.

그래서 주관하는 신은 영험을 모아서 열사를 나도록 하였는데, 박공(朴公)은 고개 북쪽에서 몇 길 떨어진 곳에 있는 한 언덕 위에 살았으므로 사람들은 언덕 위에 사는 박씨라는 뜻에서 박제상(朴堤上)이라고 불렀다. 그런데 박공은 신라의 조정에 있으면서 충성과 믿음, 질박함과 곧음으로써 당시에 명성이 가득하였다. 왕명을 받들고 일본에 사신으로 가서 일편단심으로 그 임금이 있음을 알 뿐 자신(自身)이 있음은 알지 못하였다. 도끼날 아래에서도, 태우고 지지는 와중에서도 '계림의 신하(雞林臣)'라는 세 글자가 입에서 떠나지 않고, 충성에 살고 충성에 죽었으니 바로 신라의 소무(蘇武)[54]였다. 그러나 소랑(蘇郎)의 절의는 한 몸에 그쳤지만, 박공의 절의는 한몸에 그치지 않았다. 왜 그러한가? 그 아내 모씨(某氏)가 남편을 보내는 날에 눈물을 거두고 자위(自慰)하기를, "치술령 봉우리가 저기에 있네. 그대는 마땅히 나라를 위해 죽겠지만 첩은 마땅히 남편을 위해 죽으리니, 그렇게 되면 반드시 다시 만날 날이 있으리라."라고 하였다. 저 산에 올라가서 그 남편을 바라보는데, 원한이 맺혔지만 알릴 데가 없었다. 한 치의 곧은 마음과 십년 동안의 매서운 기운이 화(化)하여 고갯마루의 돌이 되어 하늘에 우뚝하게 서게 되었다. 단풍 숲 속에 부는 바람의 서걱거림은 마치

---

54) 蘇武(BC 140?~BC 60)는 중국 前漢의 명신. 자는 子卿. 匈奴 원정에 공을 세운 아버지 健의 保任에 의하여 郎이 되었다. 武帝 때인 BC 100년 中郎將으로서, 한나라에 구류된 흉노의 使者의 반환 문제로 흉노에게 갔다. 흉노는 그를 굴복시키려 했으나 이를 거부하였고, 이 때문에 움막에 갇히고 먹지도 못하여 눈과 전모(모직물의 털)로 굶주림을 견디었고, 다시 北海[바이칼호] 근처에 숫양의 방목을 위해 옮겨지자 들쥐나 풀 열매를 먹으며 어려움을 견뎌냈다. 훗날 흉노에게 항복한 李陵이 항복을 권했으나 듣지 않고, 昭帝 때 양국의 화친으로 19년 만에 겨우 귀국하였다. 귀국 후 典屬國을 拜命받고, 關內侯가 되었다. 그가 죽은 뒤 麒麟閣에 그의 초상을 그려 두고, 목숨을 걸고 관철한 절개를 후세의 모범으로 삼았다.

사람을 부르는 소리인 듯하고, 안개처럼 부옇게 내리는 비 주변의 쓸쓸함은 남편을 그리워하며 우는 눈물을 뿌리는 듯하였다. 상전벽해(桑田碧海)를 여러 번 겪어도 그 위의(威儀)가 변하지 않고 그 색깔이 달라지지 않았으니, 참으로 이것은 남의 신하가 되고 자식이 된 사람들이 흠모하고 부러워할 만한 것이다.

내가 듣고서 개탄을 이기지 못하고 이르기를, "아름답고 훌륭하도다, 이 남편과 이 아내여! 남의 신하가 됨이 저와 같고 남의 아내가 됨이 이와 같으니, 이들이 이른바 열사(烈士)와 열부(烈婦)로구나. 나와 같은 몸은 이 왕국에 태어나서 이룬 바가 무엇이고 보답한 바가 무엇인가?"라고 하였으니, 격려하는 마음이 절로 일어났다.

내가 나랏일로 경건하고 정성스럽게 기도하려고 층진 봉우리의 제일 꼭대기에 올라가서 그 돌을 구경하니 평상시에 들은 바와 대체로 같았다. 그렇다면 이 돌은 열부(烈婦)의 몸이 돌로 변화한 것이다. 이 아내는 이 돌의 정기(精氣)가 사람으로 변한 것인가? 사람이 사람이 되고, 사물이 사물이 되는 것은 곧 조화옹(造化翁)이 만드는 이치일 뿐이다. 사람으로 돌을 만들고 돌로 사람의 형상을 삼았으니 이것은 무선 조화인가? 돌의 처지에서 보면 사물 중의 돌이 아니고, 사람의 처지에서 보면 박제상의 아내와 매우 닮은 듯하였다. 몇 년 동안이나 사람이 되어 남편을 바라보았으며, 몇 년 동안이나 돌로 변하여 남편을 바라보았는가? 사람으로서 남편을 바라보다가 돌로서 남편을 바라보았으니, 남편을 바라보는 정열(貞烈)은 산천과 함께 우뚝하고 돌로 변화한 정기는 천지와 함께 길이 남을 것이다.

그리고 제상의 충성은 또 무슨 물건으로 변화하여 아내를 바라보는가? 푸른 바다 만 리에 갈 때는 형상이 있었으나 올 때는 자취가 없으니 혹시 남쪽 오랑캐 땅의 바람에 날아가 버렸는가? 아니면 남쪽 지방의 폭우(暴雨)에 막히게 되었는가? 산꼭대기의 매서운 바람은 아내의 분통(憤痛)한 기운이니, 분통한 기운이 떨치게 되면 남쪽 오랑캐 땅의 바람은 불지 못한다. 돌 표면에 퍼붓는 비는 아내의 원통한 눈물이니, 원통한 눈물이 뿌려지게 되면 남쪽 지방의 폭우가 막지 못한다. 아, 제상의 넋은 어찌하여 돌아오지 않는가? 달은 제상의 그림자인 듯하여, 자시(子時)에 바다에서 오니 이것이 제상 살아 있는 혼백(魂魄)임을 알겠다. 돌은 열부(烈婦)의 정신으로, 날마다 산꼭대기에 기대어 서 있으니 참으로 열부가 아직도 존재하고 있음을 알겠다. 그래서 정신이 가까이 있는 곳과 그림자가 비치는 곳이 한 고개를 벗어나지 않으니, 이별할 때 서로 만나기로 한 말이 과연 영험이 있는 것이다. 그 알찬 행실과 아름다운 자취가 어찌 반드시 명문(銘文)으로 새겨지고 악곡(樂曲)에 올려져야만 드러나겠는가? 산문(山門)에 우뚝하게 서고 지리지(地理志)에 밝게 실려 있으니, 천하의 충성스러운 마음을 격동시킬 것이고 후세에 뜨거운 풍속을 드리우게 될 것이다.

아, 한 남자가 충(忠)을 위하여 죽음은 군신의 은의(恩義)가 중하기 때문이고, 한 아낙네가 절의로 돌아감은 고금의 강상(綱常)이 정해져 있기 때문이다. 임진왜란(壬辰倭亂)의 티끌 속에서도 더럽혀지지 않고 병자호란(丙子胡亂)의 전쟁 속에서도 없어지지 않았으니, 비록 강산이 닳아 없어지도록 한다고 하더라도 어찌 이것을 반드시 변하고 없어질 리가 있겠는가? 내가 이제 먼 길을 떠나면서 공을 이루지 못하면 다시는 이 고개 앞을 지나가지 않을 것을 맹서하고, 읊으면서 다음과 같이 탄식하노라.55)

---

55) 蓋此天地間 有山者孰非山也 山川之有石者 孰非石也 石之爲石 或有異者 山之爲山 亦有異者也 然而嶠南勝地名山大川 指不勝屈 而以奇形異蹟論之 則莫如東都鵄山之尤勝者也
余嘗聞於人 山以鵄鵝爲名 有所自出者也 何者 是鳥也 蓋以神雀之類 止於是嶺 而非高岑不捿 非香叢不啄 淸時而來 濁世而去 故山得芳名 屹然千仞立衆人之口碑 崛起百里列 南紀之幹屛 左右羣巒 羅列兒孫 而祖宗于此也 所以主神有靈鍾出烈士 朴公卜於嶺北數弓許一堤上 故人以爲朴堤上 而朴公在於羅朝 以忠信質直 名滿當世 奉命使之於日本 一片丹心 知其有君 不知有身斧鉞之下 炮烙之中 以雞林臣三字 不絶于口 生於忠 死於忠 則新羅之蘇武也然而蘇郞之節 止於一身 朴公之節 不止於一身 何其然也 其婦某氏 送夫之日收涙慰之曰 鵄峯在彼 君當死國 妾當死夫 則必有更逢之日 登彼山望其夫 寃結無告 一寸貞心 十年烈氣 化爲嶺頭之石 特立天際 颼颼楓樹裏 如有喚人之聲 蕭蕭烟雨邊 若灑泣夫之涙 屢閱滄桑 其儀不忒 其色不渝 則眞是爲人臣子之所可欽羨者也
余聞 不勝慨歎曰 美歟偉哉 是夫是婦也 爲人臣而如彼 爲人婦而如斯 是所謂

여기에서 우리의 관심을 끄는 부분은 '치술령'이라는 고개의 명칭이 이 고개에 사는 신작(神雀)인 '치술(鵄鷸)'이라는 새에서 유래되었다는 주장이다. 이 새는 이 산이 박제상 가족과 관련되기 이전부터 이곳에 터를 잡고 살았는데 그 성격이 보통 새와 달리 독특한 성격을 지녔던 것으로 소개되고 있다. 이 새를 "이 새는 대개 신령스러운 새의 무리인데 이 고개에 와서 머물면서, 높은 봉우리가 아니면 깃들지 않고 향기로운 떨기가 아니면 먹이를 쪼지 않았으며, 태평한 시절에 왔다가 흐린 세상이 되면 가 버렸으므로 산이 아름다운 이름을 얻게 되었다고 한다."라고 설명하고 있는 것으로 보아 이 새는 흔히 알려진 봉황(鳳凰)과 통하는 신조(神鳥)임이 분명하다고 하겠다. 이 산은 이처럼 신령스러운 새가 사는 신령스러운 땅이므로 그 기운이 모여서 박제상이 태어나게 되었다는 것이다.

또 이 글에서는 박제상을 흉노 땅에서 19년이나 지조를 변하지 않았던 한(漢)의 소무(蘇武)보다 더 빼어난 행적을 보인 것으로 평가하였고, 그의 아내가 남편을 위해 죽은 정절(貞節)까지 높게 평가함으로

---

烈士烈婦也 如我之身生此王國 何所成而何所報也 激勵之心 油然而興矣

余以國事虔誠祈禱 乃陟層巒之第一峯 遊觀其石 則與平日所聞大同矣 然則是石也 以烈婦之魄而化石也 是婦也 以是石之精而化人耶 人而爲人 物而爲物乃化翁所造之理耳 以人爲石 以石像人 是何造化也 由石而觀之 則不是物中之石 由人而觀之 則稔似堤上之婦也 幾年爲人而望夫 幾年化石而望夫乎 人而望夫 石而望夫 而望夫之烈 與山川共峙 化石之精 與天地長存

而堤上之忠 亦化何物而望婦乎 滄溟萬里 去有形而來無跡 或爲蠻風之所吹歟抑爲蜒雨之所沮歟 山頭烈烈之風 是婦之憤氣也 憤氣之所振 蠻風不能吹 石面滂滂之雨 是婦之寃淚也 寃淚之所灑 蜒雨不能沮也 嗟乎 堤上之魂 胡不歸來乎 月似堤上之影 子時從海上而來 則知是堤上之生魄 石是烈婦之精神 日倚山巓而立 則知眞烈婦之尙存 而精神之所襯 影子之所照 不離一嶺 則別時相逢之語 果有驗也 其實行美蹟 何須銘鼎被絃而著乎 卓立山門 昭載地誌 激天下之忠肝 樹後世之烈風矣

嗚呼 匹夫死忠 君臣之恩義重 匹婦歸節 古今之綱常定矣 不染於壬塵 靡泯於丙燹 則雖使江山磨泐 豈有斯須變滅之理乎 余今遠行 若不成功 則誓不再度於是嶺之前矣 詠歎曰

써 두 부부의 절의(節義)가 후세의 모범이 된다는 사실을 강조하고 있다. 박제상 부부의 빼어난 행실과 그들 두 사람이 상봉하겠다는 염원을 이룬 것으로 판단하기 위하여, 박제상의 넋은 달빛이 되고 아내의 넋은 돌이 되어 서로 만난다고 함으로써 "정신이 가까이 있는 곳과 그림자가 비치는 곳이 한 고개를 벗어나지 않으니, 이별할 때 서로 만나기로 한 말이 과연 영험이 있"다고 하고 있다. 이처럼 망부석과 거기에 얽힌 설화는 오랜 세월에 걸쳐 구전(口傳)으로 전승됨으로써 이 지역 사람들에게 친숙하게 알려지게 되었던 것이다. 이와 같은 서문(序文)에 이어서 실려 있는 시는 다음과 같다.

상서로운 새는 어느 해에 가서 돌아오지 않는가?
높은 고개와 아름다운 명성이 함께 무너지지 않았네.
신령스러운 기운이 모인 사람은 나라를 위해 죽으며 우는데
정신이 변화한 돌은 남편을 바라보며 슬퍼하네.
두 마음은 충(忠)과 열(烈)이 되어 산바람으로 떨치는데
만고(萬古)에 강상(綱常)은 바다의 달이 되어 돌아오네.
이곳에 오니 보잘것없는 정성이지만 감격이 더해져서
단풍 숲에 제단을 모아 산초(山椒) 술 한 잔을 올리네.
祥禽何載去無廻　　危嶺佳名共不頽
靈氣鍾人殉國泣　　精神化石望夫哀
兩心忠烈山風振　　萬古綱常海月回
到此微誠添感激　　楓壇爲奠一椒盃

이 시에서 작가는 치술령을 지키던 신령스러운 새는 떠나가서 돌아오지 않지만 그 고개와 아름다운 명성은 그대로 남아 있다고 하면서, 박제상과 그의 아내의 충(忠)과 열(烈)을 높이 평가하고 있다. 앞의 서문에서도 언급하였듯이 박제상은 바로 이 산의 영기(靈氣)가 모여서 태어난 인물이고 그의 아내는 정신이 돌로 변하여 남편에 대한 정열

(貞烈)을 지킨 인물이라고 하였다. 게다가 박제상의 혼을 바다에서 떠오르는 달빛으로 설정하여, 그들 부부가 넋으로나마 서로 만나기를 바라는 생각을 드러내고 있다. 그래서 미련(尾聯)에서는 그들의 영혼을 위하여 제단을 모으고 한 잔의 초주(椒酒)를 올린다고 하였다. 우리는 이 시를 통하여 치술령 근처에 사는 사람들이 이 산을 매우 영험하게 여겨서 신성시하고 있다는 사실을 알 수 있다.

한편, 박제상의 국가에 대한 굳은 지조와 변하지 않는 충성심은 원체 많이 알려졌기 때문에 국가가 존망의 기로에 처한 위태로운 시기가 되면 백성들을 일깨우고 충성심을 독려하기위한 인물 중의 한 사람으로 거론되기도 하였다. 다음 작품은 을사보호조약에 의해 일본에 외교권을 빼앗기고 난 뒤인 1908년 2월 21일자 『대한매일신보』에 실린 〈영웅회의(英雄會議)〉라는 가사의 일부이다.

太白山 檀木下에 始祖단君 現出ᄒᆞ샤
三韓英雄 召集하야 이時局이 危急ᄒᆞ니
保護方針 講究ᄒᆞᆫ다
………… (중략) …………
박堤上이왓ᄂᆞ냐 鷄林狗彘 寧爲언뎡
日本臣民 不願ᄒᆞ고 炮烙不屈 貞節이라
日兵의게 通詞되여 睚ᄌᆞ之怨 必報ᄒᆞᆯ제
義兵干連 指囑ᄒᆞ야 無辜良民 殺害ᄒᆞ니
惡物懲戒 責任커다[56]

이 시가는 우리 민족의 시조 단군(檀君)이 출현하여 삼한(三韓)의 영웅들을 소집하여 위급한 시국을 타개할 보호방침을 강구하려고 회의를 소집하였다는 가상적 내용을 노래하고 있다. 이 회의에 소집된

56) 『근대계몽기 시가자료집』(3권), 성균관대학교 대동문화연구원, 2000.

인물 중에는 민족의 기상을 빛낸 을지문덕(乙支文德), 김유신(金庾信), 유금필(庾黔弼), 이존오(李存吾), 김덕령(金德齡), 이순신(李舜臣), 곽재우(郭再祐) 등이 포함되어 있고 박제상도 그들 중의 한 사람으로 소집되어 위 인용문에서 언급된 바와 같이 단군으로부터 독려 받고 있음을 보여주고 있다.57)

박제상과 그의 부인의 충렬담(忠烈譚)은 이 지역에서 워낙 잘 알려져 있기 때문에 설화로 전승될 뿐만 아니라 민요로도 가창되고 있다. 1988년 울산문화원에서 간행한 『향토사보(鄕土史報)』 창간호에 실린 민요 〈치술령가〉는 다음과 같다.

어화 세상사람들아
이내말씀 들어보소
옛날옛적 박제상 어진양반
나라위해 충성으로
일본국에 들어가시고
그의아내 열녀로서
치술령 상상봉에 불철주야 바위에서 망부하니
그바위 망부석이 되었구나
또다시 대마도를 바라보고
바위에서 떨어지니
새가되어 날았으니
그마을이름이 비조가 되었구나
국수봉 상상봉에 숨어드니
그이름 은을암이더라.58)

---

57) 애국 계몽기시가에 나타난 박제상에 대한 인식의 양상에 대해서는 엄기영, 「'朴堤上 이야기'의 受容 樣相과 그 意味」(『民族文化研究』 39, 고려대학교 민족문화연구소, 2003) 참조.

58) 〈치술령가〉, 『鄕土史報』 1집, 울산문화원, 1988, 126면. 이 노래는 울산대학교 성기옥 · 성범중 · 양명학, 『울산울주지방 민요자료집』(울산대학교출판부, 1990),

이 노래는 울주군 두동면 만화리 최상호씨(채록 당시 62세)가 자기 누님이 80여 년 전에 배웠다는 것을 받아 적었다고 하니, 우리는 이 노래가 늦어도 1900년 무렵까지는 실제로 사람들에게 불렸던 사실을 알 수 있다. 이 노래에서는 박제상의 부인이 바위에서 떨어져 새가 되어 날았다고 하여, 앞에서 소개한 설화와 조금 차이가 있기는 하지만 비조암(飛鳥巖)·은을암(隱乙巖) 등의 지명연기설화(地名緣起說話)와 맥락을 같이 하고 있다. 그렇다면 울산지방의 민요에서, 치술령 또는 치술신모(鵄述神母)와 관련된 노래가 이제는 사라진 것으로 보아야 할 것인가? 방송 매체의 발달로 인한 민요의 전반적 퇴조와 함께 사라지고 있음은 분명하지만 그 면면히 이어지고 있는 맥락은 여전히 확인할 수 있다.

1989년 2월에 간행된 울산대학교 국어국문학과 학생들의 간행물인 『치술령』 3집에는 「치술령을 찾아서」라는 특집이 마련되어 있다. 거기에는, 치술령 아래에 있는 칠조(漆鳥)마을[옻밭(漆田)마을과 비조(飛鳥)마을이 합쳐서 된 마을]의 주민들에 의하면, "박제상 공의 부인이 새가 되어 나아갈 때 '오오~' 하며 날아가서 그 마을이 옻밭이 되었고, '비비~' 하며 날아가서 비조마을이 되었다."라고 하는 이야기가 실려 있고, 그것과 함께 치술령의 설화를 내용으로 한 두 편의 민요를 채록하여 수록해 놓았다. 먼저 옻밭마을에 사는 67세의 최임준 할머니가 부른 〈원별가〉를 소개하면 다음과 같다.

유정무정 우리군자 원별이야 원별이야
천리원별 만물중에 유정무정 우리군자
군자원별 더욱섧다 천리원별 만물중에
천리타향 원별이야 군자원별 더욱섧다.

---

555~556면에 재수록되어 있다.

이 노래를 박제상이 일본으로 떠나간 뒤에 느낀 그 부인의 안타까운 심정이 표현된 것으로 볼 필연성은 없다고 할지라도 남편[군자]을 멀리 떠나보낸 아녀자의 애달픈 마음을 담은 노래라는 점에서 그 개연성을 인정할 수 있다.

비조마을에 사는 노말분(조사 당시 58세)씨가 부른 다음 노래는 제보자도 제목을 알 수 없다고 했으나 치술령과 관련된 노래임이 분명하다.

1.
망부석이 되고보니
이내몸이 가사['가상'인 듯함]하여
안은아기 더욱섧다
까마귀가 되었으면
활짝밑에 끼어서
훨훨날아 가나보지
영영히 지신령 산신령이
이내몸이 사라지면
나래나 있어주오
훨훨날아 낭군님 찾아가련다.

2.
① 낮으로는 일광단
밤으로는 월광단에
그래짜면 춘하추동 와서절['사시절'인 듯함]로
일본이라 대마도에
눈을 박어 바라본들
소식조차 막연하네

② 바라본 나의심정

하늘이나 알고 땅이나 알까
어느누가 알아주건
일본이라 대마도에
가신낭군 오시면 알아줄까
어느누가 알아주꼬

이 노래에서는 시대가 오래 지나고 보니 박제상이나 그의 부인이라는 분명한 지칭이 사라지고 망부석(望夫石)이라는 바위 이름만 언급되고 있지만, 떠나간 남편을 그리워하는 박제상 부인의 애달픈 마음이 유로(流露)되어 있음을 분명히 느낄 수 있다. 따라서 박제상과 그의 부인의 충렬(忠烈)을 기리는 마음은 망부석과 비조암(飛鳥巖)·은을암(隱乙庵) 등이 남아 있어서 이 지역 사람들의 마음속에 설화와 민요 등으로 전승될 수 있었다고 하겠다.

## 3. 화장산과 화장굴 전설

화장산은 언양읍 송대리와 서부리, 상북면 향산리 능산마을 사이에 있는 높이 265m의 산으로 고장산(高壯山)이라고도 부른다. 이곳에는 지명전설이 전해지는데 순조(純祖) 32년(1832)에 나온 『경상도읍지(慶尙道邑誌)』에 다음과 같이 기록되어 있다.

(화장굴은) 현의 북쪽 2리쯤에 있다. 화장산의 꼭대기 굴 앞에는 대(臺)가 있고, 대 위에는 화장암(花藏巖)의 옛 터가 있다. 세속에 다음과 같이 전한다. 신라 때에 이곳에 사우(祉寓)를 엮은 도화(桃花)라는 승려가 있었다. 그때 신라의 왕이 병에 걸려서 점을 치니 복사꽃이 영약(靈藥)이라 하였다. 때는 꽁꽁 얼어버린 겨울이라 마승(馬塍)[59]이 아니고는 찾을 수 없었다. 기상을 살피던 자가 남방(南方)에 가면 그

> 것을 얻을 수 있을 것이라고 아뢰니 곧 왕은 역마를 타고 가서 찾으라고 명하였다. 이 산의 아래에서 굴실(窟室) 속에 꽃이 활짝 핀 한 그루의 복숭아나무가 있는 것을 보고, 그 집에 갔더니 아리따운 자태의 한 스님이 보일 뿐이었다. 그 이름을 물으니 스님이 웃으며 "복사꽃은 나입니다."라고 말하였다. 드디어 함께 달려가니 왕이 보고 크게 기뻐하고 병이 나았으므로 그때의 사람들이 그것을 기이하게 여겨서 그 산을 화장산(花藏山)이라 불렀다. 그 속에는 옥천(玉泉)이 절로 흘러나오는데 기도하는 사람 중에 혹시 깨끗하지 못한 사람이 있으면 샘에서 냄새나는 구더기가 나오고, 유람하며 보는 사람 중에 더러운 사람이 있으면 물이 흐르지 않았기 때문에 옛 사람들이 그 이름을 염천(廉泉)이라고 불렀다고 한다.[60]

1934년본 『울산읍지』에도 위의 내용이 요약되어 간략히 다음과 같이 기록되어 있다.

> (화장굴은) 화장산 꼭대기에 있는데 세속에 다음과 같이 전해진다. 신라 때 왕이 병이 있었는데, 점치는 자가 말하기를 도화가 효험이 있다고 하였다. 때는 얼어붙은 겨울인지라 천기를 보는 자가 말하기를 남방으로 가면 얻을 수 있다. 곧 이 산에 가서 찾도록 하였더니 굴속에 한 그루의 복사꽃이 활짝 피어 있는 것이 보였다. 꽃이 핀 곳으로

---

59) 馬塍은 중국 浙江省 杭縣에 있는 지명으로 동서 양쪽에 있었고 宋나라 때 꽃의 생산지로 이름났던 곳인데, 그곳은 흙이 고와서 꽃을 키우기에 적합하여 도성의 꽃은 모두 거기서 취하였다는 기록(臨安志 有東西馬塍 在餘杭門外 土細宜花 都城之花皆取焉: 『四庫全書』 중 『浙江通志』 卷40)이 있다.

60) 在縣北二里許 花藏山頂前有臺 臺上有花藏巖古址 俗傳 在新羅時 有僧結社于此 其名桃花 時羅王有疾 卜云桃花爲靈藥 時値冬沍 非馬塍可索 望氣者奏言 南方可得 卽命乘馹往索 直此山下 望見窟室中有一株桃灼灼開花 造其廬 但見一比丘綽約其姿 問其名 比丘笑曰 桃是我也 遂與馳去 王見而大悅 病快痊 時人奇之 名其山曰花藏 中有玉泉自瀉出 禱禳者 或有不潔 則泉出臭蛆 遊觀者 或有汚穢 則水爲斷流 故昔人名之曰廉泉云.(『彦陽縣邑誌』, 「古蹟」, 〈花藏窟〉)

> 가서 보니 비구승이었는데, 그 이름을 물으니 도화(桃花)라고 하였다. 마침내 함께 말을 타고 가니 왕이 보고 크게 기뻐하더니 병이 곧 나았다. 그래서 붙은 이름이다.[61]

> (염천은) 화장굴 가운데 있다. 물이 돌 사이에서 흘러나오는데 마시는 사람이 깨끗하지 못하면 샘에서 냄새가 나거나 마르기 때문에 그렇게 부른다. 옥천(玉泉)이라 부르기도 한다.[62]

이상의 두 읍지에 따르면, 화장굴(花藏窟)은 신라 때 어떤 왕이 병이 걸리게 되었는데 화장산의 도화(桃花)라는 중이 그 병을 고쳐주었고, 그 굴 안에 있는 샘은 깨끗하지 못한 사람이 마시거나 보면 물에서 냄새가 나거나 물이 말라 버렸다고 하여 염천(廉泉)이라 불렀다는 것이다. 현재 이곳에는 화장산 미타굴(彌陀窟)[일명 굴암사(窟岩寺))] 이 있는데, 이 절을 중창한 주지 안석범(安石凡) 스님이 전하는 설화는 좀 더 확장되고 그 내용도 조금 달라져 있다.

> 굴암사는 예로부터 전설이 있습니다. 신라 21대 소지왕(炤知王) 때부터 불교가 유포되어 올 때, 왕이 신병을 앓게 되어 명의를 불러 치료도 하고 명산대찰(名山大刹)에 기도를 드려도 차도가 없었습니다. 어느 날 왕의 현몽에 관음보살(觀音菩薩)이 나타나 "대왕이시여 남방에 도화가 있으니 구하여 삼일만 복용하면 완쾌될 것입니다." 하였습니다. 왕은 즉시 남방의 도화를 찾기로 명령하니 때는 엄동설한이라 어느 곳에서도 찾을 수가 없었습니다. 하지만 언양현감(彦陽縣監)이

---

61) 在花藏山頂 俗傳 新羅時 王有疾 卜者云 桃花有效 時冬沍 望氣者奏 南方可得 卽命往索 此山望見窟中有一株桃灼灼開花 及造見 乃一比丘 問其名 曰桃花 遂與馳去 王見而大悅 疾乃瘳 故名.(『蔚山邑誌』 권1, 「古蹟」, 〈花藏窟〉, 29葉)

62) 在花藏窟中 水自石間瀉出來 飮者不潔 則泉生臭 或渴 故名之 一名 玉泉.(〈廉泉〉, 위와 같음)

> 남문루(南門樓)에 올라 사방을 살펴보니. 고헌산(高巘山)이 남으로 뻗은 일맥 암벽에 도화(桃花)가 핀 것을 보고 즉시 사자를 보내 꽃을 따오라고 명령하였습니다. 명을 받고 굴암벽에 당도하니 도화는 간 곳이 없고 석굴 속에는 한 노스님이 참선을 하고 있거늘 사자는 스님께 참배하고 "현감의 명을 받고 도화를 구하러 왔으나 도화가 없으니 이 못난 중생을 구하는 마음으로 도화의 행방을 알려 주십시오." 하니 노스님이 "꽃 간 곳은 알 수 없으나 나의 이름이 도화(桃花)니라." 하옵기에 즉시 도화대사를 모시고 대왕께 자초지종을 아뢰니 스님은 대왕께 설법을 하고 신장님께 기도불공하고 구병시식하오니 삼일 만에 병은 씻은 듯이 완쾌되어 대왕은 크게 기뻐하며 언양 동헌에 오셔서 친필로 남문루를 영화루(暎花樓)로 고치고 산의 이름을 화장산(花藏山)이라고 하고 석굴을 화장굴(花藏窟), 샘물을 염천(廉泉)이라 하였습니다. 이곳에 절을 지어 도화대사를 모시고 매년 팔월 십육일을 관례일로 행사하매 관인이 모여서 부처님께 참배하고 소원을 기도드렸습니다. 특히 결혼 후 태기(胎氣)가 없는 부녀들이 생남불공하여 득남한 분이 무수하다 합니다. 그러다가 이조 중엽 임진왜란 때 폐사(廢寺)되고 없는 것을 서기 1966년 해인사(海印寺)에 입산수도하던 소승이 운유사방(雲遊四方)하여 행각수도(行脚修道)하다가 화장산에 속세의 인연이 있었음인지 굴 바위에 와서 절을 중건하여 굴암사(窟岩寺)라 이름 짓고 불경을 탐독하니 신도(信徒) 수가 오백에 이릅니다.[63)]

안석범 스님의 이 이야기는 좀 더 불교적으로 윤색되어 왕에게 현몽(現夢)한 관음보살이 병을 낫게 할 방도를 가르쳐 주었고, 언양의 남문루(南門樓)를 영화루(暎花樓)라 부르게 된 사실과 결부시키고 있으며, 이곳 부처의 영험(靈驗)을 강조하고 있기는 하지만 그 맥락은 앞의 설화와 크게 다르지 않다.

한편, 위의 설화들과 다른 이야기가 전해지기도 한다. 그 변화의 핵

63) 이 자료는 필자가 1996년 여름에 울산대학교 국어국문학과 학생들과 함께 조사한 것이다.

심은 도화가 승려의 이름이 아닌 실제의 복사꽃으로 설정되어 있는 점이다.

> 신라 때 화장산 기슭에 사냥꾼 한 집이 있었다. 산꼭대기 바위굴 속에 사는 큰 곰 한 마리가 이 산의 짐승을 거의 다 잡아먹었으므로, 사냥꾼 부부가 그 곰을 잡으러 가다 물려 죽었는데, 자녀 남매도 부모를 찾아서 산을 헤매다 지쳐 죽고 말았다. 그 부모의 영혼은 자식의 죽음을 가엾게 여겨 두 아이의 혼령을 복숭아꽃으로 피어나게 하였다. 어느 해 겨울, 신라의 임금이 병들어 점을 치니 복숭아꽃이 효험 있다 하므로, 지사(地師)에게 물으니 남쪽으로 가면 구할 수 있다고 아뢴다. 이에 사자(使者)를 보내어 복숭아꽃을 찾으니, 과연 두 송이가 이 산에 활짝 피어 있다. 그 꽃을 따서 임금에게 바치니 그것을 먹고 병이 나았다 한다. 그 뒤로 이 산을 화장산이라 이름하였다.[64]

이 이야기는 앞의 설화와는 달리 불교적인 영험성이 제거되어 있다. 즉 이 이야기는 곰에게 잡아먹힌 사냥꾼인 부모를 찾다가 지쳐서 죽은 남매의 영혼이 복숭아꽃으로 피어나게 되고, 그 꽃은 겨울에도 피어 있어서 그 꽃을 먹은 신라의 임금의 병이 낫게 됨으로써 화장산이라는 이름을 가지게 되었다는 지명유래담의 성격을 띠고 있다. 이 이야기에 덧붙여서 또 다른 지명의 유래를 설명하고 있는 자료도 있다. 굴암사 옆에 세워진 「화장산(花藏山) 설화와 굴암사 유래」라는 비석에는 다음과 같은 기록이 있다.

> 신라(新羅) 때의 일이었다. 화장산 아래 어느 사냥꾼 내외와 두 남매가 살고 있었다. 그때 화장산 위의 바위굴에는 한 마리의 큰 곰이 있어 이 산의 짐승은 물론 가까운 산의 짐승까지도 그 곰이 다 잡아먹고 있었다. 사냥꾼 내외는 이 곰을 잡으려고 활을 메고 창을 들고 산

64) 姜吉夫, 『鄕土와 地名』, 정음사, 1985, 470면.

> 으로 곰을 찾아 나섰다. 그러나 곰을 만난 그들은 불행하게도 곰에게 역습을 당하여 죽고 말았다. 그런데 집을 지키고 있던 오누이는 밤이 되어도 부모님이 돌아오지 않으므로 그 이튿날 새벽부터 화장산으로 들어가 부모를 찾기 시작하였다. 때는 엄동설한이지라 북풍과 눈보라가 그 맹위를 떨치고 있었다. 남매는 엄마와 아빠를 부르며 이리저리 찾고 헤매다가 그만 눈 속에서 기진맥진하여 서로 부둥켜안은 채 가엾게도 죽고 말았다. 이렇게도 가엾게 죽은 남매는 오빠의 정령(精靈)은 대(竹)나무가 되고 누이의 혼은 솔(松)이 되어 만고에 푸르렀다고 전해오며 송대 마을 이름의 유래가 되었다고 한다.

이 인용문은 앞의 설화와 같은 맥락을 이어가고 있지만 다만 죽은 남매의 혼이 대나무와 소나무가 되었으므로 화장굴이 있는 마을의 이름이 '송대'가 되었다는 지명유래담을 겸하고 있는 것이다.

다음 자료는 1987년에 필자가 울산대학교 국어국문학과 학생들과 함께 조사한 설화인데, 이것도 앞의 것들과 큰 차이가 없는 내용을 담고 있다.

> 화장산이라는 산이 있는데 그 이름은 내가 이야기하겠습니다. 옛날 원시시대에 일인지는 모르지만은 화장산 밑에 기슭에 한 초가집이 있었어요. 초가집이 있었는데 그 초가집에는 어린 남매와 그 부모 네 꽁구[65]가 살았는데 농사지을 줄도 모르고 택이 산에 과실만 따 먹고 짐승이나 잡아 묵고[66] 이래[67] 사는데 그 부모는 날만 새면 매일로 통해 산에 가 가지고 과실도 따오고 짐승도 잡아 오고. 그래 가 식량을 구해 가 생활을 하는 터인데 하루는 산에 눈이 잔뜩 마이[68] 와 가 적적이 해가 있는데 그래 산에 인자 눈이 잔뜩 마이 와 가 적적이 해 가

65) '식구(食口)'에 해당하는 경상도 방언.
66) '먹고'에 해당하는 경상도 방언.
67) '이렇게'에 해당하는 경상도 방언.
68) '많이'에 해당하는 경상도 방언.

있는데 그래 산에 인자 양석[69] 구하러 갔어요. 양석 구하러 가이[70] 과실도 구하지 못하고 짐승도 한 마리 잡지 몬하고[71]. 그래 그 눈밭에 헤매다가 그마[72] 허기로 만내[73] 가 그 내외가 죽었뿠시요. 예 내외가 죽었는데 그 두 아이가 어린 남매가 말이죠. 날이 새도록 아무리 기달라도[74] 그 부모가 안 오는기라. 그래 가 그 이튿날 부모를 찾으러 산으로 올라갔어요. 올라가 가 "아바,[75] 엄마"라고 아무리 불러도 찾지 못해 가지고 그래 가 그 한 자리에 앉아 가 "아바, 어마" 하고 울고 있었어요. 울고 있었는데 역시 그 아이도 며칠 골아[76] 놓이까네 어 그 남매가 죽어 뿌서. 죽었뿠는데 그 혼이 어떤고 하이까네 복송[77]낭기[78] 돼 가 났어요. 복송낭기 돼 가 그 매년 겨실[79]이면 그 꽃이 피고 있어요. 꽃이 피고 있는데 매 (기침) 그때 마츰[80] 나라 임금님이 병이 나가지고 백방으로 약을 구해 가서도 오 안 낫는기라. 그래서 의원의 말이 어떤고 하이까네. 에 그 꽃을 구해 가 먹어야 낫는다. 이래 진단이 내렸어요. 진단이 내려 가 그래서 그 원이 팔도 수령에게 에 그 하달로 했는기라. 꽃을 구해 올리라꼬. 그래 그래 가 인자 찾는 중인데 마참[81] 화장산에 오이까네 복송꽃이 만발로 해 가 있어요. 그래 가 그 꽃으로 따 가지고 택이 나라에 에 진상을 해서 진상을 하이까네 그 임금님께서 그거로 묵고 기양 쾌차했다 카이. 그 연유로서 어 화장산이라 커는 그 꽃을 갈무[82] 해 가 있다 커는 그 갈무 장[藏]짜, 그 화장산(花藏山)

---

69) '양식(糧食)'에 해당하는 경상도 방언.
70) '가니'에 해당하는 경상도 방언.
71) '못하고'에 해당하는 경상도 방언.
72) '그만'에 해당하는 경상도 방언.
73) '만나'에 해당하는 경상도 방언.
74) '기다려도'에 해당하는 경상도 방언.
75) '아버지'에 해당하는 경상도 방언.
76) '(배를) 곯아'에 해당하는 경상도 방언.
77) '복숭아'에 해당하는 경상도 방언.
78) '나무가'에 해당하는 경상도 방언.
79) '겨울'에 해당하는 경상도 방언.
80) '마침'에 해당하는 경상도 방언.
81) '마침'에 해당하는 경상도 방언.
82) '갈무리'에 해당하는 경상도 방언.

이라꼬 이름을 지았다꼬 합니다. 야 그러고 뿐만 아니라 그 밑에 화장산 밑에 말이죠. 사직당(社稷堂)이라 커는 당이 있었는데 매년 춘추 중월(中月)에 춘추 중월이라 커머[83] 춘(春)에는 이월달이고 추(秋)는 팔월달이거든. 팔월달 무일(戊日)을 택해 가지고 제사를 지냈어요.[84]

화장산은 이런 전설이 전해지고 있을 뿐 아니라 또 언양 읍성에서 바라보이는 가까운 곳에 위치하고 있으므로 이곳은 옛날부터 언양현감을 비롯한 많은 사람들이 자주 찾은 명소였다. 그래서 이 산을 대상으로 한 제영이 전해지는 것은 당연한 현상이라고 할 수 있다. 1960년대에 안석범 스님이 굴암사를 정비하는 과정에서 발굴한 비석에는 언양현감 서익보(徐益輔)[85]의 오언절구가 새겨져 있다.[86]

〈화장암에서 짓다(題花藏巖)〉

산은 신라의 도읍지를 떠받치며 서 있고
물은 울산 바다를 조현(朝見)하며 흐르네.
화장암 아래의 부처는
말없이 천년을 앉아 있네.
山拱羅都立　　　　水朝蔚海流

83) '라고 하면'에 해당하는 경상도 방언.

84) 이 설화는 1987년 7월 20일 언양면 남부리 노인회관에서 정정수(남, 76세) 노인에게서 들은 이야기이다.

85) 『巘山誌』에 서익보에 대해 "고종 갑자년(1864)에 부임하여 무진년(1868)에 감. 서울에 삶. 어찌하여 오래도록 비워 죄수를 잃어버림에 이르렀는가?(『巘山誌』「縣先生案」, 徐益輔 本上甲子到 戊辰去 居京 胡爲久曠致此失囚)"라는 기록이 있다.

86) 그 비석은 1990년대 중반까지 석굴의 입구 앞에 놓여서 사람들의 디딤돌 역할을 하다가 지금은 어디로 사라졌는지 흔적을 찾을 수 없다. 필자가 굴암사의 안석범 스님에게 2007년 10월에 비석의 소재를 문의해 보았더니, 스님은 사찰 주변의 조경 공사를 하는 와중에 비석이 어디엔가 묻혀서 지금은 소재를 알 수 없다고 하였다.

花藏巖下佛　　　　無言坐千秋

비면에 양각(陽刻)된 이 시는 서익보가 을축년(1865) 하지[87]에 썼다고 기록되어 있는데, 이 시를 통하여 화장굴의 연원이 설화에 나타난 바와 같이 신라시대에까지 소급될 수 있을 정도로 오래 되었음을 짐작할 수 있다. 또 이 시는 서거정(徐居正, 1420~1488)이 언양 동헌(東軒)에서 지었다고 하는 "산의 모양은 북쪽을 껴안아 신라의 도읍(都邑)으로 가고, 물의 형세는 동쪽으로 기울어 울산의 바다로 흐르네.(山形北拱羅都去 水勢東傾蔚海流)"[88]라고 한 것과 같은 범주의 작품임을 짐작할 수 있다.

근래에 울산에서 활동하였던 구소(九簫) 이호경(李護卿, 1894~1991) 여사의 화장암을 읊은 시는 다음과 같다.

〈화장암(花藏巖)〉[89]

큰 바위 속에 집을 열어 약수가 흐르는데
일찍이 말하기를 복사꽃이 고을의 다락을 비추었다네.
조각난 돌에는 아직도 신라시대의 부처가 남아서
말없이 미소를 머금고 천년을 지내고 있네.
大巖開室藥泉流　　　曾說桃花暎郡樓
片石尙存羅代佛　　　無言含笑度千秋

이 시는 화장굴 속에 있는 약수인 염천(廉泉)과 조각난 바위에 새겨진 석불 등을 통해 이 굴사의 오랜 연원을 생각게 하고 있다. 특이 승구(承句)는 화장산의 설화에서, 복사꽃이 언양현의 남문루에 비쳤다고

87) 이 시의 말미에 '知縣徐益輔 歲乙丑夏至日……'이라는 기록이 있다.
88) 『蔚山邑誌』(1934년본), 권6, 41葉.
89) 李九簫, 『鳳仙花』, (출판사 불명), 1980, 80면.

하여 그 누각을 '영화루(暎花樓)'라고 하였다는 내용을 반영함으로써 그러한 전설이 근래에까지 이 주변의 사람들에게 전승되고 있음을 알게 해 준다. 그러나 화장산과 화장암이 반드시 이곳에 전승되는 설화와 관련한 의미를 지니는 것은 아니었다. 화장산은 그 자체로서 사방을 조망할 수 있는 매우 아름다운 산으로 인식되기도 하였다.

〈화장산에 오르다(登花藏山)〉[90]

저 서쪽 산에 오르니 마음이 넓어지는데
안계가 사방으로 통하여 멀리 끝이 없네.
이제나 옛날이나 경관이 기이한 곳이고
떠나가고 찾아옴이 수백 년이네.
성 밖과 성 안에는 여염집이 땅에 번화하고
개울 남쪽과 개울 북쪽에는 물이 하늘에 이어지네.
스님이 돌아가고 꽃이 떨어진 지 며칠인가?
쓸쓸한 굴암(窟巖)에 저녁연기가 둘러싸네.

陟彼西山意浩然　　四通眼界遠無邊
於今於古奇觀處　　以去以來數百年
城外城中閭撲地　　川南川北水連天
僧歸花落知何日　　寂寂窟巖鎖暮烟

김정묵(金正默, 1894～1974)의 이 시는 세월이 흐름에 따라 화장굴 주변의 경관도 변하고 계절 따라서 꽃이 떨어진 뒤의 고요하고 적막한 저녁의 모습을 그려내고 있다.

---

90) 金正默, 『又汕遺稿』 권1, 「詩」.

## 4. 경순왕 관련 설화

울산지방에는 문수산(文殊山)을 중심으로 문수보살 및 통일신라의 경순왕(敬順王)과 관련된 전설이 오늘날까지 전해져 왔다. 그 설화의 흔적은 지금까지 지명에 남아 있어서 이곳 사람들의 우스갯소리의 소재가 되기도 한다. 예컨대 울산대학교가 소재하고 있는 무거동(無去洞)은 국가 존망의 기로에 서 있던 경순왕이 나라의 장래를 점치려고 문수보살(文殊菩薩)을 찾아왔다는 전설이 전해지는 곳이다. 즉 영취산[靈鷲山, 현재의 문수산]을 찾아와서 문수보살의 계시를 받고자 한 왕이 태화강(太和江)을 건너려고 할 때 홀연히 한 동자승이 나타나서 왕의 안내를 자청하여 앞장서서 갔다고 한다. 얼마 지나지 않아서 그 동자승은 발걸음을 빠르게 재촉하더니 문수산 초입인 현재의 무거동에 부근에 이르러서 산자락 속으로 자취를 감추고 말았다고 한다. 이에 당황한 왕이 동자승을 세 번을 불렀으나 아무런 대답이 없자 그 동자승이 문수보살임을 직감하고 "이제 헐[할] 수 없구나!"라고 하고는 경주(慶州)로 돌아가서 고려(高麗)의 왕건(王建)에게 항복하기로 했다고 한다. 그때 왕이 문수보살을 세 번 불렀다는 곳은 삼호(三呼・三號, 현재의 三湖)라고 불리게 되었고, 동자승이 사라져 버린 곳은 무거(無去)가 되었으며, '헐 수 없다'라고 탄식한 곳은 헐수정(歇水井)이 되었다고 한다. 울산대학교 국어국문학과에서 조사한 설화 중에서 이와 관련된 이야기 한 자루를 소개하기로 하겠다.

〈문수보살(文殊菩薩)과 김무대왕(金無大王)[91]〉

91) 이 설화는 1986년 2월 2일에 김성기, 성기옥, 권두환, 박양규 교수와 울산대학교 국어국문학과 학생들이 조사한 것이다. 제보자는 문수산 기슭에 있는 望海寺의 창윤 스님인데, 그는 어릴 때부터 이곳에서 자랐기 때문에 이 근처의 전설에 대해 많이 알고 있다고 했다. 여기에 나오는 김무대왕은 金傅大王, 즉 통일신라의 마지막 왕인 敬順王으로 생각되지만, 제보자는 그렇게 보지 않고 金無大王으로

그런데 김무대왕이라커먼[92] 우리 역사책에 보면은 김무대왕, 김무대왕 이거 참 들어보기가 어렵고 이런건데 그때 시절인데 그 당시에는 나라에 국제(國祭)를 모시면은 반드시 산중에 있는 대사(大師)를 모시다가 법좌(法座)에 앉혀놓고 그래 제사를 모시아[93] 그 제사는 옳은 제사다, 참 제사다. 그냥 산중에 있는 대사를 갖다 안 모시다 놓고 그양 제사 지내머[94] 헛제사를 모셨다. 이렇게 평했던 그런 시절이었더랍니다.

그런데 김무대왕이 하루는 생각허니 '내가 이 세상에 태어나 가주고[95] 다 내내[96] 생각나는 대로 내가 보고 싶은 또한 내가 존대하는 그런 대사를 다 모시다가 내[97] 제사를 모시봤구마는[98] 이번 국제, 닥쳐오는 국제에는 이 세상에 문수보살(文殊菩薩)이라 커는 보살, 유명한 보살이 계신다는데 이런 보살을 내가 한번 모시다가 법상에 모시 놓고 내[99] 제사를 모시봤시면. 내가 죽어도 여한이 없겠는데.' 커는 이런 생각을 가졌어요. 그래서 신하들이 하루는 조회 끝에, 조회를 마치고 그 임금이 신하들 앞에 이런 자기 그 뜻을 소감을 아뢨어요.

소감을 아뢨는데 그 인자[100] 그 듣기 전에는 그러찮았는데[101] 신하들이 임금으로부터 그런 소감을 떡 듣고 보니까 내가 임금을 바로 모시는 데서는 임금의 그 원하는 것을 갖다 해결 짓지 못하면은 내가 옳은 신라 신하가 될 수 없는 것이고 이래서 그 신하들이, 참 그때는 팔도강산이라 캤는데 팔도에 이래 분배를 해 가주고[102] 이 세상에 문수

---

알고 있었다.

92) '이라고 하면'에 해당하는 경상도 방언.
93) '모시어야'에 해당하는 경상도 방언.
94) '지내면'에 해당하는 경상도 방언.
95) '태어나서' '태어나 가지고'에 해당하는 경상도 방언.
96) '늘' '줄곧' '항상'에 해당하는 경상도 방언.
97) '내'가 음이 짧으면 내(我), 길면 내내(늘 항상)
98) '봤건만'에 해당하는 경상도 방언.
99) '나의(我)'에 해당하는 경상도 방언.
100) '이제'에 해당하는 경상도 방언.
101) '그렇지 않았는데'에 해당하는 경상도 방언.
102) '해 가지고' '해서'에 해당하는 경상도 방언.

보살이 있는 곳을 어데 있는지 문수보살 모양이 우에[103] 생깄는지, 이것들도 모리면서[104] 그양 문수보살님 모시러 나갔습니다.

찾으러 나갔죠. 모두 나갔는데 그머[105] 딴 도에[106] 다 가봐야 다 그거도[107] 없는데 경상도로 내려온 신하들이 인자[108] 그 통도사(通度寺)로 떡 들어섰어, 통도사서[109] 고려 암마는 바로 이 저저 삼남면(三南面)을 지내 가주고[110] 작동(鵲洞)골 이리 들어섰뿐다. 날이 저물어 캄캄하이[111] 마마 어덥어[112] 여거마[113] 어덥은[114] 신센(身世ㄴ)데 산중길 떡 들어서이 지금 걸으면 저저[115] 칠기덤[116]이죠. 여넘에[117] 문수산(文殊山)하고 남한산[南岩山]하고[118] 경계 사이에 고[119] 꼴째기[120] 거가[121] 칠기덤이라 컵니다. 그 작동골 고게서[122] 올러오면 칠기덤이 거기입니다.

고래 마[123] 도저히 마 캄캄해서 동서남북을 분간치 못해 마 거기 오이까내[124] 도저히 마 이거느[125] 마 그런데 드 왜 우쩐 일인지 그 조

103) '어떻게'에 해당하는 경상도 방언. '우째(어찌)'로도 씀.
104) '모르면서'에 해당하는 경상도 방언.
105) '그것 뭐'에 해당하는 경상도 방언.
106) '다른 도에'에 해당하는 경상도 방언.
107) '거기에도'에 해당하는 경상도 방언.
108) '이제'에 해당하는 경상도 방언.
109) '통도사에서'에 해당하는 경상도 방언.
110) '가지고'에 해당하는 경상도 방언.
111) '-하니'에 해당하는 경상도 방언.
112) '어두워'에 해당하는 경상도 방언.
113) '여기서 그만'에 해당하는 경상도 방언.
114) '어두운'에 해당하는 경상도 방언.
115) '저기 저'에 해당하는 경상도 방언.
116) 地名.
117) '이 너머에'에 해당하는 경상도 방언.
118) '그'에 해당하는 경상도 방언.
119) '그'에 해당하는 경상도 방언.
120) '골짜기'에 해당하는 경상도 방언.
121) '거기가'에 해당하는 경상도 방언.
122) '거기에서'에 해당하는 경상도 방언.
123) '그래서 그만'에 해당하는 경상도 방언.
124) '오니까'에 해당하는 경상도 방언.

환지는[126] 모르겠십니다마는 그 신라의 그 많은 절간이 다 빈 절이라. 절마다 들어가봐야 전부 빈 절이라 상좌(上佐) 하나 없다 이 말이라. 그런데 이 산중 길로 여어[127] 들어섰는 신하들이 떡 보이[128] 어 산치거래[129] 불이 빤하네. 이런 태산준령(泰山峻嶺)에 불이 있는 거 보이, 이거는 절이 아이고는 이거는 불이 있실[130] 수가 없는 것이다. 만약에 저 불을 불을 찾어가서 절이라 할 거 같으머는[131] 틀림없어 저게는[132] 스님이 있기는 있다. 사람이 살고 있는 절이다. 지금 빈 절이 아이다는[133] 것을. 그러면 우리가 저 불을 찾어서 올라가자. 그래 인자, 앞서락 뒷서락[134], 그 길도 없는 그 수풀 속을 헤지키며서러[135] 불을 찾어 올라갔죠.

올라가 보이 과연 지금 문수암(文殊庵)인데 그 처마 끝에 그 등을 이래 달아 놨는데 불빛이 훤한데, 그 대문 사이에 대문이 이래 벌어졌는데 보이까내[136] 그 사람이 있는 인적이 흔적이 있고 뭔강[137] 어 빈 절이 아이다는 것을 느낌을 가졌어. 그래 대문을 뚜디릿다[138] 이거야.

"주인 계시오."

대문을 뚜디리니까 그 참 가재[袈裟] 장삼(長衫)을 수(垂)하고[139] 과연 스님이 척 나오신다 이거야. 그래 문을 대문을 열었는데

---

125) '이것은'에 해당하는 경상도 방언.
126) '조화(造化)인지는'에 해당하는 경상도 방언.
127) '여기' '여기에'에 해당하는 경상도 방언.
128) '보니'에 해당하는 경상도 방언.
129) '산기슭에'에 해당하는 경상도 방언. 산치거리에(방언)
130) '있을'에 해당하는 경상도 방언.
131) '할 것 같으면'에 해당하는 경상도 방언.
132) '저기에는'에 해당하는 경상도 방언.
133) '아니라고 하는'에 해당하는 경상도 방언.
134) '앞서거니 뒷서거니'에 해당하는 경상도 방언.
135) '헤쳐 제키면서'에 해당하는 경상도 방언.
136) '보니까' '보니까는'에 해당하는 경상도 방언.
137) '무엇인가'에 해당하는 경상도 방언.
138) '두드렸다'에 해당하는 경상도 방언.
139) 가사 등을 걸쳐 입고

"하이유, 밤중에 우째[140] 이래 산중 길로 들어 섰십니까[141]?"

그라니[142] 그 찾아간 신하들이 뭐라꼬 했느냐 하면은

"헤, 저들은 서울 장안(長安)을 올라가는 길인데 길을 일거서[143] 이래 불을 찾어왔십니다."

"아이, 그렇십니까? 어서 들오십시요."

그런데 마리[144] 마리청[145]을 딱 가는데 마루가 반들반들반들 거울 같이 딱아 놨는데 이 가사장삼(袈裟長衫)을 수(垂)한 스님이 올라간 자죽자죽이 남는 것이 무엇이 남느냐 하면 피고름이 남어요. 피고름, 피와 고름이 섞있는 이기[146] 자죽자죽이 남는다 이 말이야. 그러이[147] 신하들이 옆을 찝적[148] 옆구리를 찝적하여

"아, 시님[149]이라도 이 나병자(癩病者)다 요오[150] 선사람[151]이 아이다. 이런 누추한 곳을 우리가 우이[152] 드갈 수[153] 있느냐. 빨리 돌아서자." 꼬[154].

그래 참 보이[155] 보이, 모두가 마음이 또 일심(一心)이라. 그래서 도로 물러서기로 했는데 그

"우리는 길이 바뻐서 빨리 가, 가야 합니다. 여거서 경주로 가는 길로 좀 안내해 달라." 고[156]

---

140) '어째서' '어찌하여'에 해당하는 경상도 방언.
141) '섰습니까'에 해당하는 경상도 방언.
142) '그렇게 (말)하니'에 해당하는 경상도 방언.
143) '잃어서'에 해당하는 경상도 방언.
144) '마루'에 해당하는 경상도 방언.
145) '마루청' '청마루'에 해당하는 경상도 방언.
146) '이것이'에 해당하는 경상도 방언.
147) '그러니'에 해당하는 경상도 방언.
148) '집적'에 해당하는 경상도 방언.
149) '스님'에 해당하는 경상도 방언.
150) '완전히' '영'에 해당하는 경상도 방언.
151) '성한 사람'에 해당하는 경상도 방언.
152) '어떻게'에 해당하는 경상도 방언.
153) '들어갈 수'에 해당하는 경상도 방언.
154) '라고'에 해당하는 경상도 방언.
155) '참으로 보니'에 해당하는 경상도 방언.
156) 뒤에 '-하니'가 생략됨.

"아이고 이 누추한 절이나마 하리 지녁[157] 유(留)해[158] 가시면 좋을 건데, 우째 밤중 길을 걸어 행하실라 커느냐." 고

"아이고 마 들어 오시라." 고.

"아이고 시간이 없다." 고 이래.

"그렇다면 내가 길을 알래[案內]해 드리이다."

그 시님이 따러 내려 와가[159] 그 청송골로 그리 인자 가리키 조요[160]. 청송탑골 그

"이리 내러가서 북쪽을 올러가는 그 대(大)길이 나 났을 테니까 내[161] 북쪽을 향해서 올러가면 경주 장안을 올러갈 것입니다."

그래 알래를[162] 받어 인자 내러왔는데 내러와서, 참[163] 들어가서 임금 앞에 고(告)하기를

"이번 닥쳐, 닥쳐오는 국제에 천성[164] 헛제사를 모시겠십니다."

커이 임금이 눈이 뚱그럼 해 가[165]

"그 무신 뜻이고?"

"예, 이 신라의 많은 절간이 모도가 다 빈 절이었었고 오는 도중에 이런 나병자 중을 한[166] 봤습니다.

그런 중이라도 모서다[167] 놓고 제사를 모실라 커머는[168] 모시고 그 거는[169] 에 참 상감에[170] 뜻에 맽기겠십니다[171]."

157) '하루 저녁'에 해당하는 경상도 방언.
158) '留하여'에 해당하는 경상도 방언.
159) '와서'에 해당하는 경상도 방언.
160) '가리켜 주어요'에 해당하는 경상도 방언.
161) '났을 터이니'에 해당하는 경상도 방언.
162) '안내를'에 해당하는 경상도 방언.
163) 뒤에 '경주에'나 '궁궐에'가 생략된 듯함.
164) '부득불' '어쩔 수 없이'에 해당하는 경상도 방언. 天生에서 큰 방언.
165) '뚱그렇게 되어'에 해당하는 경상도 방언.
166) '한 번'에 해당하는 경상도 방언.
167) '모셔다'에 해당하는 경상도 방언.
168) '모시려하면'에 해당하는 경상도 방언.
169) '그것은'에 해당하는 경상도 방언.
170) '상감의'에 해당하는 경상도 방언.
171) '맡기겠습니다'에 해당하는 경상도 방언.

임금이 그 소리를 듣고 가마[172] 그 보고를 듣고 가마 생각해보이 그냥 제사를 모신다 할 거 겉으면[173] 내가 이때꺼지[174] 헛제사를 안 모싰는데, 만백성(萬百姓) 앞에 헛제사를 모싰다는 소문이 떡 일라게[175] 되머는[176] 이거 내가 어떻기[177] 이 신라에 많은 중을 다 나또 놓고[178] 헛제사 모신다 커는, 이 있일 수 없는 일이고 또 그 나병자 중이라도 모셔다 놓고 제사를 지냈다 할 거 겉으면 허다한 중 다 놔 놓고 어데 나병자 중을 가져가 제사 모싰노 커는[179] 소문이 나게 되면 이것도 큰 민망한 일이라. 그래서 한참 생각했습니다. 생각다가 생각다가 자기 양심을, 양심에 물었죠. 백성이라 뭐라 커든지[180] 내 양심마[181] 속이지 않으면 된다. 진실마[182] 행하며 된다.

"그 나병자 중이라도 내가 모시 놓고 제사 지내라. 천행(天幸)으로 내려가다가, 찾으러 가다가 또 어느 절간이든지 절 있는데 들어가 보고 성한 중이 있이먼[183] 모시고 오되, 만약에 없거들랑 그 중이라도 모시고 오라."

이리키[184] 임금이 영(令)을 내릿죠. 그러이[185] 신하가 다시 내러[186] 왔입니다. 내려오다가 딴 절에 드가[187]봐도 또 전부 빈 절이라요. 아, 여[188] 문수암에는 가이까내[189] 그 시님이 안주[190] 계신다 이 말이라.

---

172) '가만히'에 해당하는 경상도 방언.
173) '할 것 같으면'에 해당하는 경상도 방언.
174) '여태까지' '이때까지'에 해당하는 경상도 방언.
175) '일어나게'에 해당하는 경상도 방언.
176) '되면'에 해당하는 경상도 방언.
177) '어떻게'에 해당하는 경상도 방언.
178) '놓다 두어 놓고'에 해당하는 경상도 방언.
179) '모셨느냐고 하는'에 해당하는 경상도 방언.
180) '-고 하든지'에 해당하는 경상도 방언.
181) '양심만'에 해당하는 경상도 방언.
182) '진실만'에 해당하는 경상도 방언.
183) '있으면'에 해당하는 경상도 방언.
184) '이렇게'에 해당하는 경상도 방언.
185) '그렇게 하니'에 해당하는 경상도 방언.
186) '내려'에 해당하는 경상도 방언.
187) '들어가'에 해당하는 경상도 방언.
188) '여기'에 해당하는 경상도 방언.

시님 앞에

"에, 이번 국제에 참가해 달라는 어명(御命)이요."

아 이러쿤다[191] 이거라. 그래 인자[192] 그 그 시님이

"이러한 누추한 몸으로서 국제라 하온데 우째[193] 거기에 참가할 수 있겠느냐." 고,

"아이구 당치 않은 말씀이라." 고,

"이런 신분을 가주고는[194] 도저히 그게[195] 내가 갈 수 없다." 고,

이래가[196] 이자[197] 사양을 한다 이 말이라.

"거 어명이니 어찌할 도리가 없고 갑시다."

"아, 정 그렇다면은 가죠."

마 걸망을 지고 턱 따라 나선다 이거라. 그래 쭉 따라 가는데 그 참 가끔가다가 한번 옆을 돌아보이 세상에 태어난 이후로는 그런 나병이 험한 나병자는 처음 봤다 말이다. 험해도 너무 험하다 말이다. 그래 어명이니 할 수 없이 그대로 모시고 떡 갔는데, 그래 인자[198] 그날 제삿날인데, 법사[199] 어[200] 앉아 떡 임금이 신하를 다리고 거느리고 제관(祭官)을 다리고 인자 이렇기 제사를 모시는데 독축[讀祝]을 하면서 독축자[讀祝者]가 독축을 하는데 임금이 절을 하닥[201], 우로[202] 이렇기[203] 제사에 정신을[204] 멀리 갔뿌고[205] 제사 정신은 멀리 갔뿌고 저

189) '가니깐'에 해당하는 경상도 방언.
190) '아직'에 해당하는 경상도 방언.
191) '이렇게 (말)한다'에 해당하는 경상도 방언.
192) '이제'에 해당하는 경상도 방언.
193) '어찌' '어떻게'에 해당하는 경상도 방언.
194) '가지고는'에 해당하는 경상도 방언.
195) '거기에'에 해당하는 경상도 방언.
196) '이래서'에 해당하는 경상도 방언.
197) '이제'에 해당하는 경상도 방언.
198) '이제'에 해당하는 경상도 방언.
199) '法床에'에 해당하는 경상도 방언.
200) 어투(아, 어)
201) '하다가'에 해당하는 경상도 방언.
202) '위로'에 해당하는 경상도 방언.
203) '이렇게'에 해당하는 경상도 방언.

행동을 살필라꼬[206] 저 중이 행동이 어떻게 하는고 싶어 가[207] 제사 절로 하면서러[208] 이러키 우로 이래 살펴보니 그 피고름이 뚜둑뚜둑 흐리는[209] 손을 가주고 그 많은 음식을 일일이 골고루 하나도 안 빠지고 다 마치다[210] 자꾸 마 소름이 지치기로[211]

"아, 저 음식은 우리가 먹어서 안 되겠구나. 자기가 음복(飮福)하는 대로 음복하고 남는 것은 전부 바라에[212] 싸 놓다가 갈 때 짊어지어 보내 뿌리고[213] 우리는 다시 음식을 개조해 가주고[214] 묵어야[215] 되겠다."

제사에 정신이 다이라. 이 정신을 가[216] 제사를 다 모싰다 이거야. 그 임금만 본 것이 아이라[217] 그 제관들이 다 봤다 이거야. 제관들도 다 마음이 그런 마음으로 가 제사 지냈다. 그 제사를 다, 그래가[218] 안자[219] 음복할 대로 음복을, 안자 제사 지 철상(撤床)해 가주고 이래 음복을 드리까내[220], 날날이 다 자신다 이거야. 나머지는 걸망에 싸났다가[221]

"이거 가져가라."

그 큰 보따리 그 다 암깔도 안하고 한참 서 가[222] 빼이[223] 있드니

---

204) '정신은'에 해당하는 경상도 방언.
205) '가버리고'에 해당하는 경상도 방언.
206) '살피려고'에 해당하는 경상도 방언.
207) '싶어서'에 해당하는 경상도 방언.
208) '절을 하면서'에 해당하는 경상도 방언.
209) '흐르는'에 해당하는 경상도 방언.
210) '만지다'에 해당하는 경상도 방언.
211) '끼치기 때문에'에 해당하는 경상도 방언.
212) '바랑에'에 해당하는 경상도 방언. '에' 발음.
213) '보내어 버리고'에 해당하는 경상도 방언.
214) '가지고'에 해당하는 경상도 방언.
215) '먹어야'에 해당하는 경상도 방언.
216) '가지고'에 해당하는 경상도 방언.
217) '아니라'에 해당하는 경상도 방언.
218) '그래서'에 해당하는 경상도 방언.
219) '인제'에 해당하는 경상도 방언.
220) '드리니까'에 해당하는 경상도 방언.
221) '싸 놓아두었다가'에 해당하는 경상도 방언.

"이 제관이 많은데 내 혼차[224] 다 가주갈 수 있겠소. 이 제관도 갈라 자시야[225] 안 되겠소."

이래 하이[226] 그러이[227] 임금이 하는 말이

"아 여어는[228] 걱정하시지 말고 당신이 다 가주[229] 가시라." 고.

"어, 정 그렇다면."

커머[230] 마[231] 어깨에 짊어져 마 뽀득뽀득 나간데이. 저어 한 가운데 궁궐 한 가운데쯤 이래 나가는데 임금이 가마[232] 생각해 보이[233] '틀림없이 이 세가[世間]에 나가머는[234] 만백성앞에 '내가 이래도 국제에 참가했다' 커는[235] 이런 자랑을 안 하겠나. 하아, 이런 자랑을 하게 되머는[236] 이거 어머 내 이 낯이 어이 되겠느냐. 어데 해필[何必] 이런 허다한 중 다 놔놓고 저거를[237] 모시 놓고 제사를 지냈겠다 커는 그거를[238] 원망을 안 하겠나.' 싶어가[239] 그 원망을 안 듣기 위해서, 막기 위해서,

"여보, 대사."

불렀어요. 부리니[240] 휘뜩 돌어[241] 보고

---

222) '서서'에 해당하는 경상도 방언.
223) '빤히' '뻔히'에 해당하는 경상도 방언.
224) '혼자' '혼자서'에 해당하는 경상도 방언.
225) '자셔야'에 해당하는 경상도 방언.
226) '이렇게 (말)하니'에 해당하는 경상도 방언.
227) '그렇게 하니'에 해당하는 경상도 방언.
228) '여기는'에 해당하는 경상도 방언.
229) '가져'에 해당하는 경상도 방언.
230) '-고 하며'에 해당하는 경상도 방언.
231) '그만'에 해당하는 경상도 방언.
232) '가만히'에 해당하는 경상도 방언.
233) '보니'에 해당하는 경상도 방언.
234) '나가면'에 해당하는 경상도 방언.
235) '-고 하는'에 해당하는 경상도 방언.
236) '되면'에 해당하는 경상도 방언.
237) '저것을'에 해당하는 경상도 방언.
238) '그것을'에 해당하는 경상도 방언.
239) '싶어서'에 해당하는 경상도 방언.
240) '부르니'에 해당하는 경상도 방언.
241) '돌아'에 해당하는 경상도 방언.

"우애[242] 불렀시요?"

"불른[243] 것은 달리 불른 것이 아니오라, 이번 국제에 참가했었다는 말씀을 입 밖에 내지 않으며는 그 이상 소원이 없소. 내 소원을 아뢰오."

이래 커이[244]

"하 이 예 그럴 것입니다."

대문에 한 주죽[245] 턱 내디딜 내스러[246] 휘뜩 돌아보고

"여보, 대왕."

이래[247] 부른다. 임금을 부른다 이거라.

"왜 불렀시오?"

"내가 불른 것은 달리 불른 것이 아니라, 이번 국제에 문수보살을 모시다 놓고 제사 지냈다는 소리 소문은 아무인데도[248] 하지 마시오."

이래 컨다[249] 이거야. 마 그 길로 버선발로 뛰내렸심더.

"하하, 문수보살님 내 마음 들봐다 볼라고 저렇게 변신했구나. 이거를[250] 내가 미쳐 못 깨달았구나." 커는[251].

마 그 길로 마 뛰 내리가[252] 붙잡을라고 엎어지면 붙잡을 듯 붙잡을 듯한데 다시 안 붙잽기[253]. 그때 임금이 그도 축지법(縮地法)을 좀 했던 모양이죠. 마 축지법을 마 이리가고[254] 빙빙시 빙빙 돌고, 십리 이십리 뛰 바아[255] 여내[256] 그마[257]. 어어 축지법 하이까[258] 더 떨어

---

242) '어찌' '어떻게' '무슨 일로'에 해당하는 경상도 방언.
243) '부른'에 해당하는 경상도 방언.
244) '이렇게 (말)하니'에 해당하는 경상도 방언.
245) '자죽'에 해당하는 경상도 방언.
246) '내어디뎌 내어서'에 해당하는 경상도 방언.
247) '이렇게'에 해당하는 경상도 방언.
248) '아무한테도'에 해당하는 경상도 방언.
249) '이렇게 (말)한다'에 해당하는 경상도 방언.
250) '이것을'에 해당하는 경상도 방언.
251) '-고 하는'에 해당하는 경상도 방언. 뒤에 '생각에' '마음에'가 생략된 듯함.
252) '뛰어 내려서'에 해당하는 경상도 방언.
253) '붙잡히어'에 해당하는 경상도 방언.
254) '이렇게 해 가지고' '이렇게 해서'에 해당하는 경상도 방언.
255) '뛰어 봐야'에 해당하는 경상도 방언.

졌뿟다[259].

거리가[260] 그 질로[261] 아서 울산(蔚山) 여[262] 삼호(三湖)[263]에 여 보면은 석삼(三) 필(匹)로 조조[264] 베 세필 길이랍니다[265]. 한 자죽[266] 김무대왕이 올라 디딛으니까 내 딛이[267] 저 건네 여여데서 헐수정(歇水井)[268]이라는 데가 문수보살이 한 자죽 내[269] 딛이 저 건네[270] 그 만치 거리가 떨어졌십니다. 그러이[271] 여여[272] 와서 공대(工大)[273] 앞에 그 헐수정이라 커는 데가 있죠. 동네 마을 이름이 그 임금이 '헐 수 없다'[274] 캤다 커이[275] 오늘날꺼지 헐수정이라 이름이, 고담에[276] 무거(無去)라 커는 데가 무거, 없일 무(無)[277] 거할 거(去)[278] 거서[279] 없어졌다. 그래서 무거라 그 흔적이 없어졌뿌이[280] 무거라. 그래서, 이

256) '여전히' '역시'에 해당하는 경상도 방언.
257) '그만'에 해당하는 경상도 방언.
258) '하니까'에 해당하는 경상도 방언.
259) '-져 버렸다'에 해당하는 경상도 방언.
260) '그래서'에 해당하는 경상도 방언.
261) '그 길로'에 해당하는 경상도 방언.
262) '여기'에 해당하는 경상도 방언.
263) 울산시에 있는 지명.
264) '저기 저기'에 해당하는 경상도 방언.
265) 三湖의 깊이가 베 세필이 내려갈 깊이란 뜻임.
266) '(발)자국'에 해당하는 경상도 방언.
267) '내어 디디어'에 해당하는 경상도 방언.
268) 地名.
269) '내어'에 해당하는 경상도 방언.
270) '건너'에 해당하는 경상도 방언.
271) '그러니'에 해당하는 경상도 방언.
272) '여기 여기'에 해당하는 경상도 방언.
273) 울산대학을 말함. 초기에 工大로 시작했기 때문에 이 지방 사람들이 그렇게 불렀음.
274) '할 수 없다'에 해당하는 경상도 방언.
275) '-고 했다고 하니'에 해당하는 경상도 방언.
276) '그 다음에'에 해당하는 경상도 방언.
277) '없을 무(無)'에 해당하는 경상도 방언.
278) '갈 거(去)'이어야 함. 제보자의 실수인 듯함.
279) '거기에서'에 해당하는 경상도 방언.
280) '없어져 버렸으니'에 해당하는 경상도 방언.

등을[281] 하나 탁 넘으이까낸[282] 우뚝한 산이 산이 두 산이 있는데, 자 남쪽에 남쪽 산을 올라갔는지 북쪽 산을 올라갔는지 모린다[283]. 북쪽 산은 문수산[284]이고 남쪽산은 남한산[南岩山][285]인데 자 남한산에 올라 가싰는지[286] 이 산에 올라갔는지 몰라. 그러이[287] 그 골째기[288] 어데냐 하면 지금 청송탑골 청송탑골, 그래서 임금이 '공든 탑이 무너지지 않는다' 하더라 커는, 그 지팽이를 콱 짚은 자리가 그 탑 자리, 지금 그래서 그 탑을 세아진[289] 겁니다. 탑이 청송탑. 그래서 그 탑으는[290] 그 외로죠[291]. 완전이 탑이 두나썩[292] 서는데 그 외로 섰는 것이 그그 김무대왕이 거 와서[293] 탑 자리를 인자 짚었다 이래 되지. 그래서 예측에 이 남쪽 산을 안 올라갔겠나 이리 생각하고, 김무대왕은 남쪽 산을 올라갔고 문수보살은 문수암을 올라가싰고 이라는데[294], 그러이[295] 마마 길이 엇질이[296] 됐지. 그래 남한산을 떡 올러가이[297] 그 그 김성대(金聲臺), 그 폭포수 우에, 그[298] 바위가 큰 신선바위가 있는데, 어이[299] 올라간다고 올라갔는기[300] 마 신선바위에 올라섰어요. 하

281) '산등성이를'에 해당하는 경상도 방언.
282) '넘으니까'에 해당하는 경상도 방언.
283) '모른다'에 해당하는 경상도 방언.
284) 문수보살이 살았다고 하는 산.
285) 南岩山, 또는 南華山으로 불림.
286) '가셨는지'에 해당하는 경상도 방언.
287) '그러니'에 해당하는 경상도 방언.
288) '골짜기가'에 해당하는 경상도 방언.
289) '탑이 세워진'에 해당하는 경상도 방언.
290) '탑은'에 해당하는 경상도 방언.
291) '외(單)로이지요'에 해당하는 경상도 방언.
292) '두 개씩'에 해당하는 경상도 방언. 이 지방 방언으로 수를 셀 때 '하나(一)' '두나(二)' '세나(三)' '네나(四)'라고 함.
293) '거기 와서'에 해당하는 경상도 방언.
294) '이렇게 하는데'에 해당하는 경상도 방언.
295) '그러니'에 해당하는 경상도 방언.
296) '엇길이'에 해당하는 경상도 방언.
297) '올라가니'에 해당하는 경상도 방언.
298) '거기'에 해당하는 경상도 방언.
299) '어떻게'에 해당하는 경상도 방언.
300) '것이'에 해당하는 경상도 방언.

도 덥기, 덥기도 하고 바람도 쏘이기도 겸해 턱 올라서가[301] 무심히 북쪽 리를 북쪽을, 턱 문수산을 이래 쳐바다보이[302] 문수, 문수암 앞에 그 마당바위라 커는기[303] 있십니다. 마당바위 마당바위 거게[304] 문수보살님이 가사장삼을 수(垂)하고 두 활개를 척 하이[305]

"여보, 대왕."

컨다[306] 이거야. 거서러[307] 거서[308] 은은이 들리는데, 하도 거서러, 어으 자기도 모르는 순간에 막 그 대성(大聲)이 울리[309] 나오는데,

"문수보살님, 문수보살."

이라고 크기 대성을 울렸다 해 가, 그래[310] 김성대(金聲臺), 김씨가 그 성(聲)을, 소리를 울렸다 해 가[311] 김성대 삼초대(三招臺)라. 그래 바위 이름이 신선바위 · 김성대 삼초대 이리키[312] 세 가지 이름을, 김씨가 거서[313] 대성을 울렸다 해 가 김성대, 그래 가 세 번 울렸다 해 가[314] 삼초대, 이리키 인자[315] 그러는데[316], 그래 부르니까 이 건네[317] 마당바위, 문수보살이 거서 뭐라 커시느냐 하며[318]

"너가 나를 만낼라[319] 하면 그 백일기도를 하라."

---

301) '올라서서'에 해당하는 경상도 방언.
302) '쳐다보니'에 해당하는 경상도 방언.
303) '-고 하는 것이'에 해당하는 경상도 방언.
304) '거기에'에 해당하는 경상도 방언.
305) '하니'에 해당하는 경상도 방언.
306) '-고 한다'에 해당하는 경상도 방언.
307) '거기서'에 해당하는 경상도 방언.
308) '거기서'에 해당하는 경상도 방언.
309) '울리어'에 해당하는 경상도 방언.
310) '그래서'에 해당하는 경상도 방언.
311) '해서'에 해당하는 경상도 방언.
312) '이렇게'에 해당하는 경상도 방언.
313) '거기서'에 해당하는 경상도 방언.
314) '해서'에 해당하는 경상도 방언.
315) '이제'에 해당하는 경상도 방언.
316) '그렇게 부르는데'의 뜻.
317) '건너'에 해당하는 경상도 방언.
318) '-고 하시느냐 하면'에 해당하는 경상도 방언.
319) '만나려'에 해당하는 경상도 방언.

이러커시거든요.

그래서 영(令)을 내려서 그[320] 절을 짓게 하고 거서러[321] 기도를 드렸다 이거요. 백일 날 마자[322] 가는 날인데, 그 문수암에서러 그 참 남한산[南岩山]까지 무지개가 척 비치니, 어린 동자가 하얀 그릇을 물을 떡 왼짝[323] 손에 발치 가[324] 건네 온다 이거야. 건네 와서[325] 임금 앞에 짝 꿇어앉으며 뭐라쿠노[326] 하느냐 하며

"문수보살님, 대왕 드리라 합니다. 이거 드십사."

받아서 먹을라꼬 턱 보이까내[327] 물이 아이고[328] 뭐냐 하며는 산골사면[329] 물이 짜지리[330] 안 마리고[331] 찌지리[332] 흐르면 빨간 지렁이 빨간 띠재이[333] 잔잔한 멀게[334] 겉은 기[335] 꽉 아물아물아물 엉키지요. 고기[336] 한 구루이라 잔이. 동자 보는 앞에서 단 묵을라 커이[337] 아직까지 문수보살로[338] 내가 안 믿는다고 이리키[339] 이 인정을 할끼고[340], 먹자니 살생이고 우알[341] 도리 없이 장삼을 쏵 땡기 가주고[342]

---

320) '거기'에 해당하는 경상도 방언.
321) '거기서'에 해당하는 경상도 방언.
322) '마저' '마지막'에 해당하는 경상도 방언.
323) '왼쪽'에 해당하는 경상도 방언.
324) '받쳐서'에 해당하는 경상도 방언.
325) '건너 와서'에 해당하는 경상도 방언.
326) '뭐라고 하노'에 해당하는 경상도 방언.
327) '보니까' '보니깐'에 해당하는 경상도 방언.
328) '아니고'에 해당하는 경상도 방언.
329) '살면'에 해당하는 경상도 방언.
330) '완전히'에 해당하는 경상도 방언. '짜들'이라고도 함.
331) '마르고'에 해당하는 경상도 방언.
332) 마를 듯 말 듯 흐르는 모양을 나타낸 말.
333) 水蟲名.
334) 水蟲名.
335) '같은 것이'에 해당하는 경상도 방언.
336) '그것이'에 해당하는 경상도 방언.
337) '안 먹으려고 하니'에 해당하는 경상도 방언.
338) '-을'에 해당하는 경상도 방언.
339) '이렇게'에 해당하는 경상도 방언.
340) '할 것이고'에 해당하는 경상도 방언.
341) '어찌할'에 해당하는 경상도 방언.

마 옷 속에 여다[343] 부아[344] 버렸어. 옷 속에 부아 뿌고[345] 빈 그륵[346] 척 내 가[347] 주이[348] 안 말도[349] 안하고 가주[350]갔다 이거야. 그날 지녁에[351] 선몽[現夢]이 되기를,

"너가 나를 만낼라 아직꺼지[352] 멀었느니라. 일주일 기도 더하라."

그래 일주일 더 연장하이[353], 그래 백칠일(百七日)이죠. 백칠일. 그래 안자[354] 일주일 기도 더 이래[355] 했는데 그날으는[356] 완전히 딱 문수보살이 턱 건네 왔싰더라.

"나를 만낼라커는[357] 뜻을 아뢰어라."

그래 대왕이

"아무도[358] 내가 한 번 보는 이것이 내 소망이다."

"아, 그렇지 않다."

이거라[359]. 벌써 알고 와 가[360] 묻는다 이거라. 그러찮다 이거라. 그래서 김무대왕이 그 소망을 아뢰기로

"경주 장안에 산이 가려 있기 때문에 큰물이 지면은 바다에 해일(海溢)이 지고 바닷물이 넘쳐 올러오고 육지에는 물이 내러가고 그게 합

---

342) '당겨 가지고'에 해당하는 경상도 방언.
343) '여기에다'에 해당하는 경상도 방언.
344) '부어'에 해당하는 경상도 방언.
345) '부어 버리고'에 해당하는 경상도 방언.
346) '그릇'에 해당하는 경상도 방언.
347) '내어'에 해당하는 경상도 방언.
348) '주니'에 해당하는 경상도 방언.
349) '아무 말도'에 해당하는 경상도 방언.
350) '가져'에 해당하는 경상도 방언.
351) '저녁에'에 해당하는 경상도 방언.
352) '아직까지'에 해당하는 경상도 방언.
353) '연장하니'에 해당하는 경상도 방언.
354) '이제'에 해당하는 경상도 방언.
355) '이렇게'에 해당하는 경상도 방언.
356) '그날은'에 해당하는 경상도 방언.
357) '만나려고 하는'에 해당하는 경상도 방언.
358) '아무것도'에 해당하는 경상도 방언.
359) '이것이라'에 해당하는 경상도 방언.
360) '와서'에 해당하는 경상도 방언.

수(合水)이[361] 돼 가주고[362] 살림이 떠, 백성들 살림이 떴다 이거야. 살림이 떴다. 그러이[363] 그 산을 짤러서 물 빼기 위하고 동해바다 섬이 열세 섬 있는데 이 섬을 막는 왜놈들이 자꾸 그 섬에 와 가주고[364] 뭣을 조작을 해 가주고 자꾸 신라를 침범할라꼬[365] 달러든다 이거라. 그 섬을 없애기 위해서 거서 내가 용(龍) 되기 소원이요."

그러이[366] 문수보살이

"그래, 그러면 그렇지. 그 뜻대로 해 주지."

그 질로[367] 보이까내[368] 흔적 없다. 간 곳 없다.

봄에 몸에 마 지지개가[369] 서지고 소름이 지치는데[370] 보이[371], 힘을 쓰이까내[372] 내 몸이 허공에 떴다가 앉았다가 떴다가 앉았다가 하이[373], 보면 몸을 조지 빈[變], 변신(變身)된다 이거야. 머리는 사[374] 두(頭)는 사람 둔[頭ㄴ]데 몸띠는[375] 벌써 구리가[376] 자꾸 돼 간다 이거야. 그래서 세 번째 힘을 주이까내[377] 이마우[378] 두(頭)까지 전부 안자[379] 마 다 변신됐다 이 말이야. 그 길로 휭 날러서 어둘 갔나 하머[380] 경주 미역내 들판[381] 지금 거 머는[382] 그 유금이 들판[383]이라.

---

361) '合水가'에 해당하는 경상도 방언.
362) '되어 가지고' '되어서'에 해당하는 경상도 방언.
363) '그러니' '그러하니'에 해당하는 경상도 방언.
364) '와서'에 해당하는 경상도 방언.
365) '-하려고'에 해당하는 경상도 방언.
366) '그렇게 (말)하니'에 해당하는 경상도 방언.
367) '그 길로'에 해당하는 경상도 방언.
368) '보니까' '보니깐'에 해당하는 경상도 방언.
369) '기지개가'에 해당하는 경상도 방언.
370) '끼치는데'에 해당하는 경상도 방언.
371) '보니'에 해당하는 경상도 방언.
372) '쓰니깐' '쓰니깐'에 해당하는 경상도 방언.
373) '하니'에 해당하는 경상도 방언.
374) '사람'하려다가 '사'만 발음 된 것.
375) '몸뚱이는'에 해당하는 경상도 방언.
376) '구렁이가'에 해당하는 경상도 방언.
377) '주니까 '주니깐' '에 해당하는 경상도 방언.
378) '이마 위에'에 해당하는 경상도 방언.
379) '이제'에 해당하는 경상도 방언.
380) '어디로 갔나 하면'에 해당하는 경상도 방언.

경주 그 미역내 들판이라. 예전에 그 미역을, 바닷물이 해일이 돼가[384] 그 미역을 껀졌다 하네. 그게 미역을 껀졌는데 그래서 미역내 들판이라 커는데[385] 그 들판에다 강기슭에 떡 빠져 가[386] 있습니다. 왜 빠져 가 있느냐 하면, 이 사바세계(娑婆世界)에 사는 중생의 입으로서 그 변신 받았는 그거를[387] 말로 들어야만이 내 일을 개척한다 이 말이야. 그 '용(龍)'이라는 말로[388] 들어야만이 내 일로 한다 이 말이야. 그래 그 말 하나 들을라꼬[389] 강기슭에 떡 와[390], 그날 마침 경주 시장(市場)인데, 그 많은 사람이 시장에 오는 사람 가는 사람 많이 다녀도 아무도 그거 뭐 용이라고 말 안 해 줘.

"왔다[391], 저 구리[392] 나오는 거 보이 내일 모래 또 비 오세[393]. 허허이 내일 이사를 우에[394] 옮기고 살림 뜨는 그 걱정, 또 대수(大水)가? 하이고, 저 짐승 나타난 거 보이[395] 대수가 질세[396]. 하이고 저 우리 살림을 저 또 우에[397] 옌기꼬[398]?"

전부 이런 걱정이고,

"앗따 저 짐승 봐라. 아이구 저 뭐 저런기[399] 나타났네."

---

381) 地名.
382) '말하면' '말하자면'에 해당하는 경상도 방언.
383) 地名.
384) '되어서'에 해당하는 경상도 방언.
385) '-고 하는데'에 해당하는 경상도 방언.
386) '빠져서'에 해당하는 경상도 방언.
387) '그것을'에 해당하는 경상도 방언.
388) '말을'에 해당하는 경상도 방언.
389) '들으려고'에 해당하는 경상도 방언.
390) '와서'에 해당하는 경상도 방언.
391) '와'에 해당하는 경상도 방언.
392) '구렁이'에 해당하는 경상도 방언.
393) '비 오겠네'에 해당하는 경상도 방언.
394) '어떻게' '어찌'에 해당하는 경상도 방언.
395) '것 보니'에 해당하는 경상도 방언.
396) '지겠네'에 해당하는 경상도 방언.
397) '어떻게'에 해당하는 경상도 방언.
398) '옮길까'에 해당하는 경상도 방언.
399) '저런 것이'에 해당하는 경상도 방언.

말쿰[400] 말이 이런 말이 나왔지 용이라 커는 말 아무도 안 해준다 이거야. 지녁 나절이[401] 다 돼 가는데 팔십 된 노인이 어린 손자를 업고 그리 지내가다가 그 노인이 부채를 일렁일렁 하머[402],

"하이고, 껌이[403] 껌아, 울지 마래이[404] 니가 울먼 저 짐승이 너 잡아 먹을 거다. 아이고, 저거 나오는 거 보이, 또 우리 살림을 우에 뒬기꼬?"

이리 또 걱정을 하고 지내가는데 등에 업히 있던[405] 그 어린애가 세살 먹는 애가 등을 탁 치며서러[406]

"할무이[407]."

컨다 이거야. 평소에 그 애가 할무이 소리를 했더라면은 애가 부러운 줄 알었겠는데, 평소에 그 할무이 소리를 몬[408] 했기 때문에, 이 할무이는 뒤에서 누가 따라 오머 부리는[409] 줄 알고 뒤에 돌아보이까네[410] 뒤에는 아무도 없다 이 말이야. 등에 아이뿐이라 이거야.

"하아, 예전[411] 사람 노망(老妄) 노망 커더니[412] 바로 내가 이 노망이구나. 귀에 버러[413] 헛 들기고[414] 눈에 헛 보이니 이기[415] 바로 노망이다. 하아, 이렇구나. 이기 노망이구나."

커머[416] 또또 탄식을 하고 가이[417] 또 등을 탁 천다[418] 이거야 탁

400) '모조리' '모두'에 해당하는 경상도 방언.
401) '저녁나절이' '저녁때가'에 해당하는 경상도 방언.
402) '하며'에 해당하는 경상도 방언.
403) 兒名.
404) '울지 말어라'에 해당하는 경상도 방언. '이'는 다짐, 강세를 보이는 어미(방언)
405) '업히어 있던'에 해당하는 경상도 방언.
406) '치면서'에 해당하는 경상도 방언.
407) '할머니'에 해당하는 경상도 방언.
408) '못'에 해당하는 경상도 방언.
409) '부르는'에 해당하는 경상도 방언.
410) '돌아보니까' '돌아보니깐'에 해당하는 경상도 방언.
411) '옛날'에 해당하는 경상도 방언.
412) '(이라)고 (말)하더니'에 해당하는 경상도 방언.
413) '벌써'에 해당하는 경상도 방언.
414) '들리고'에 해당하는 경상도 방언.
415) '이것이'에 해당하는 경상도 방언.
416) '-고 하며'에 해당하는 경상도 방언.

치머

"할무이요."

커거든. 또 휘떡 돌아보이 또 아무[419], 이거는 완전히 생시하다[420] 이 말이야. 아무도 없는데 또 할무이 캤시까네[421].

"아이고 이거 안자 완저히[422] 가는가, 가는 가기 됐나, 안자."

그곳에 다달랐다. 그래 안자 그늘을, 이래 부채를 일렁이고 가는데, 그늘을, 이래 보는데, 자기 등에 있는, 등에 업히 있는 손자가 손이 그늘에 일렁하며 탁 치는데 보이 세 분채[423]

"할무이."

컨다 이 말이야. 그래 히뜩 돌어보고서러 하도 그거 해 가주고[424], 이거 뭐, 뒤에는 아무도 없고, 뭐 등에 업힜는[425] 손자뿌이까네[426]

"오냐, 야아[427]."

이래캤다 이거야. 그러쿠이까네[428] 손자가 하는 말이

"할머이는 왜 그 용(龍)님을 갖다가 왜 구리라 컵니까[429]?"

이래 커거든요[430]. 어 여전히 말을 했어. 어른 말 걸은 음성소리를 낸다 이거요. 그 질로[431] 김무대왕이 꽁지로 가[432] 물로 쳐서[433] 그 할무이 옷을 함빡 젖게 표적(表迹)을 내 놓고 그 질로 나가머 비를 세

---

417) '가니'에 해당하는 경상도 방언.
418) '친다'에 해당하는 경상도 방언.
419) 뒤에 '-도 없는데'가 빠진 듯함.
420) '생소하다'에 해당하는 경상도 방언.
421) '-고 했으니깐'에 해당하는 경상도 방언.
422) '완전히'에 해당하는 경상도 방언.
423) '세 번째'에 해당하는 경상도 방언.
424) '그것 해 가지고' '뭐해 가지고'에 해당하는 경상도 방언.
425) '업히어 있는'에 해당하는 경상도 방언.
426) '손자뿐이니깐'에 해당하는 경상도 방언.
427) '얘야'에 해당하는 경상도 방언.
428) '그렇게 (말)하니깐'에 해당하는 경상도 방언.
429) '구렁이라고 합니까'에 해당하는 경상도 방언.
430) '이렇게 (말)하거든요'에 해당하는 경상도 방언.
431) '길로'에 해당하는 경상도 방언.
432) '꽁지(꼬리)로서'에 해당하는 경상도 방언.
433) '그물을 쳐서'에 해당하는 경상도 방언.

아 놓고서 산을 끊었다 이거야. 그래 물이 쫙 빠지는데, 그 시장을 갔다 오는 사람들이 안자[434] 고기반찬은 다 내배리뿌고[435] 돈 주고 샀는 고기는 다 내배리뿌고, 그게[436] 고기는, 퍼득떡 거리는 고기 그거 잡는다고 와닥딱 거리 샀는기라[437].

그런데 물이 쫙 빠지고 나이까내[438] 난데없이 폐허가 척 나타났는데, 이 들은 유금이 들이라거이, 버들 유씨(柳氏) 시조(始祖)가 유금이죠. 바로 유시조(柳始祖)가 바로 거서[439] 났는기라. 요[440] 중년[441]까지도, 맻 십년[442] 전까지도, 그 들판은 유씨들만 발복(發福)해 살었지. 딴 성 받이도 다 사지마는[443] 그런 말이 있습니다. 그래 산을 끊고, 동해 바다 섬을 하나하나 없애고, 제주도를 없앨라고 탁 들어서이까네[444], 하 우리 이 땅 덩가리 혈맥이 바로 거게[445] 다 맺혔다 이 말이야. 이거를[446] 끊으면 핵(核)이 열이 끊어지겠구나. 그래서 끊을라 카다가 제주도는 안 없애고 그양[447] 없어졌는데, 오늘날까지 그 김무대왕의 죽음에 무덤이 없고 죽은 날짜가 없다 카는[448], 고래서[449] 그 인자, 그런데 그거를 볼 겉으머는 지금 육이오(6.25) 사변(事變) 나가도[450] 우리가 여게[451] 철로 자꾸 이순다[452] 커는 말로 이리 짐작하고

434) '인제'에 해당하는 경상도 방언.
435) '내버려 버리고'에 해당하는 경상도 방언.
436) '거기에'에 해당하는 경상도 방언.
437) '화닥닥 거려대는 것이라'에 해당하는 경상도 방언.
438) '나니깐'에 해당하는 경상도 방언.
439) '거기서'에 해당하는 경상도 방언.
440) '이'에 해당하는 경상도 방언.
441) '몇 년 전'에 해당하는 경상도 방언.
442) '몇 십 년'에 해당하는 경상도 방언.
443) '살지만은'에 해당하는 경상도 방언.
444) '들어서니까'에 해당하는 경상도 방언.
445) '거기에' '제주도에'에 해당하는 경상도 방언.
446) '이것을'에 해당하는 경상도 방언.
447) '그냥'에 해당하는 경상도 방언.
448) '없다고 하는'에 해당하는 경상도 방언.
449) '그렇게 해서'에 해당하는 경상도 방언.
450) '나서도'에 해당하는 경상도 방언.
451) '여기에'에 해당하는 경상도 방언.

있죠.
그런 전설에 있십니다. 문수암 전설이 그렇습니다.

이 설화는 경순왕이 문수산에서 문수보살을 알현(謁見)한 설화를 근간으로 하되 다시 형산강(兄山江)의 생성 유래담이 결합됨으로써 매우 장대한 규모의 스토리를 갖춘 설화로 재편되었음을 보여주는 사례라고 할 수 있다. 그 공간적 규모가 삼호(三號, 三呼, 三湖), 헐수정(歇水井), 무거(無去), 김성대(金聲臺), 삼초대(三招臺), 신선바위와 같은 문수산 주변의 명칭 유래에서 시작하여 울주군 두동면 봉계리에서 경주의 금오산 서쪽 지대에 펼쳐진 미역내 벌판, 유금이 벌판과 형산강의 생성과정을 설명하는 유래담으로 확대되어 있는 것이다. 경순왕(敬順王)이 비록 신라를 망하게 한 군주이기는 하지만, 이 설화 속에서는 나라의 발전에 기여하기 위하여 호국(護國)의 용(龍)이 되고자 한 소망이 성취된 것으로 설정된 점이 매우 이채롭다고 하겠다.

---

452) '잇다'에 해당하는 경상도 방언.

# 제3장 경승 한시의 세계

## 1. 팔경시의 전통과 「울주팔경」

### 1) 「울주팔경」의 유래와 계승

중국 호남성(湖南省) 동정호(洞庭湖) 남쪽의 소수(瀟水)와 상강(湘江)이 합류하는 곳에 있는 대표적인 8가지 아름다운 경치인 소상팔경(瀟湘八景)의 영향을 받아 울산지역의 빼어난 경관 여덟 곳을 처음으로 가려 뽑고 그것을 대상으로 한 작품을 남긴 사람은 설곡(雪谷) 정포(鄭誧, 1309~1345)였다. 『고려사』 「열전」에 따르면 예문관수찬(藝文館修撰)・전리총랑(典理摠郎)・중현대부(中顯大夫)・좌사의대부(左司議大夫) 등을 지낸 정포는 “정씨 형제가 중국에 가서 태제(太弟)를 옹립하려 한다.”는 참소를 받아 충혜왕(忠惠王) 복위 3년(1342)에 울주군수(蔚州郡守)로 좌천당하게 되었다고 한다. 중앙 정계에서 지방의 수령으로 좌천당한 정포는 그때의 안타까운 심사를 시를 통해서 드러내었다.

정포(鄭誧), 〈울주 관사의 벽에 짓다(題蔚州官舍壁)〉(『雪谷集』)

아득히 바라보아도 구원(丘園)은 떨어져 있는데
머리를 돌리니 세월이 흘렀네.
고향은 천리 밖의 꿈이요
비바람은 오경(五更)의 마음이네.
세상살이에는 몸이 붙어 있는 듯한데
벼슬살이에는 힘이 견디지 못하겠네.
시름을 없애려고 술을 과하게 마셔서는 안 되지만
술을 들면 술 따르기를 멈추지 말게.
極目丘園隔　　回頭歲月侵
關山千里夢　　風雨五更心
處世身如寄　　居官力不任
攻愁無過酒　　擧酒莫停斟

이 시를 통해서 보면, 정포는 울산에 있으면서 천리 밖에 있는 고향을 바라보며 시름을 잊으려고 술에 탐닉하고 있었음을 알 수 있다. 이 시는 눈길이 닿는 곳까지 바라보아도 아득히 떨어져 있는 고향 언덕은 보이지 않고 덧없이 흐르는 세월 속에서 새벽까지 고민하는 시인의 모습을 보여준다. 세상살이는 그럭저럭 견딜 만하지만 벼슬살이는 힘겨워서 견디기 어렵다고 하면서 결국 술에 탐닉하지 않을 수 없는 상황임을 고백하고 있다.

정포(鄭誧), 〈울산 사람의 시에 차운하다(次蔚人韻)〉(2수 중 둘째 수)(『雪谷集』)

평소에 혼은 귤(橘)이 자라는 남녘의 물가를 꿈꾸다가
세속의 일에 빠졌으니 얼굴에 부끄러움이 가득하네.
유배 와서 얻은 것이 없다고 말하지 말라.
말발굽이 이르는 곳에는 호수와 산이 좋다네.

平生魂夢橘洲間　　汩沒塵埃愧滿顔
莫道謫來無所得　　馬蹄到處好湖山

이 시는 정포가 평소에 생각했던 바를 솔직하게 드러낸 작품으로, 자연 속에 은거하는 것이 평소의 꿈이었으나 세속의 일에 빠져 시간을 내지 못한 것이 부끄러웠는데 곳곳에서 호수와 산을 직접 구경하게 되니 울산에 내려온 것이 헛일은 아니라고 하면서 스스로를 위로하고 있다. 우리는 이 작품에서 정포가 마음속에서 늘 그리던 자연의 아름다움에 눈을 뜨게 되는 계기가 울주군수로의 좌천, 곧 이 시의 표현을 빌리면 울주로의 유배였음을 알 수 있다. 그는 울주군수로 있으면서 이 지역을 유람하면서 아름다운 경치 여덟 곳을 선정하여 「울주팔경(蔚州八景)」이라는 사(詞) 작품을 창작하게 되었던 것이다. 이 작품에서 차운한 이곡(李穀, 1298~1351), 이원(李原, 1368~1429), 권상일(權相一, 1679~1759) 등의 작품이 계속해서 제작되었으므로 그가 지은 사 작품은 당대 또는 후대인들에게 울산의 아름다운 자연 경관을 인식하게 된 주요한 계기를 제공했다고 할 수 있다.

정포의 『설곡집』에는 「울주팔경」이라는 큰 제목 아래 〈태화루(大和樓)〉, 〈평원각(平遠閣)〉, 〈장춘오(藏春塢)〉, 〈망해대(望海臺)〉, 〈벽파정(碧波亭)〉, 〈백련암(白蓮嵒)〉, 〈개운포(開雲浦)〉, 〈은월봉(隱月峯)〉이라는 소제목의 사(詞) 8수가 실려 있다.[1] 정포에 의해 처음 포착되고 작품화된 울산의 팔경을 대상으로 한 작품은 여기에서 시작되었던 것이다.

정포의 팔경을 차운한 이곡의 작품 「차정중부울주팔영(次鄭仲孚蔚州八詠)」 8수도 대상은 마찬가지이지만 『가정집(稼亭集)』에 수록된 순서는 〈태화루(大和樓)〉, 〈장춘오〉, 〈평원각〉, 〈망해대〉, 〈백련암(白

1) 鄭誧, 「蔚州八景」, 『雪谷集』 卷下, 『韓國文集叢刊』 3, 256~257면. 지금부터 정포의 「울주팔경」 시는 출전을 표시하지 않기로 하겠다.

蓮巖)〉, 〈벽파정〉, 〈개운포〉, 〈은월봉〉의 차례로 수록되어 정포의 경우와는 조금 차이가 난다.[2] 이곡은 정포보다 11살 연상으로서, 이 두 사람이 처음부터 매우 친밀한 사이는 아니었던 듯하다. 『가정집』 권17에 실린 율시(律詩)를 살펴보면 갑신년(1344) 무렵에 집중적으로 두 사람의 교유 흔적이 나타나고 있고, 거기에는 정포가 울산에 머물던 시기에 제작한 〈동래잡시(東萊雜詩)〉 10수에 차운한 작품이 포함된 것으로 보아 그의 「울주팔영」도 이 무렵에 지었을 것으로 판단되다. 따라서 이곡의 「울주팔경」은 현장답사 없이 상상 속에서 지은 것으로 보인다. 『가정집』에서는 그가 울주지방을 여행한 흔적을 찾을 수 없기 때문이다. 이 무렵에는 두 사람의 교유가 매우 친밀하였던 듯한데, 정포가 죽자 이곡은 그를 애도하는 시를 지어 정포의 형에게 보냈을 뿐만 아니라[3] 〈삼애시(三哀詩)〉에서는 젊은 나이에 죽은 정포를 매우 아쉬워하는 뜻을 드러내기도 하였다.[4]

울주팔경을 읊은 이 두 사람의 작품은 『신증동국여지승람』 권22, 「울산군(蔚山郡)」 '제영(題詠)'의 〈팔영(八詠)〉에 수록되어 있어서 일찍부터 식자들 사이에 널리 알려져 있었으나, 이원과 권상일의 「울주팔경」은 『용헌집(容軒集)』과 『청대집(淸臺集)』에만 수록되어 있어서 일반인들에게 별로 알려지지 않은 작품들이다.[5] 특히 이원의 작품은 「울주팔경」이라는 큰 제목 없이 소제목만 수록되어 있어서 그것이 울주팔경을 대상으로 한 작품임이 명시되어 있지 않아서 얼핏 보아서는 울주팔경을 읊은 작품임을 알아차리기가 쉽지 않은 게 사실이다. 『용헌집』 권2에

---

2) 李穀, 「次鄭仲孚蔚州八詠」, 『稼亭集』 권20, 『韓國文集叢刊』 3, 228면. 지금부터 이곡의 「울주팔경」 시는 출전을 표시하지 않기로 하겠다.

3) 李穀, 〈哭仲孚司議 贈其兄鄭判事〉(『稼亭集』 권18, 『韓國文集叢刊』 3, 212면) 참조.

4) 李穀, 〈平生之游 歷歷可數 拙齋春軒相繼下世 仲孚司議亦爲鬼錄 作三哀詩 寄呈恥菴汲古堂〉(위와 같음).

5) 이 작품들은 宋洙煥 역주, 앞의 책에 수록되어 있다.

실린 일련의 작품들, 즉 〈차울주태화루시(次蔚州太和樓詩)〉, 〈평원각〉, 〈백련사(白蓮社)〉, 〈벽파정〉, 〈은월봉(隱月峰)〉, 〈망해대〉는 모두 무산일단운(巫山一段雲) 체의 사(詞)로서 정포의 「울주팔경」을 차운한 것이 분명한데,[6] 그런 사실이 숨겨진 채 문집에 수록된 것은 그의 문집을 편찬할 당시에 작품이 온전하게 다 전하지 못하였거나 이원이 애초에 작품을 지을 때부터 「울주팔경」이라는 큰 제목 없이 개별 작품을 지었는데 그 중 6수만 남았기 때문일 것이다. 이원의 문집에서는 백련암(白蓮嵒 또는 白蓮巖)이 백련사(白蓮社)로 바뀌고, 울주팔경 중 〈장춘오〉와 〈개운포〉가 없어진 육경(六景)만을 살필 수 있을 뿐이지만 그것이 울주팔경을 대상으로 했던 것은 분명한 사실이라고 하겠다.

권상일의 울주팔경은 제목이 「차설곡팔영(次雪谷八詠)」으로 되어 있고 세주(細註)로 '무산일단운체(巫山一段雲體)'라고 하여 그것이 사(詞) 작품임을 명시하고 있다. 〈평원각〉, 〈태화루(大和樓)〉, 〈장춘오〉, 〈은월봉(隱月峯)〉, 〈벽파정〉, 〈백련암(白蓮菴)〉, 〈망해대〉, 〈개운포〉의 순으로 수록되어 있는데,[7] 여기에서는 정포의 팔영에서는 '백련암(白蓮巖)'이던 것이 '백련암(白蓮菴)'으로 바뀌어 있다.

한편 『울산읍지』(1934년본) 권6, 「제영(題詠)」에는 〈벽파정〉이 〈삼산(三山)〉으로, 〈개운포〉가 〈제승정(制勝亭)〉 또는 〈처용암(處容巖)〉으로 제목이 바뀌어 수록되어 있으나 이것들이 서로 동일한 대상을 지칭하고 있음은 분명한 사실이다. 벽파정은 삼산에 있었던 정자이고, 제승정은 개운포에 있었던 정자이며, 처용암은 바로 개운포에 있는 처용이 출현했다고 전해지는 바위이기 때문이다. 그러나 현재는 삼산도 없어져서 실재하지 않는다. 삼산이 예전에 실재하였던 산이었다는 흔

---

6) 이상의 시들은 李原, 『容軒集』, 『韓國文集叢刊』 7, 581～582면에 실려 있다. 지금부터 이원의 「울주팔경」 시는 출전을 표시하지 않기로 하겠다.

7) 權相一, 「次雪谷八詠」, 『淸臺集』 권2, 『淸臺全集』 上, 驪江出版社, 1989, 40～41면. 지금부터 권상일의 「울주팔경」 시는 출전을 표시하지 않기로 하겠다.

적이라고는 현재의 울산광역시 남구 삼산동(三山洞)이라는 동명(洞名) 뿐이지만, 과거에 이 산은 태화강 남쪽에 우뚝 솟은 바위산으로서 오산(鰲山) 또는 외오산(外鰲山)으로 불리던 곳이다. 『울산읍지』에는 삼산에 대해

> 일명 외오산(外鰲山)으로서 부(府)의 동남쪽 십리에 있다. 온전한 돌이 산이 되고 열을 지어 세 봉우리가 되었다. 그 사이에는 참대(苦竹)가 있어 숲을 이루었고, 그 아래에는 마을과 들이 있어서 올라가면 봉래도(蓬萊島)를 건너가는 기상이 있다. 옛날에는 벽파정(碧波亭)이 있었다.8)

라고 기록되어 있어서 이 산이 참대나무가 우거진 매우 아름다운 곳이었음을 짐작할 수 있지다. 그러나 이 산은 일제(日帝) 식민지시대에 군용비행장을 건설하느라고 폭파하여 없애 버렸기 때문에 지금은 어디에서도 그 흔적을 찾을 길이 없고 고층아파트가 빽빽이 들어선 주택가로 변모되어 있는 실정이다.

또 정포의 「울주팔경」에 화운(和韻)한 것은 아니라 하더라도 그의 행적과 작품에 관심을 표명하고 있는 사람으로는 매계(梅溪) 조위(曺偉, 1454~1503)가 있다.

> 조위(曺偉), 〈울산(蔚山)〉(『梅溪集』)
>
> 고을의 수령은 어진 관리여야 하고
> 절도사(節度使)는 장수의 재목이어야 하네.
> 지세(地稅)는 소금을 부과함이 과중하고

---

8) 『蔚山邑誌』(1934년본) 권1, 「名勝」, 〈三山〉. "一名外鰲山 在府東南十里 全石爲山 列成三峯 間有苦竹成林 下有村野 登臨有涉蓬萊氣象 古有碧波亭" *앞으로 『蔚山邑誌』는 특별한 언급이 없는 한 1934년본을 가리킨다.

왜구의 재화(財貨)가 바다를 건너오네.
서울은 아득히 먼데
뿔피리 소리는 처량하게 구슬프네.
그 해에 설곡 노인[9]은
〈복조부(鵩鳥賦)〉를 읊조리며 이곳에서 배회하였네.

邑守須良吏　　元戎要將才
地征鹽課重　　蠻貨海䑸來
迢遰神州遠　　凄涼畫角哀
當年雪谷老　　賦鵩此徘徊

이 시는 15세기 울산의 사회적 상황과 지리적 환경에 대한 인식을 바탕으로 열악한 조건을 정포의 행적과 관련시킨 작품이다. 수련(首聯)은 울산이 지방 수령의 근무지일 뿐 아니라 변방의 왜구를 방비하는 변경(邊境) 지역임을 보여주고 있고, 함련(頷聯)은 울산의 산물인 소금을 과중하게 부과하여 백성들이 고통스러워하고 있으며 또 왜국(倭國)의 재화가 바다를 건너오는 상황을 그려내고 있다. 경련(頸聯)은 서울로부터 아득히 떨어진 지역인 울산의 황량한 분위기를 제시하고 있고, 이것을 바탕으로 미련(尾聯)에서는 옛날 정포가 이곳에서 〈복조부(鵩鳥賦)〉를 읊으며 배회하였던 정황을 그려내고 있다. 복조, 즉 부엉이는 밤에 불길한 소리로 울기 때문에 그 소리를 들은 사람은 수명이 줄어든다고 전해지는 흉조(凶鳥)인데, 중국 한(漢)나라의 가의(賈誼)가 장사왕(長沙王)의 사부로 폄적(貶謫)되었을 때에 鴞처럼 생긴 상서롭지 않은 이 새가 집 주위에 모여들었으므로 비습(卑濕)한 땅에 사는 것을 슬퍼하면서 오래 살지 못할 것으로 여기고 지은 작품이 〈복조부〉이고, 이것을 읊는다는 것은 벼슬길에서 실의함을 비유하기

9) 정포가 울산에 내려온 것은 그의 나이 34세 때였고, 또 그는 37세로 죽었기 때문에 결코 노인이라 불릴 처지가 아니지만 여기서 '설곡 노인'이라 한 것은 先賢을 대우하려는 시인의 의도가 담긴 표현이라 하겠다.

때문에 이 구절은 그의 심사가 결코 안온하지 못하였다는 사실을 표현하고 있다.

또 울주군수를 지냈던 청강(淸江) 이제신(李濟臣, 1536~1584)은 〈울주팔경시 발(蔚州八景詩跋)〉에서 다음과 자신이 울주팔경을 알게 된 배경에 대해 밝히고 있다.

> 나는 일찍이 울주를 다스리다가 우연히 설곡이 벽에 쓴 율시 1수를 얻어서 편액에 써서 동헌에 걸었다. 지금 그의 문집 중에 「울주팔경」이 있는 것을 보니, 모두 무산일단운(巫山一段雲) 사곡(詞曲)을 본받은 것이다. 나는 처음에는 울주에 이런 경관들이 있다는 데 놀랐으나, 그것들을 찾아서 궁구하여 옛 사람의 풍류를 잇지 못하는 것을 애석하게 여겼다. 때마침 울주 사람들이 끊이지 않게 나를 찾아오기에 곧 그들에게 물었으나 역시 그곳을 다 알지도 못하거늘 하물며 설곡의 사(詞)를 알겠는가?
>
> 대개 울주의 이 팔경은 설곡 이외에는 아직까지 들어 본 적이 없으니 곧 강산과 풍월이 설곡에 의해 비로소 드러나게 되었던 것이다. 그러나 도리어 다시 숨겨져서 지금에 이르렀으니 어찌 쓸쓸히 탄식하지 않으리요? 삼가 한 통을 기록하여 향인(鄕人) 신간(申侃)에게 주어 지금의 군백(郡伯)과 선생(先生)[10)]들에게 두루 알리고 새겨서 그것을 걸도록 하였다. 만약에 또 지리서(地理書)를 살펴서 여덟 경관이 있는 곳을 모두 찾아 훗날의 풍류객들로 하여금 마침내 이어서 화운(和韻)하게 한다면 산과 물의 신령들이 다시 천년 만에 알아주는 사람에 대해 감복하게 될 것이다.
>
> 설곡은 자가 중부(仲孚)이고 고려 말의 이름난 사람이다. 간의대부(諫議大夫)로서 울주군으로 좌천되어 수령이 되었는데 은혜로운 정사를 베풀었다. 그의 사우(師友)와 연원(淵源)은 목은(牧隱) 이색(李穡)과 익재(益齋) 이제현(李齊賢) 두 노인의 시서(詩序)에 모두 나타나 있다.

---

10) 先生은 前任 관원을 가리키는 말이다. 조선시대에는 각 관아에서 전직 관원의 이름 · 관직명 · 본관 · 생년 · 출신지 등을 적은 先生案을 작성하였다.

> 하물며 그의 맏아들 추(樞)는 이존오(李存吾) 공과 함께 역적 신돈(辛旽)을 논핵하여 그의 가풍(家風)과 세업(世業)이 더욱 높아지게 되었던 것이다. 남긴 풍도(風度)를 상상하고 그 노래를 읊조리는 것이 어찌 다만 팔경에서 그치겠는가? 다만 아무개는 후진으로서 어른이나 선생으로부터 하루의 문아(文雅)를 받은 적도 없으면서 당돌히 죄를 얻는 것이 아닌지 모르겠다. 이것을 생각해 볼 일이다.
>
> 만력(萬曆) 6년 무인(戊寅, 宣祖 11, 1578년) 초겨울에 진주목사 전성(全城) 이 아무개는 쓰다.[11]

이 글에 따르면, 이제신이 활동하던 16세기에 이미 울주팔경을 정확히 아는 사람이 없을 정도로 문인들의 관심에서 멀어져 있었음을 알 수 있다. 이제신은 그것을 안타까이 여겨 향인 신간(申侃)에게 정포의 「울주팔경」을 판자에 새겨 걸도록 하였고, 그로 말미암아 다시 울주팔경은 세인의 관심사로 떠오르게 되었다는 사실을 미루어 짐작할 수 있다. 이제신의 노력에 힘입어 오늘날에는 그 팔경의 위치를 거의 정확히 짐작할 수 있게 되었다.

한편『세종실록(世宗實錄)』권150, 「지리지(地理志)」의 경상도 '울산군(蔚山郡)' 조에도 〈팔영(八詠)〉이라고 하여 울주팔경이 소개되어 있는데, 그 내용이 정포의 그것과는 완전히 다르다. 즉 팔영은 곧, 성

11) 李濟臣, 〈蔚州八景詩跋〉, 『淸江集』 권2, 韓國文集叢刊 43, 509면. "余嘗莅蔚偶得雪谷題壁一律 板于東軒 今見本集中有蔚州八景 皆效一段雲詞曲 余始驚蔚有此景 而追惜其不能探討 以續古人風迹 適有蔚人連踵訪我 因就扣之 亦不能盡知其處 況於雪谷之詞乎 盖蔚之是景 雪谷之外 未之前聞 則江山風月始呈於雪谷 而還復沒沒至今 豈不落莫可嘆也乎 謹錄一通 付諸鄕人申侃 轉告今郡伯先生 刻而掛之 若又按輿志 盡覔八者所在 俾後來風流 竟引賡和 則山媼水靈 想復感遇於千年矣 雪谷字仲孚 麗季名人也 以諫議 謫郡爲守 有惠政 其師友淵源 牧益二老詩序盡之矣 況其胤子樞 與李公存吾 共論旽賊 其家風世業 尤可尙已 想像遺風 吟詠其歌者 豈獨八景而止哉 第某後進 未有一日之雅於主伯先生 不乃唐突而罪之乎 是可念也 萬曆六年戊寅初冬日 晉州牧使全城李某識"

다락의 뿔피리 소리(城樓畵角), 전함의 붉은 깃발(戰艦紅旗), 동쪽 봉우리의 해돋이(東峯日出), 남쪽 포구의 밝은 달(南浦月明), 산속 절의 솔바람(山寺松風), 강가 정자의 매화에 내리는 눈(江亭梅雪), 낚시터의 성긴 비(釣臺疎雨), 염포 마을의 맑은 연기(鹽村淡烟)인데, 제목만 나열되어 있을 뿐 그것을 다룬 작품은 실려 있지 않다.

### 2)「울주팔경」사의 경향

울주팔경을 다룬 작품 중 정포와 이곡의 작품 등 『울산읍지』에 실린 작품들에 대해서는 이미 간략한 내용이 소개된 바 있다.12) 따라서 여기에서는 울주팔경 사(詞)의 제재가 된 대상의 성격과 그것에 따른 특이한 점만 간단히 지적하기로 하겠다.

#### (1) 태화루

『울산읍지』에는 태화루에 대하여 다음과 같이 설명되어 있다.

> 부(府)의 서쪽 2리에 있다. 황룡연(黃龍淵)의 북쪽 바위 벼랑 위에서 큰 강을 굽어본다. 먼 곳으로는 바다를 누르고 가까운 곳에는 큰 들을 꿰뚫는다. 올라가서 보는 아름다움이 가장 기이하고 빼어나다. 옛날에는 태화사(太和寺)의 종각(鍾閣)이었으나 절이 없어지고 나서 공해(公廨)에 소속되었다. 선조(宣祖) 임진년(1592)의 왜란 때 병화(兵火)로 액을 당하였고, 후에 객관의 문루(門樓)에 편액을 옮겨 달았다.13)

객사(客舍)의 남쪽 문루인데, 사가정(四佳亭) 서거정(徐居正, 1420~

12) 崔二洛, 앞의 논문 참조.
13) 『蔚山邑誌』 권1, 「名勝」, 〈太和樓〉, 30葉. "在府西二里 黃龍淵北石崖上 俯臨大江 遠挹海天 近通大野 登覽之美 最爲奇絶 舊太和寺鍾閣 寺廢屬公廨 宣祖壬亂 厄于兵火 後移揭三字扁于客館門樓之上"

1488)이 편액을 썼다.[14)]

이 인용문에 따르면 태화루는 원래 태화사라는 절의 종루(鍾樓)였으나 절이 없어지고 난 후 관청 건물에 편입되었다가 임진왜란 때에는 병화로 소실되었다고 한다. 그 후 울산 객관의 남문루(南門樓)의 이름을 태화루라고 하였으며 그 편액은 서거정의 글씨였다고 한다. 태화루의 위치는 현재 태화교 북쪽 벼랑 위 어디쯤으로 추정되는데, 지금은 객관도 없어져서 서거정이 쓴 편액은 태화강 남쪽의 남구 신정동(新亭洞)에 있는 이휴정(二休亭)에 소장되어 있다. 한때는 진주의 촉석루(矗石樓), 밀양의 영남루(嶺南樓), 안동의 영호루(映湖樓)와 더불어 영남지방의 대표적 누각으로 일컬어졌던 태화루이지만 지금은 그 흔적조차 찾기 어려운 과거의 유물로 문헌을 통해서만 그 면모를 짐작해 볼 수 있을 뿐이다. 현재 울산광역시에서 태화루 복원 사업을 추진하고 있으니 머지않아 그 자리에 세워진 새로운 태화루의 모습을 감상할 수 있게 될 것으로 보인다.

이 누각을 다룬 작품들은 일반적으로 다락에 올랐을 때 느낀 개인적 감흥을 다루고 있어서 여타의 누정시와 별 차이를 보이지 않는다. 다음 작품은 이원(李原)의 〈차울주태화루시(次蔚州太和樓詩)〉이다.

관직에서 풀려나 처음으로 절을 찾으니
스님은 한가롭게 문을 닫지 않았네.
산 빛과 물빛이 갠 집에 비치는데
시에 담긴 경관은 절로 많아지네.

옛 곡조가 아름다운 거문고에서 들리는데
높이 읊조리며 푸른 술통을 기울이네.

---

14) 위의 책 권1, 「舊廨宇」, 18葉. "客舍南門樓 徐四佳書扁額"

돌아오며 긴 젓대 부니 달이 밝다 어두워지는데
앞길은 굽어 마을로 통하네.

官解初尋寺　　僧閑不閉門
山光水色映晴軒　　詩景自成繁
古調聞瑤瑟　　高吟倒綠尊
歸來長笛月明昏　　前路曲通村

제목으로 보아 이원은 이 사(詞)와 시(詩)를 구분하여 인식하지 않았음을 알 수 있다. 전단(前段)에서는 관직에서 벗어난 시인이 태화루를 찾은 모습을 제시한 후 그 곳에서 굽어보는 산과 물이 어우러진 아름다운 경관은 절로 시에 담을 내용을 풍부하게 해 주는 것처럼 느낌을 밝히고 있다. 후단(後段)에서는 누각 위에서 거문고, 시, 술이 어우러진 풍류를 즐긴 다음 달이 뜬 밤에 숙소로 돌아가는 길이 굽어 있음을 보여주고 있다. 이 작품은 시인이 직접 현장을 답사하여 풍류를 즐기는 모습을 담담한 어조로 표현하고 있는 것이다.

### (2) 평원각

평원각은 황룡연(黃龍淵) 가에 있었다고 하니,[15] 태화루에서 그다지 멀지 않은 곳에 있었던 듯하지만 지금은 흔적도 찾을 길 없는 건물이다. 태화루보다 좀 더 강에 가까이 위치하고 있었던 것으로 보인다. 그래서 이 정각(亭閣)을 다룬 작품들은 대개 유유히 흘러가는 강물과 그 위에 뜬 배와 관련된 내용을 담고 있다. 다음 작품은 정포와 권상일의 〈평원각〉이다.

정각(亭閣) 밖에는 강에 임한 절이요
문 앞에는 바다를 건너는 배이네.

---

15) 위와 같음. "平遠閣 在黃龍淵上 今廢"

천년토록 원망이 남은 버드나무 둑 가에는
싱그러운 풀이 무성하게 푸르네.

채색한 용마루는 아침해에 빛나고
붉은 난간은 저녁연기에 떠 있네.
노니는 사람 올라와 보니 뜻이 아득해지지만
눈에 가득한 산천이 좋네.
閣外臨江寺　　門前渡海船
千年遺怨柳堤邊　　芳草綠芊芊
畵棟暉朝日　　朱欄泛暮烟
遊人登覽意茫然　　滿眼好山川

놀을 감춘 벼랑에 가을이 저무는데
맑은 강에는 달 실은 배로구나.
붉은 난간과 그림 같은 용마루가 이 산 가에 있었는데
남은 터에는 풀만 덧없이 무성하네.

먼 바다에는 붉은 해가 떠오르고
평평한 들판에는 흰 연기가 흩어지네.
설곡 노인과 가정 노인이 함께 아득한데
기운 햇살이 맑은 개울에 비치네.
秋晩藏霞壁　　江淸載月船
朱欄畵棟此山邊　　遺址草空芊
遠海昇紅旭　　平郊散白煙
雪翁稼老俱茫然　　斜日映淸川

정포의 앞 작품은 눈앞에 펼쳐진 경치를 중심으로 정각에 올랐을 때의 상쾌한 기분을 그려내고 있고, 권상일의 뒤 작품은 이미 없어지고 만 평원각의 남은 터에서 이곳의 경치와 감흥을 노래하였던 정포와 이곡을 회고하면서 비애감에 젖는 시인의 모습을 보여주고 있다. 뒤의 작품을 통해서 보면, 권상일이 울산부사로 왔던 영조(英祖) 10년(1734)에는 이미 평원각이 허물어져 버렸음을 알 수 있다.

(3) 장춘오

장춘오는 황룡연의 남쪽에 언덕에 있던 동산으로 아름답고 이상한 꽃과 해죽(海竹)·산다(山茶)가 봄이 지나도록 싱그러웠다고 한다.[16] 태화강을 사이에 두고 태화루와 마주하고 있던 이곳은 상록수와 화훼가 무성했던 언덕이었을 것이다. 이곳은 겨울에도 꽃을 감상할 수 있는 곳으로서 이곳을 제재로 한 작품은 대체로 화초 감상과 음주 등 풍류와 관련된 시상을 전개하고 있다. 이곳은 인공이 가해지지 않은 천연의 언덕이기 때문에 오래도록 남아 있을 법하지만 태화강 남쪽에는 주택가가 조성되어 있고 강가에는 강턱이 조성되어 있거나 도로가 점유하고 있어서 지금은 그 흔적조차 찾기 어려운 상태가 되고 말았다. 다음 작품은 이곡의 〈장춘오〉이다.

이곳에 꽃이 얼마나 되고
그대 집에는 술이 있는가?
인간 세상에 붉은빛이 이미 머물기 어려움을
일찍이 가까운 뜰 모퉁이에서 보았네.

세상일에 장차 머리가 희어지려 하고
남은 생애라서 벌써 말이 부드럽네.
술병을 가지고 날마다 시냇물을 건너는데
명아주 지팡이를 반드시 짚을 필요는 없네.
是處花多少　　　君家酒有無

16) 위의 책 권1, 「名勝」, 30葉. “藏春塢 在黃龍淵南岸 名花異卉 海竹山茶 經春郁郁”

人間紅紫已難留　　曾見襯庭隅
世事將頭白[17)]　　餘生業舌柔[18)]
携壺日日渡溪流　　藜杖不須扶

이 작품은 꽃이 다 진 겨울철에도 꽃을 피우고 있는 장춘오의 꽃을 감상하기 위해 술병을 가지고 찾아가는 시인의 모습을 담고 있다. 온갖 풀과 나무들이 시들과 잎이 떨어지고 난 계절에도 싱그러운 모습을 간직하고 있으니 술병을 들고 그곳을 찾은 시인의 마음이 어떠했을지 대략 미루어 짐작할 수 있다.

(4) 망해대

망해대는 망해사에 있던 돈대로서 거기에서는 멀리 개운포 앞 바다를 바라볼 수 있는 곳이었지만 지금은 그 터만 남아 있을 뿐이다. 따라서 이곳을 다룬 작품들은 대체로 이곳에서 동해를 바라보는 감흥을 담고 있다. 다음 작품은 정포의 〈망해대〉이다.

벼랑은 갠 하늘을 깔보고
높은 돈대는 큰 바다를 잡아당기네.
멀리 보이는 물빛은 하늘에 닿아
백리가 함께 푸르네.

돌집이라 이른 가을임을 알겠고
소나무 지게문은 바쁜 새벽임을 알리네.
유인(幽人)이 동방을 바라보라고 손님을 부르는데
붉은 해가 부상(扶桑)에서 올라오네.
絶壁凌晴漢　　高臺控大洋

17) 『新增東國輿地勝覽』에는 '將頭白'이 '頭將白'으로 되어 있다.
18) 위의 책에는 '業舌柔'가 '舌未柔'로 되어 있다.

遙看水色接天光　　百里共蒼蒼
石室知秋早　　松扉報曉忙
幽人呼客瞰東方　　紅日上扶桑

이 작품은 전단에서 망해대에서 바라보이는 탁 트인 바다의 모습을 그린 다음, 후단에서는 이른 아침에 떠오르는 동해의 일출을 그려내고 있다.

(5) 벽파정

벽파정은 삼산(三山), 즉 외오산(外鰲山)에 있던 정자로서 그 주변의 경관이 매우 아름다웠던 것으로 짐작되지만 정포나 이곡이 사(詞)를 짓던 시기에 이미 정자가 없어지고 유지(遺址)만 남아 있었기 때문에 대부분의 작품들은 그 퇴락함을 탄식하는 내용을 담고 있다. 다음 작품은 정포의 〈벽파정〉이다.

쌓인 돌은 가을 언덕에 기대었고
대나무 떨기는 저녁 물가에 누워 있네.
뱃사람은 여기가 벽파정이라 하는데
비석은 깨어지고 명문(銘文)은 이미 없어졌네.

비가 지나가니 모래 흔적은 희어지고
연기가 스러지니 물빛이 푸르네.
당시의 노래를 차마 들을 수 없어
돛대에 기대어 부질없이 눈물 흘리네.
疊石欹秋岸　　叢篁臥晚汀
舟人云是碧波亭　　碑壞已無銘
雨過沙痕白　　烟消水色青
當時歌調不堪聽　　倚棹涕空零[19]

이 작품은 이미 정자의 모습을 찾을 수 없는 벽파정 자리에서 정자가 존재하던 당시를 그리워하며 탄식하는 내용을 담고 있다.

### (6) 백련암

백련암은 울산의 진산(鎭山)인 무룡산[舞龍山, 일명 동대산(東大山)]의 서쪽에 있던 바위이다. 이곳에는 조선전기의 선비인 김대위(金大渭)의 군자정(君子亭)이 있었다고 한다. 명종(明宗) 3년(1548)에 삼족당(三足堂) 김대유(金大有)가 쓴 〈군자정기(君子亭記)〉에는 이 주변 경관에 대한 기술이 포함되어 있다. 그 기문(記文)에 의하면 무리룡산(無里龍山)의 오봉(五峯) 아래에 있는 시여평(詩餘坪) 위에는 사람처럼 서 있는 바위가 있고, 아래에는 웅덩이가 있어서 옥샘[玉井]이라 했다고 한다. 고려 충숙왕(忠肅王) 9년(1322)[20] 흰 연꽃의 서기(瑞氣)가 나타났기에 그 바위의 이름을 백련이라고 하였고, 중종(中宗) 27년(1532) 8월에는 한 쌍의 연(蓮)이 생겨나더니 동서로 뻗은 잎이 연꽃 배와 같고 그 위에 큰 사발 같은 흰 꽃이 피어 겨울이 지나도록 지지 않았으므로 고을 사람들이 기이하게 여겼다고 한다.[21] 그 후 군자정이 허물어져 버리고 부근에 살던 사람들이 이곳으로 옮겨 살게 되었는데, 과객들의 칭송을 번거롭고 귀찮게 여긴 어느 벼락부자가 이 바위를 쇠망치로 깨어 버리고 옥정에 뿌리박은 백련도 뽑아 버렸다고 한다.[22] 그래서 지금은 그 흔적을 찾을 수 없고 다만 연암동(蓮

---

19) 『雪谷集』에 '俚里有碧波亭曲'이라는 주석이 있다.

20) 원문에는 忠宣王 14년 壬戌이라 하였으나, 충선왕은 재위 기간이 4년밖에 되지 않기 때문에 이것은 충숙왕 9년 壬戌의 잘못이다.

21) 金大有, 〈君子亭記〉(정용수 외, 「慶南地方 樓亭資料」, 『石堂論叢』 22집, 동아대학교 석당전통문화연구원, 1995.12, 119면). "無里龍山五峯下 詩餘坪上 有岩人立 下有科 曰玉井 高麗忠宣王十四年壬戌 有白蓮瑞 故名其岩 ……(中略)…… 粤二十七年壬辰秋八月 一種雙蓮 根沼朶岩 亭亭翼翼 東西蓋葉如藕船 上開白花 象大椀 經冬不謝 省邑異之" *여기에 수록된 자료 중 '蔚山・彦陽郡地域'의 자료는 부산대학교 한문학과 金聲振교수가 조사한 것이다.

巖洞)이라는 동명(洞名)이 남아 있을 뿐이다. 기록에는 남아 있지 않지만 여기에는 암자도 있었던 것으로 보이는데, 그것은 이곡·이원·권상일의 시에서 모두 불교와 관련된 시상을 전개하고 있는 데서 짐작할 수 있다. 따라서 이것을 다룬 작품들은 대개 백련암의 유래의 신비로움에 관심을 집중하고 있다. 다음 작품은 이원의 〈백련사(白蓮社)〉이다.

구름은 연꽃의 꽃술이 되고
물결은 대자리의 무늬에서 일어나네.
벽을 마주한 늙은 스님은 고요히 말이 없으니
묘법(妙法)을 듣기 어려운 것이 한스럽네.

흰머리에 몸은 장차 늙어 가는데
붉은 티끌에 눈이 침침해지려 하네.
언제나 결사(結社)하여 고담(高談)을 배우려나?
오늘도 또 황혼이 스러지네.

| | |
|---|---|
| 雲作蓮花蘂 | 波生竹簟文 |
| 老禪面壁默無言 | 妙法恨難聞 |
| 白髮身將老 | 紅塵眼欲昏 |
| 何時結社學高談 | 今日又殘曛 |

이 작품은 전단에서 신비한 설화를 간직한 백련암 주변의 암자에서 스님에게 묘법(妙法)을 듣고 싶지만 스님은 선정(禪定)에 들어 말이 없어서 한스럽다는 생각을 드러내고 있고, 후단에서는 늙어 가는 자신의 모습을 돌아보면서 불법의 진리를 배우고자 하는 희원을 담고 있다.

22) 姜吉夫, 앞의 책, 205면 참조.

### (7) 개운포

개운포는 주지하다시피 신라 헌강왕(憲康王) 때 처용(處容)이 나타난 바닷가의 포구이다. 따라서 이곳을 대상으로 한 작품은 일반적으로 처용의 출현과 관련된 내용을 담고 있다. 다음 작품은 권상일의 〈개운포〉이다.

먼 갯가에 푸른 바다가 넓은데
기이한 바위는 작은 구멍으로 통하였네.
구름 걷히고 해 나오자 신옹(神翁)이 있었으니
수궁에서 왔다고 하네.

학성(鶴城)[23]에는 달이 부질없이 밝은데
계림(鷄林)에는 꽃이 절로 붉었네.
흘러 전해지는 노래는 길이 다함이 없고
기궤한 복장이 봄바람에 춤을 추네.

遠浦滄溟濶　　奇巖小竅通
雲收日出有神翁　　來自水宮中
鶴峀月空白　　鷄林花自紅
流轉樂府永無窮　　詭服舞春風

이 작품은 처용설화에 바탕을 둔 시상을 전개하고 있는데, 처용암에는 수궁(水宮)으로 통하는 작은 통로가 있다고 파악한 점이 특이한 발상이라고 하겠다.

### (8) 은월봉

---

23) 鶴峀는 (神)鶴城, 곧 울산을 가리킨다. 神鶴城이라는 지명은 옛날에 신라의 변방을 수비하는 戒邊城의 天神이 학을 타고 내려왔다고 하여 부르는 이름으로, 筆峯·甑城 등으로도 불리는데, 현재의 학성공원으로 지정된 산이다.

은월봉은 황룡연의 서남쪽, 즉 태화루에서 강 건너 마주 보이는 남산(南山) 12봉의 주봉(主峰)으로 산성뫼[山城山]·비녀봉[釵峯 또는 飛來峯] 등으로도 불린다.[24] 이 봉우리는 비록 야트막한 산이지만 달이 여기에 이르면 가려져서 비친다고 하여 불리게 된 이름이다.[25] 이것을 대상으로 한 작품들은 대개 은월봉이라는 이름과 관련한 시상을 펼치고 있다. 다음 작품은 정포의 〈은월봉〉이다.

> 하늘이 가까워 은하수 그림자가 환한데
> 봉우리가 높아 달빛이 숨네.
> 지팡이 짚고 멀리 푸르고 높은 산에 오르니
> 오솔길은 구름 속으로 들어가 기울었네.
>
> 옛 나무는 가을빛을 머금었고
> 빈 바위는 저녁놀을 떨치네.
> 깊은 숲에 절이 있음을 알겠거니
> 범종과 법고 소리가 산언덕을 격하였네.
> 天近明河影　　峯高隱月華
> 扶筇遠上碧嵯峨　　細路入雲斜
> 古樹含秋色[26]　　空巖拂晩霞
> 深林知有梵王家　　鐘鼓隔[27]山阿

이 작품은 은월봉에 가려진 달의 모습과 봉우리 주변의 경관에 초점을 맞춘 다음, 산 너머서 들려오는 범종과 법고 소리에서 산속 어딘가에 절이 숨어 있음을 알겠다는 내용을 담고 있다.

이처럼 「울주팔경」의 대상이 된 경승들은 개운포와 은월봉을 제외

---

24) 韓石根, 「蔚山에 남겨진 名詩閱覽」, 169~170면 참조.
25) 『蔚山邑誌』 권1, 「名勝」, 30葉. "隱月峯, 在黃龍淵西南, 月影到此隱映"
26) 『雪谷集』에는 '色'에 '一作露'라는 주석이 붙어 있다.
27) 위의 책에는 '隔'에 '一作出'이라는 주석이 붙어 있다.

하고는 모두 없어지거나 자취만 남아 있는 상태이기 때문에 지금으로서는 그 온전한 모습을 확인하기 어려운 실정이다. 그래서 이것과는 다르게 울산의 경관을 바라보는 것들이 등장하기도 했다. 석정(石丁) 최두출(崔斗出, 1911~1986)은 『풍진반세기(風塵半世紀)』에서 학성세우(鶴城細雨)·태화어간(太和漁竿)·무룡산조(舞龍山朝)·백양효종(白楊曉鐘)·삼산낙안(三山落雁)·문수낙조(文殊落照)·염포귀범(鹽浦歸帆)·서생모운(西生暮雪)을 울주팔경으로 뽑아 각각에 해당하는 시조 1수씩을 지었고, 이만욱(李晚勖, 1096~1982)은 「이휴정팔경운(二休亭八景韻)」에서 화강야월(和江夜月)·월봉조하(月峰朝霞)·이수노화(二水蘆花)·삼산낙조(三山落照)·양사모종(楊寺暮鐘)·연포귀범(蓮浦歸帆)·염시청연(鹽市青煙)·학성청람(鶴城晴嵐)을 이휴정팔경이라고 했으며, 이 밖에도 이응춘(李應春, 1540~1594)의 반구정팔경(伴鷗亭八景), 울주군 강동면(江東面)의 정포어범(亭浦漁帆, 亭子里)·분곡초가(紛谷樵歌, 亭子里)·궁현낙조(弓峴落照, 新峴里)·옥봉청하(玉峯晴霞, 舞龍里 達谷)·용담명월(龍潭明月, 於勿里)·용산서운(龍山瑞雲, 舞龍山)·밀수산림(密峀山林, 舞龍山)·방천위윤(舫川圍潤, 방바우)로 이루어진 江東八景, 증성낙조(甑城落照)·성암모종(聖庵暮鐘)·대암초가(臺岩樵歌)·층대명월(層臺明月)·선도귀범(仙島歸帆)·폭포비설(瀑布飛雪)·승강어적(勝江漁笛)·도독숙무(都督宿霧)로 된 서생팔경(西生八景) 등이 거론되었고,[28] 최근에는 김병식(金昞植)씨가 제공한 동면팔경(東面八景)과 김선묵(金善默)씨가 남긴 방어진십이경(方魚津十二景)이 소개되기도 하였다.[29]

한편 울산광역시에서는 2002년 12월 24일에 울산지방의 아름다운 경관 12가지를 뽑아서 '울산12경'을 선정하였는데, 그 12가지는 가지산 사계, 간절곶 일출, 강동 주전해안 자갈밭, 대왕암 송림, 대운산 내

---

28) 이상의 사실에 대해서는 崔二洛, 앞의 논문, 97~105면 참조.
29) 韓石根, 「東面八景과 方魚津十二景」 참조.

원암계곡, 무룡산에서 바라본 울산공업단지 야경, 문수체육공원, 반구대, 신불산 억새평원, 작괘천, 태화강 선바위와 십리대밭, 파래소폭포를 지칭하고 있다.

## 2. 반구대와 대곡천 일원의 제영

### 1) 반구대 주변의 경관과 비각

반구대는 울산광역시 울주군 언양읍 대곡리(大谷里) 반구산(盤龜山, 높이 265m)의 끝에 있는 3층으로 된 석대(石臺)로서, 물위에 떠 있는 산의 형상이 거북이가 넙죽 엎드린 모양과 같아서 이렇게 불린다. 이곳은 고려 말에 포은(圃隱) 정몽주(鄭夢周, 1337~1392)가 언양(彦陽)에 유배되어 있을 때 오른 적이 있던 곳이라고 하여 포은대(圃隱臺)라 부르기도 한다. 이곳은 산의 모양새가 기이하고 깨끗한 물이 늘 흐르고 있어 산수의 경관이 아름답기로 소문난 곳으로 특히 여름철에는 피서객들이 많이 찾던 곳이기도 하다. 반구대 아래쪽에 있던 반고서원(槃皐書院)은 숙종(肅宗) 38년(1712)에 세워져 정몽주·이언적(李彦迪, 1491~1553)·정구(鄭逑, 1533~1620) 세 분을 배향(配享)하다가, 영조(英祖) 4년(1728)에 불이 나서 소실되고 이듬해 중건하였으나 고종(高宗) 8년(1871)에 흥선대원군(興宣大院君)의 서원철폐령에 따라 훼철(毁撤)되어 버렸다고 한다. 광무(光武) 5년(1901)에 언양군수 최시명(崔時鳴)이 이곳에 유허비(遺墟碑)를 세워 놓았고, 최근에는 다시 반구서원(盤龜書院)이라는 이름으로 복원하여 놓았다.

반구대는 일찍부터 경관이 수려한 것으로 알려졌는데, 『울산읍지(蔚山邑誌)』 권1, 「명승(名勝)」 〈반구대(盤龜臺)〉에는 다음과 같이 기록되어 있다.

> 언양 동북쪽 이십 리에 연고산(蓮皐山)의 한 가지가 가로 달리다가 시내에서 벼랑으로 끊어지는데, 웅크린 것이 마치 거북이 엎드려 있는 것 같아서 이 이름을 얻었다. 산의 앞면에는 깎아지른 석벽(石壁)이 늘어서서 절로 상·중·하(上中下)의 세 대(臺)가 되었다. 그 높이는 상대(上臺)가 백 길쯤 되고, 중대(中臺)는 그것의 반, 하대(下臺)는 또 그것의 반쯤 된다. 그 길이는 높이의 배가 되는데, 상·중·하가 균등하다. 대(臺)의 아래에 있는 물은 백련담(白蓮潭)으로부터 와서 절벽을 감싸고 흘러간다. 옥 같은 물줄기가 석면(石面)에 쏟아지는데 사철 뒤섞이지 않는다. 돌이 낮고 평평하게 펴진 것은 마치 명주를 끌어당긴 듯하고, 높고 위태롭게 웅크린 것은 마치 용이 틀임을 하는 듯하여 참으로 바닷가의 한 아름다운 곳이다. 문충공 정몽주가 일찍이 이 고을에 유배되어 하대(下臺)에서 놀았으므로 이제까지 포은대(圃隱臺)라 일컫는다. 문원공 이언적도 본도(本道)[경상도]를 순선(旬宣)[30]하다가 이곳에 이르러 노닐며 감상하였고, 문목공 정구는 집을 지어 살려고 하는 뜻이 있었으므로 후대의 사람들이 반고서원(槃皐書院)을 세어서 세 선생을 배향(配享)하였다.[31]

이렇게 경관이 아름다운 이곳에는 많은 시인묵객들이 찾아와 노닐며 시편(詩篇)을 남겼을 것으로 보이지만 이곳을 대상으로 한 제영(題詠)은 그 옆에 위치하고 있는 집청정(集淸亭)에서 편집한 『집청정시집(集淸亭詩集)』에 수록되어 전하고 있다. 이곳을 대상으로 음영한 인물 중에는 언양(彦陽)에 유배되었던 정몽주·김흥경(金興慶, ?~1374)·권해(權瑎, 1639~1704) 등도 포함되어 있다.

---

30) 旬宣은 널리 사방을 복종시켜 임금의 은덕이 두루 미치게 하는 것이다.

31) 在彦陽東北二十里 蓮皐山一枝橫奔 陡斷于澗 蟠結如龜伏 故得是名 山前面列削石壁 自作上中下三臺 其高上可百丈 中半之 下又半之 其袤倍於高 上中下均 臺下水自白蓮而抱壁去 玉流瀉于石面 四時不淆 石之低而平鋪者如拖練高而危踞者如龍拏 儘海上一佳境也 鄭文忠公夢周嘗謫是縣 而遊下臺 至今稱圃隱臺 李文元公彦迪亦旬宣本道 至是而遊賞 鄭文穆公逑有誅茅卜居之意 後人建槃皐書院 享三先生.(『蔚山邑誌』 권1, 「名勝」, 〈盤龜臺〉, 30葉)

이들 인물이 유배되었던 곳은 현재 울주군 언양읍 어음리(於音里, 너머리·니미리)의 요도(蓼島)였다고 전해진다.

> ○요도(蓼島)
>
> 조산(造山)배기 서쪽에 있는 들. 직동천(감내)과 남천의 합류지점에 섬처럼 되어 있다. 고려 우왕 2년(1376), 이인임(李仁任) 등이 주장하는 배명친원(排明親元)의 외교 방침을 반대한 정몽주(鄭夢周)가, 공민왕 때는 김흥경(金興慶)이, 조선 숙종 때는 청남(淸南)·탁남(濁南)의 당쟁에 몰린 남곡(南谷) 권해(權瑎) 등이 유배되었던 곳이다. 정몽주는 반구대, 작천정, 입암정, 태화루, 구강서원 등으로 다니면서 명승 경관을 즐겼고, 학문과 경륜을 강론하기도 하였다. 당대의 거유(巨儒) 남곡은 번뇌가 심할 때마다 화장굴을 찾았다 하며, 언양 지방에 숱한 시가(詩歌)를 남겨 전해 온다.[32)]

이 인용문에 따르면 언양에 유배되었던 이들이 반구대를 유람하며 읊은 시들이 제법 많았을 것으로 보인다. 그러나 김흥경의 작품은 확인되지 않고 정몽주의 시는 뒤에서 언급할 것이므로 여기에서는『교남지(嶠南誌)』에 실린 권해(權瑎, 1639~1704)의 〈반구대(盤龜臺)〉[33)] 시를 살펴보기로 하겠다.

권해는 현종(顯宗) 6년(1665)에 정시문과(庭試文科)에 급제하고, 경상도암행어사·대사간·대사헌·형조참의·호조참의 등을 지낸 인물이다. 그는 숙종(肅宗) 5년(1679)에 판중추부사 허목(許穆)이 영의정 허적(許積)의 아들 견(堅)의 불법 행위를 공격한 사건이 발단이 되어 청남(淸南)과 탁남(濁南)의 당파 싸움이 일어나게 되었을 때, 도승지

32) 姜吉夫, 앞의 책, 473면.

33) 權瑎, 〈題彦陽盤龜臺〉. 이 시는『嶠南誌』권45,「彦陽郡」, '山川'(旿星社 영인, 1985, 770~771면)과 張志淵 편,『大東詩選』권5(亞細亞文化社 영인, 1980, 上冊, 674~675면)에 수록되어 있다.

민암(閔黯)에게 청남인 허목의 당으로 몰려서 청도로 유배되었다가 이듬해에는 다시 창성부(昌城府)로 이배되어 1689년의 기사환국(己巳換局) 때 유배에서 풀려났고, 다시 1694년의 갑술환국(甲戌換局) 때에 언양의 요도에 유배되었다가 1697년에 풀려난 전기적 사실을 고려해 보면,[34] 그의 시는 언양에 유배되어 있던 1694년부터 1697년 사이에 지었을 것으로 짐작된다. 이 시는 장지연(張志淵)이 편찬한 『대동시선(大東詩選)』 권5에 〈언양의 반구대에서 짓다(題彦陽盤龜臺)〉라는 제목을 실려 있다.

조물주(造物主)가 어느 해에 이런 기이함을 만들었기에
지금까지 산의 뼈대가 거북으로 화(化)하였는가?
하늘의 이슬은 신선(神仙)의 손바닥[35]에 방울지는데
꼭대기의 구름은 도사(道士)의 바둑판을 감추었네.
못이 검으니 용이 누운 곳임을 분명히 알겠고
달이 밝으니 마땅히 학이 돌아갈 때가 있으리.
층진 대(臺)는 한여름에도 매우 시원하고 상쾌하여
햇살이 기울어도 맑은 술에 말에 오름이 늦어지네.

造物何年效此奇　　至今山骨化爲龜
中天露滴銅仙掌　　絶頂雲藏綺皓碁
潭黑定知龍臥處　　明月應有鶴歸時

34) 인터넷 언양읍 홈페이지(http://eonyang.com/)에는 "조선조 숙종 때 청남(淸南)·탁남(濁南)의 당쟁에 몰려 갑술옥사(甲戌獄事: 1694)에 연좌되어 요도(蓼島)로 유배 온 시랑 남곡 권해(南谷 權瑎)가 있다. 1694년 3월에서 1697년까지 4년간 요도(蓼島)에서 기거하였다. 남곡 권시랑(南谷 權侍郎)은 대사헌, 형·호조참의(刑·戶曹參議)를 역임한 당대의 거유(巨儒)로서, 유배생활을 하면서도 화장굴(花藏窟)과는 인연이 깊었다."라고 하여 권해가 1694년부터 요도에 유배되어 있었다는 기록이 있다. 동일한 기록이 『彦陽邑誌』(彦陽邑誌發刊推進委員會, 2001), 678면에도 실려 있다.

35) 仙掌은 신선이 손바닥을 쟁반처럼 뒤집어 甘露를 받는 모양을 짓는 것으로, 중국 華山의 두 봉우리가 對峙한 모양을 가리키기도 한다.

層臺盛夏偏蕭爽　　斜日淸樽上馬遲

이 시는 반구대 주변의 석산과 시내의 아름다운 경관을 드러내고 있을 뿐 아니라, 녹음에 덮인 그곳이 여름철에는 시원한 기운을 간직하여 유람객에게 그곳을 떠나고 싶은 마음이 일어나지 않도록 하는 최고의 피서지라고 밝히고 있다. 수련은 기이하기 그지없는 거북 형상의 바위에 대한 놀라움을 드러내고 있고, 함련은 신선의 손바닥처럼 솟은 산봉우리에서 방울지어 떨어지는 이슬과 도사의 바둑판이 그려진 바위를 감추려는 듯 산꼭대기에서 뿌옇게 사물을 가리며 내려온 구름을 대비시키고 있다. 현재 집청정에 거주하면서 이 정자를 관리하는 최원석 씨의 증언에 따르면, 현재는 계곡 주변을 정비하는 와중에 토사에 묻혀 버렸지만 예전에는 반구대 옆을 흐르는 개울과 집청정 사이에 바둑판이 새겨진 우뚝한 바위가 있었다고 하니, 이 시에서의 언급은 산꼭대기에서 내려온 구름이 바둑판이 새겨진 바위를 묻어 버리는 모습을 나타낸다고 할 것이다. 또 여기에 나오는 '도사'가 『대동시선(大東詩選)』에는 진(秦)나라 말년에 전란을 피하여 상산(商山)에 숨어 살았던 상산사호(商山四皓) 중의 한 사람인 '기리계(綺里季)'를 가리키는 '기호(綺皓)'로 되어 있는데, 이것은 중국의 역사적 사실과 연결하여 이곳이 은자(隱者)가 기거하기에 적당한 장소임을 강조하고 있는 것이다. 경련은 이곳이 용이 숨고 학이 날아들 만큼 영험한 곳임을 말하고 있으며, 미련은 반구대는 한여름에도 매우 시원하고 상쾌하여 지는 햇살 속에서도 떠나고 싶은 마음이 들지 않는 명소임을 밝히고 있다.

이 시의 운자(韻字)가 뒤에서 살펴볼 집청정(集淸亭)의 차운시(次韻詩)와 같은 것으로 보아 권해가 이곳에 왔을 때에는 이미 최신기(崔信基)의 집청정이 존재하고 있었으므로 이 정자에 올라 편액의 시에 차운(次韻)하였다는 사실을 알 수 있다.

반구대에서 대곡천을 따라 아래쪽으로 약 1.5킬로미터쯤 내려가면 건너편 절벽에 새겨진 암각화(岩刻畵)가 있다. 이 바위그림은 너비 10m, 높이 3m 정도의 수직의 바위 면에 200여 점의 그림으로 구성되어 있는데 탈을 쓴 사람·사냥꾼·어부 등의 인물상과, 고래·사슴·호랑이·멧돼지 등의 동물상, 배·울타리·그물·덫 등의 사물상으로 채워져 있고, 면각(面刻) 기법과 선각(線刻) 기법이 함께 나타나고 있어서 오랜 기간에 걸쳐 이루어진 것을 알 수 있다. 이 암각화는 울산지역에서 고기잡이와 사냥에 종사하던 수렵·어로인들의 생활양식을 보여주는 것으로 평가되며, 신석기(新石器) 후기에서 청동기시대(靑銅器時代)에 걸친 대표적인 선사미술(先史美術)로서 국보(國寶) 285호로 지정되어 있다.

또 반구대에서 대곡천을 따라 위쪽으로 약 1킬로미터쯤에는 두동면(斗東面) 천전리(川前里)의 각석(刻石)이 있다. 이 바위는 상단에는 기하학 무늬와 인물상·동물상이 새겨져 있고, 하단에는 신라시대의 선각 그림과 명문(銘文)이 있다. 이 바위조각은 너비 9.5m, 높이 2.7m 정도의 바위가 약 15도 정도 앞으로 나와 있는 판판한 바위에 새겨져 있는데, 전체에 걸쳐 있는 마름모꼴·나선형·동심원(同心圓) 등의 기하학적 문양뿐만 아니라, 벽면 위쪽에는 사슴·호랑이·물고기·뱀 등이 있고, 밑 부분에는 선각화(線刻畵)와 명문(銘文)이 뒤섞여 있는데, 명문은 각석의 중앙에서 약간 우측 하단에 새겨져 있으나 많이 마모되어 있는 실정이다. 이 각석은 국보 147호로 지정되어 있어서, 울산지역의 문화유산을 답사하기에도 매우 좋은 지역이다. 이 주변 지역은 신라 때 화랑들이 훈련을 한 지역이라 전해지고, 이 각석에서 개울 건너편의 너럭바위에는 200여 개의 공룡발자국 화석이 흩어져 있기도 하다.

반구대 물가 절벽에는 '반구(盤龜)'라는 대자(大字)의 글씨 외에도 '포은대(圃隱臺)'·'옥천선동(玉泉仙洞)' 등의 글씨와 이곳을 찾았던 순상(巡相)·부윤(府尹) 등 수많은 사람들의 이름과 시들이 새겨져 있으나 개울물이 가로막고 있어서 접근하기 어려운 점이 있다.

반구대 위에 있는 비각에는 세 개의 비석이 남아 있는데, 그것들은 각기 우측으로부터 언양군수(彦陽郡守) 최시명(崔時鳴)이 짓고 김효동(金孝東)이 써서 광무(光武) 5년(1901)에 세운 〈반계서원[36]유허비(磻溪書院遺墟碑)〉와, 송찬규(宋瓚奎)가 짓고 권필운(權珌運)이 써서 고종(高宗) 22년(1885)에 세운 〈포은대실록(圃隱臺實錄)〉·〈포은대영모비(圃隱臺永慕碑)〉이다. 이 가운데 〈포은대실록〉은 처음이 "성인께서 말씀하시기를, 어진 사람은 산을 좋아하고 지혜로운 사람은 물을 좋아한다. 어진 사람과 지혜로운 사람의 즐거움은 대개 산과 물에서 형상을 취하는 것이 있는 것인가?(仁者樂山 智者樂水 仁智之樂 盖有取象乎山水哉)"라는 구절로 시작하여 이곳의 아름다운 물과 산에 대한 내용을 바탕으로 이곳이 포은(圃隱) 선생이 노닐던 유서 깊은 곳임을 언명하고 있는 내용으로 짐작되지만, 비석이 깨어지고 글씨가 마멸된 것이 많아 제대로 해독하기 어려우므로 나머지 두 비석에 새겨진 것들만 소개하면 다음과 같다.

〈반계서원유허비〉

아, 이곳은 포은(圃隱)·회재(晦齋)·한강(寒岡) 세 선생의 서원(書院)이 있던 곳이다. 옛날 홍무(洪武) 을묘(乙卯, 고려 禑王 1, 1375)에 포은(圃隱) 선생이 언사(言事)로 이 고을에 유배되어, 일찍이 반계(磻溪)의 산과 물 사이에서 시를 읊었다. 고을 사람들이 정자(程子)[37]와

36) 磻溪書院은 槃皐書院을 가리킨다. 槃皐書院은 蔚州郡 彦陽邑 大谷里 盤龜臺 아래에 있던 서원으로서, 肅宗 38년(1712)에 세워 鄭夢周·李彦迪·鄭逑를 配享배향하였다. 英祖 4년(1728)에 重建하고, 高宗 8년(1871)에 毁撤되었고, 1901년(광무 5) 彦陽郡守 崔時鳴에 의해 遺墟碑가 세워졌다. 계유년(1933)에 발간된 『蔚山邑誌』 권1, 34葉에는 庚戌年(1910)에 遺墟碑를 세웠다고 하였으나, 이 遺墟碑의 날짜로 보아 1901년에 세워졌음을 알 수 있다. 최근에 다시 盤龜書院이라는 이름으로 새로 건립되었다.

주자(朱子)[38]가 지나간 곳인데 사당을 세우지 않을 수 없다고 생각하여, 숭정(崇禎) 임진(壬辰, 肅宗 38, 1712)에 서원을 세워 회재(晦齋)와 한강(寒岡) 두 선생을 거기에 배향(配享)하였다. 대개 회재(晦齋)에게는 백성들의 앙모(仰慕)함이 있었고,[39] 한강(寒岡)에게는 이곳에 살려고 하는 뜻이 있었기 때문이었다. 도중에 조정의 명령으로 서원을 철거하였으나, 고을 사람들이 오랫동안 잊지 못하기 때문에, 금년 봄에 그 터에 비석을 세워 그것을 기록하면서 나에게 글을 물었는데, 내가 생각하기에 이 일이 어찌 그 고을 사람들이 일시에 심심하여 그런 것이겠는가? 대개 세 선생의 덕과 가르침은 사람들을 깊이 감동시켜 뒷사람들로 하여금 오래될수록 더욱 생각하게 하는 것이다. 아, 이 고을의 선비들은 장차 이에 힘써야 하리라. 세 선생이 이어서 열었던 공덕을 강구(講究)하고 저버리지 않는다면 한 조각의 돌이라도 족히 백세(百世)에 남을 가르침에 대한 느낌이 있다고 할 것이다.

광무(光武) 5년(1901) 2월 병진(丙辰)에

통훈대부(通訓大夫) 행언양군수(行彦陽郡守) 전주(全州) 최시명(崔時鳴)이 삼가 짓고

□학(□學) 김녕(金寧) 김효동(金孝東)이 삼가 쓰다.[40]

---

37) 程子는 중국 北宋의 性理學者 程顥(1032~1085)·程頤(1033~1107)를 가리킨다.

38) 朱子는 朱熹(1130~1200)를 가리킨다. 朱熹는 性理學을 大成한 중국 南宋의 大儒로서 字가 元晦·仲晦, 號가 晦庵·晦翁·考亭 등이다. 후세 사람들이 朱子라 존칭하고 性理學을 朱子學이라고 일컫기도 했다. 저서에 『詩集傳』·『四書集註』·『資治通鑑綱目』·『近思錄』 등이 있다.

39) 甘棠之愛는 백성들이 施政者의 德을 仰慕하는 것을 말한다. 중국 周나라의 召公의 善政에 감격하여 일찍이 그가 쉬었던 팥배나무를 소중히 여겼다는 『詩經』의 시에서 나온 말이다.

40) 〈磻溪書院遺墟碑〉: 嗚乎 此圃隱晦齋寒江三先生書院遺墟也 粤在洪武乙卯圃翁以言事貶玆州 嘗嘯咏於磻溪山水之間 郡人以爲程朱所過無不立祠 崇禎壬辰建院 因以晦寒兩翁配之 盖因晦翁有甘棠之憩 寒翁有卜居之意也 中以朝令撤院 而郡人久而不忘 今年春立石遺墟以志之 謁文於余 余惟此役 豈其郡人之一時徒然哉 盖三先生德敎之感人深 而使後人愈久愈思也 噫 玆州之士亦將俛焉 講究無負三先生繼開之功 則一片石猶足有感於百世之遺敎云爾 光武五年辛丑二月丙辰 通訓大夫行彦陽郡守 全州崔時鳴謹撰 □學 金寧金孝東謹書

〈포은대영모비〉

포은 정선생은 시호(諡號)가 문충공(文忠公)인데, 도학(道學)을 창명(倡明)하여 동방(東方)에서 이학(理學)의 으뜸이 되었다. 홀로 삼년상(三年喪)을 치르고 세 번의 과거에서 세 번 장원(壯元)하여 드디어 첫째로 발탁되었다. 일본(日本)에 사신으로 가서 오랑캐들을 감덕(感德)하게 하였고 임금의 조정에서 변무(辨誣)하니 천자가 편안히 쉬었다. 유배되어 제재를 당했을 때 반구대(盤龜臺)에 올랐는데, 중구일(重九日)에 쓴 〈감회(感懷)〉 시가 있다.

나그네의 마음이 오늘 더욱 쓸쓸한데
장기(瘴氣) 어린 바닷가에서 물에 나아가고 산에 오르네.
뱃속에는 글이 있어서 문득 나라를 그르쳤지만
주머니에는 약이 없으니 나이를 늘릴 수 있으랴?
용은 저무는 한 해가 근심스러워 깊은 골짜기에 숨고
학은 갠 가을이 기꺼워 푸른 하늘로 오르네.
손으로 누런 국화를 꺾고 잠시 그저 한 번 취하는데
옥 같은 님은 구름과 안개 너머에 있네.
客心今日轉凄然　　臨水登山瘴海邊
腹裏有書還誤國　　囊中無藥可延年
龍愁歲暮藏深壑　　鶴喜秋晴上碧天
手折黃花聊一醉　　美人如玉隔雲烟

후에 선생의 유풍(遺風)을 사모하여 그 대(臺)를 포은대(圃隱臺)라고 이름 짓고, 대의 남쪽에 사당을 세워, 문원공(文元公) 회재(晦齋) 이언적(李彦迪) 선생과 문목공(文穆公) 한강(寒岡) 정구(鄭逑) 선생을 배향(配享)하여 숭모(崇慕)하였다. 세월이 오래 흐르니 옛 대(臺)는 황량(荒凉)하게 되고 남긴 일은 징험(徵驗)할 수 없게 되었다. 선생의 대(臺)를 우러러보며 감모(感慕)하는 마음이 있어서 비석(碑石)을 세워 남긴 일을 새긴다. 외람됨을 무릅쓰고 남긴 운자(韻字)로 시를 지어 감히 길이 사모하는 뜻을 드러내려고 한다.

바른 학문의 사종(師宗)으로 은혜가 넓은데
행단(杏壇)[41] 곁에 연원(淵源)과 줄기가 분명하네.
단군(檀君)과 기자(箕子)의 옛 나라는 삼천리이고
염락(濂洛)[42]의 법도와 문장이 오백년이네.
충의(忠義)가 기강을 받쳐 해와 달이 빛나고
도심(道心)이 지극하게 서서 못과 하늘을 꿰뚫네.
반계(磻溪) 가에서 기풍을 듣고 사모하는데
옛날처럼 높은 대(臺)에서는 저문 연기가 피어나네.
正學師宗眷浩然　　的沿源脉杏壇邊
檀箕古國三千里　　濂洛儀文五百年
忠義扶綱昭日月　　道心立極徹淵天
聞風向慕磻溪上　　依舊高臺出暮烟

숭정(崇禎) 후 다섯 번째 을유(고종 22년, 1885) 9월 9일에 연안(延安) 송찬규(宋璨奎)가 두 번 절하고 삼가 짓다.

흐르는 물과 높은 산에 기운이 상쾌한데
옛 대(臺) 곁에 선생이 자취를 남겼네.
도심(道心)은 정일(精一)하여 미래의 학문을 열었고
충의(忠義)는 굳고 곧아 영원히 미치리.
골짜기 속 돌아가는 구름에 용이 구렁에 숨고

41) 杏壇은 학문을 가르치는 곳이다. 孔子가 杏壇 위에 앉고 제자가 그 곁에서 강학한 데서 유래된 것이다. 원래 杏壇은 중국 山東省 曲阜縣의 孔子廟 앞에 있다.
42) 濂洛은 중국 宋代 性理學을 興起시킨 周敦頤(1017~1073)와 程顥(1032~1085)・程頤(1033~1107), 또는 이들에 의해 이루어진 성리학적 학풍을 가리키는 말이다. '濂'은 주돈이를 가리키는 것으로 그가 道州 營道縣 濂溪[현재의 湖南省]에 살았기 때문에 號를 濂溪라고 했고, '洛'은 정호・정이 형제를 가리키는 것으로 그들이 河南省 洛陽縣 사람들이기 때문이다.

절벽 사이 밝은 달에 학이 하늘로 나네.
누런 국화 핀 중구일(重九日)에 올라와 보니
청량(淸凉)한 경치 속에 새벽 연기가 걷히네.

流水高山氣爽然　　先生遺躅古臺邊
道心精一開來學　　忠義堅貞亘永年
洞裏歸雲龍隱壑　　壁間明月鶴飛天
黃花九日登臨地　　晩景淸凉捲曉烟

안동(安東) 권필운(權珌運)이 두 번 절하고 삼가 짓다.[43]

이 비문에 새겨진 포은 정몽주의 시는『포은집』권2에〈언양에서 구일에 회포가 있어 유종원의 시에 차운하다(彦陽九日有懷 次柳宗元韻)〉라는 제목으로 실린 작품이다.

정몽주는 고려 우왕(禑王) 원년(1375) 6월에 성균관대사성(成均館大司成)이 된 후, 친원(親元)을 주장하는 이인임(李仁任)이 원(元)에서 보낸 사신을 맞으려는 것을 보고, 박상충(朴尙衷, 1332~1375)·김구용(金九容, 1338~1384) 등 십여 명과 글을 올려 다투었고, 대간(臺諫)에서도 이인임을 논핵(論劾)하였으나 권신(權臣)들이 간관(諫官)들이 재상을 논핵한 것이 세밀하지 않다고 생각하여 모두 하옥(下獄)하고 장류(杖流)하였는데 정몽주도 죄를 얻어 언양(彦陽)에 유배되었다가 1377년 3월에 송경(松京)으로 돌아갔다는 연보(年譜) 및 행장(行狀)의 기록과,[44]『고려사(高麗史)』권117,「열전(列傳)」권30,〈정몽주(鄭夢

43)〈圃隱臺永慕碑〉: 圃隱鄭先生 諡文忠公 倡明道學爲東方理學之宗 獨行三年喪 三魁三場 遂擢第一 奉使日本 夷人感德 辨誣王庭 天子嘆息 謫宰之時 登盤龜臺 重九日有感懷詩 (중략) 後慕先生之遺風 名其臺曰圃隱臺 立廟於臺之南 配文元公晦齋李先生 文穆公寒江鄭先生 以崇慕矣 歲月寢久 古臺荒凉 遺事無徵 瞻仰先生之臺 有感慕之心 立石而銘遺事 冒猥而撰遺韻 敢效永慕之義 (중략) 崇禎后五乙酉九月初九日 延安宋璨奎再拜謹撰 (중략) 安東權珌運再拜謹撰

44) 鄭夢周,『圃隱集』에 부록된「年譜攷異」에는 (洪武) 八年乙卯 禑一年에 "會北

周)〉에 "지윤(池奫)과 이인임(李仁任)이 깊이 꺼려서 (정몽주를) 폄출(貶出)하여 언양에 유배하여 2년만에 거주를 편리하도록 할 것을 허락하였다."는 기록[45]으로 보아, 정몽주는 1375년 후반기부터 1377년 3월까지 언양에 유배되어 있었다. 따라서 이 시는 1376년 중구일(重九日)에 언양 반구대에 올라가서 지은 시임을 알 수 있다.[46]

그리고 이 비문에 실린 송찬규(宋璨奎)와 권필운(權珌運)의 시는 정몽주의 시에 차운하여 그의 도덕과 행의(行義)를 사모하면서 그의 발자취가 남은 이곳을 찾게 된 감회를 그린 작품들이다.

### 2) 반구대 주변의 정자들

반구대 주변은 산과 물이 깨끗하고 맑은 천혜의 절경이다. 따라서 이곳에는 수경정(修敬亭) · 집청정(集淸亭) · 모은정(慕隱亭) 등 정자가 있어서 시인 묵객(詩人墨客)들이 시를 읊으며 자연을 완상(玩賞)하는 곳이기도 하였다. 수경정은 현재 없어지고, 집청정과 모은정은 아직까지 남아 있어 지나간 자취를 어느 정도나마 짐작하게 해 준다. 또 반구대를 감싸고 흐르는 대곡천(大谷川)[위에서 살펴본 〈반계서원유

---

元遣使來 李仁任又欲迎之 先生如朴尙衷金九容等十餘人上書爭之 臺諫亦論劾李仁任 權臣以爲諫官論宰相非細故也 皆下獄杖流 先生亦得罪流彦陽"라는 기록이 있고, 九年丙辰에는 "先生在彦陽貶所"라는 기록이 있으며, 十年丁巳에는 "三月先生還京"이라는 기록이 있다.(『韓國文集叢刊』 5, 606~607면 참조) 또 〈行狀〉에도 "乙卯北元遣使來 其詔有慢語 權臣李仁任池奫欲復事元 議迎其使 公與文臣十數人抗章論列 請却不納 詞甚剴切 池李深忌 貶公彦陽 餘悉流遠州 踰年賜環"이라는 기록이 있다.(같은 책, 633면 참조)

45) 『高麗史』 권117, 「列傳」 권30, 〈鄭夢周〉에 "池李深忌之 貶流彦陽 二年許 任便居住"라는 기록이 있다.

46) 앞의 주석에서 보인 九年丙辰 "先生在彦陽貶所"라는 기록의 細註에, "공의 문집에 〈언양에서 구일에 회포가 있어 유종원의 시에 차운하다〉라는 시가 있다.(公集有彦陽九日有懷 次柳宗元韻)"라는 기록이 있어서 이것을 확실히 알 수 있다.

허비(磻溪書院遺墟碑)〉와 〈포은대영모비(圃隱臺永慕碑)〉에 따르면 반계(磻溪)라고도 하였다]을 따라가면 수려한 경치가 끝없이 펼쳐지기 때문에, 반구대 지역 이외에도 여러 정자들이 있었다. 그 가운데 대표적인 것들이 백련정(白蓮亭)[또는 『울산읍지』 등에서는 수옥정(漱玉亭)이라고도 하였는데, 지금은 대개 백련정이라 부르고 있다.]과 송천정(松川亭)이 그것이다.

(1) 집청정

숙종(肅宗) 39년(1713) 경주 최씨 가문의 최신기(崔信基)가 건립한[47] 집청정은 언양읍에서 대곡리로 들어가면서 반구대 바로 북쪽에 있는데, 아직까지 그 모습을 제대로 유지하고 있다. 집청정이라는 편액 이외에도 정면에서 바라볼 때 우측에는 청류헌(聽流軒)이라는 편액이 있고 좌측에는 대치루(對峙樓)라는 편액이 있어서, 이 정자가 흐르는 물소리를 듣기[聽流]에 좋을 뿐만 아니라 높은 언덕 즉 반구대(盤龜臺)를 마주하고 있음[對峙]을 금방 알 수 있다. 정자에 올라보면, 반구대의 거북 머리 형상에 해당하는 언덕이 눈앞에 마주 보이고, 눈 아래에는 맑은 대곡천의 물이 수정처럼 푸르게 펼쳐져 있다.

이 정자에는 〈집청정중건기(集淸亭重建記)〉와 〈집청정중건상량문(集淸亭重建上樑文)〉 이외에도 13수의 한시(漢詩)가 5개의 시판(詩板)에 새겨져 있어, 예전의 선비들이 이 정자에 모여 시주(詩酒)로 즐기며 놀았던 풍류의 일단을 엿볼 수 있게 해 준다.

1933년 종질세손 최현채(崔鉉埰)가 쓴 〈집청정중건기〉에 따르면, 이 정자는 원래 운암(雲庵) 최신기가 포은 정몽주가 한 번 시를 쓴 후 이름난 구역이 천고(千古)에 깊이 감추어진 것을 애석히 여겨 반구대의 북쪽에 세워 집청정이라 하고, 창고와 부엌을 두어 자기의 본성을 지

47) 柳宜健, 〈集淸亭重新記〉(『花溪集』 권9)에서 창건 연대를 '崇禎紀元後八十六年'이라고 하였다.

키고 수양[藏修]할 수 있는 별업(別業)을 갖춤과 동시에 벗들이 강마(講磨)하는 장소로 삼았던 곳이다.[48] 세월이 오래되어 퇴락한 것을 방손(旁孫) 최장식(崔章植)과 최영수(崔泳守) 두 사람이 계(契)를 모아 힘을 많이 쓰고, 9세손 최준식(崔俊植, 1909~1979)이 재물을 모아 완성한 것이다.[49] 이렇게 하여 300년 동안 이어진 아름다운 자취와 남긴 향기를 찾아서 좇을 수 있다면 이것은 효성스러운 생각이 차마 그것을 황폐하게 하지 못한 뜻이라고 최현채는 평가했다.[50]

1932년 수헌거사(脩軒居士) 최현필(崔鉉弼)이 쓴 〈집청정상량문〉에 따르면, 이 정자는 이백년 동안 장수(藏修)한 곳인데 차마 황량해져서 없어지게 할 수는 없다고 하여 중건하게 되었다고 한다.[51] 집청정 주인 운암(雲庵) 최공은 성세(晟世)의 일민(逸民)으로 옛 도읍[舊都, 경주]의 호걸스런 선비였는데, 아름다운 모란(牡丹)[52] 같은 부귀에 뜻을 끊고 명리(名利)를 멀리하였고 소보(巢父)와 허유(許由)[53]에 비겨서 맑고 한가로운 경계(境界)를 차지하였으며, 연화산(蓮華山)[54] 아래에 땅을 잡고 반구동(盤龜洞) 가운데에서 모임을 맺어서, 아침저녁으로 기거하며 손님과 벗들을 맞고 보냈으니, 한가로움 속에 해와 달은 길이 걸려 있었고 속세의 부귀는 바라는 바가 아니었다고 한다.[55] 그렇

48) "昔我雲庵先生崔公 愛圃翁之一經品題 惜名區之千古秘閉 起亭於臺之陰 而扁其楣曰集淸 經廩廨庖廚 備藏修之別業 爲朋友講磨之所."(崔鉉埰, 〈集淸亭重建記〉 扁額 중에서)

49) 旁孫章植泳守二君 竪契拮据以底于成 多其力也 九世孫俊植鳩財 僝工完成.(위와 같음)

50) 三百年美蹟遺芬 如可尋逐 眞孝思不忍荒廢之意也.(위와 같음)

51) 二百年藏修之墟 豈可忍荒而忍廢.(崔鉉弼, 〈集淸亭重建上樑文〉 편액 중에서)

52) 姚魏는 姚黃과 魏紫를 가리키는데, 모두 牡丹의 일종이다. 중국 洛陽의 요씨와 위씨의 집에서 모란의 名花가 나왔기 때문에 일컫는 말이다.

53) 巢父와 許由는 중국 堯임금 때의 高士로 산 속에 숨어 勢利를 돌아보지 않고 살았는데, 소보는 나무 위에 집을 지어 거기에서 자고 허유는 箕山에 들어가 숨었다. 요임금이 천하를 맡기고자 하여도 따르지 않았다.

54) 蓮花山 또는 蓮華山은 울산광역시 울주군 두동면 은편리와 언양읍 대곡리 사이에 있는 높이 531m의 산이다.

게 하여 다시 세운 집청정의 주변 경관을 묘사한 부분을 인용하기로 하겠다.

들보 동쪽을 바라보니
향로봉(香爐峯) 아래에는 못에 낚시하는 늙은이로다.
적막한 저녁 구름은 덧없이 바위에 머무는데
솥을 바친 장대 줄에는 아직도 바람이 남아 있네.
들보 남쪽을 바라보니
높은 포은대(圃隱臺)에는 푸른 기운이 방울지는구나.
선생이 나라를 걱정하는 마음을 상상하며
누런 국화를 한 송이 꺾고 술잔을 머금는다.
들보 서쪽을 바라보니
천 길 도암(桃岩)이 하늘과 가지런하다.
고기잡이는 다시 근원을 찾는 길을 찾는데
가운데에 그윽한 집이 있어 눈이 미혹되지 않는구나.
들보 북쪽을 바라보니
연화산(蓮花山) 봉우리가 깎은 듯이 솟아 북극성을 떠받치는구나.
바라나니 군자(君子)를 좇아 주렴계(周濂溪)[56] 선생을 이야기하고
은근히 손가락을 가리키며 나라의 문을 열고 싶구나.
들보 위를 쳐다보니
팔월의 밝은 달에 금빛 물결이 광활하구나.
지금의 사람이 옛날의 빛을 보는 듯하여
같은 기상(氣像)이 가지런히 이어짐을 깨닫는다.

---

55) 恭惟集淸亭主人雲庵崔公 星世逸民 舊都豪士 志絶姚魏透到名利關頭 跡擬巢由占取淸閒境界 相土於蓮華山下 結社又盤龜洞中 (중략) 起居朝暮 迎送賓朋閒中之日月長懸 塵間之富貴非願.(崔鉉弼, 〈集淸亭重建上樑文〉 편액 중에서)

56) 濂翁은 周濂溪로서 周敦頤(1017~1073)를 가리킨다. 周敦頤는 중국 宋나라의 儒學者로 字가 茂叔이다. 그는 營道縣 濂溪 가에서 世居하였으므로 세상에서는 濂溪先生이라 부른다. 『太極圖說』·『通書』 등을 지어 理氣學의 開祖가 되었다. 諡號는 元公이다. 程顥·程頤 형제는 그의 제자이다.

들보 아래를 굽어보니
푸른 시내가 푸른 절벽의 틈을 둘러 나오는구나.
마음을 맑게 하고 귀를 씻어 갠 물결을 굽어보니
밤낮 없이 참된 근원이 솟구치고 있구나.

拋樑東　　香爐峯下釣潭翁
暮雲寂寞空留石　　扶鼎竿絲尙有風
拋樑南　　圃隱高坮翠滴嵐
想像先生憂國念　　黃花一折酒杯含
拋樑西　　桃岩千仞與天齊
漁郎更覓尋源路　　中有幽居眼不迷
拋樑北　　蓮峰削出撐宸極
願從君子說濂翁　　指掌殷勤開闔國
拋樑上　　中秋明月金波廣
今人猶見古時光　　認得齊連同氣像
拋樑下　　碧流繞出蒼屛罅
澄心洗耳俯晴瀾　　混混眞源無晝夜

정자에서 바라본 동서남북과 상하의 경관과 느낌이 진솔하게 표현되어 있어서 이 정자의 모습을 짐작해 볼 수 있을 것이다.

다음에는 이 정자에 걸린 편액 중에 있는 한시 몇 수를 살펴보기로 하겠다. 우선 이 정자를 처음 세웠던 최신기의 후손들이 지은 시는 대개 조상의 덕을 칭송하는 내용이 중심을 이룬다.

우리 선조께서 그 해에 이곳을 잡은 게 기이한데
바위는 창과 같고 돌은 거북 같네.
흰 구름의 그림자는 세 선생을 모신 집을 호위하고
흐르는 물소리는 상산사호(商山四皓)의 바둑판을 적시네.
옥 같은 달은 지난날처럼 흐릿하고
유학자의 풍도(風度)는 이전처럼 빛나네.

변해 버린 지난날을 누구에게 물으랴?
온갖 느낌이 가득한데 꿈속에도 더디네.
吾祖當年卜此奇　　岩如槊戟石如龜
白雲影護三賢社　　流水聲涵四皓棋
瓊月朣朧依舊日　　儒風彬蔚已前時
滄桑往事憑誰問　　百感弸中夢寐遲

선조께서 정자를 세우니 모습마다 기이한데
산은 나는 봉황 같고 돌은 웅크린 거북이네.
고요히 흐르는 물 걸음은 멈추어 바다가 되고
평평하게 깔린 모래 무늬는 바둑판을 벌려 놓았네.
온 세상에는 누런 먼지지만 이곳은 깨끗한데
사철 어느 날인들 좋은 때가 아니랴?
지금 내가 주인이 되어 도리어 부끄러움이 많나니
앞의 아름다움을 추모하며 이어 짓는 게 더디네.
先祖起亭面面奇　　山如翩鳳石蹲龜
之玄水步停爲海　　平鋪砂紋列者碁
大界黃塵斯淨界　　四時何日非良時
今吾作主還多愧　　追慕前徽繼述遲

이 시들은 모두 〈집청정차운(集淸亭次韻)〉이라는 제목으로 되어 있어서, 최신기의 원시가 있었을 것으로 보이지만, 지금 정자에는 원운(原韻)으로 된 작품이 남아 있지 않다. 앞의 시는 최신기의 6세손 최찬수(崔讚壽)의 작품이고, 뒤의 시는 9세손 최준식(崔俊植)의 작품인데, 다 같이 조상의 아름다운 언행을 본받자는 내용이 중심을 이루고 있다. 특히 뒤의 시를 지은 최준식은 집청정을 중건한 인물이기 때문에, 조상의 유풍(遺風)을 계승해야 한다는 책임감이 있음을 아울러 밝히고 있다.

특별히[57] 풍연(風烟)[58]은 여기가 최고인데
신선의 거처[59]는 깊숙하여 온통 산이 두르고 있네.
거북이 엎드린 늙은 바위는 높은 난간에 닿고
용이 누운 깊은 못은 놀라게 하는 물굽이에서 뿜어지네.
흔들리는 낚싯줄은 달빛에 드리워서 당기고
느긋한 신세는 구름을 벗하여 한가롭네.
뭇 신선들의 청한(淸閑)한 복을 그대가 누릴 수 있으니
속세를 벗어난[60] 높은 풍도(風度)[61]를 나는 따르고 싶네.

特地風烟最此間　　洞天幽邃盡環山
盤龜老石當危檻　　龍臥深潭噴駭灣
裊裊竿絲垂月引　　悠悠身勢伴雲閑
列仙淸福君能享　　霞外高標我欲攀

이 시는 진사(進士) 이덕표(李德標)가 쓴 작품인데, 시의 내용으로 보아 정자의 주인 최신기와는 친구사이였던 것으로 보인다. 『사마방목(司馬榜目)』에 따르면, 이덕표는 숙종(肅宗) 25년(16995) 식년시(式年試)에서 진사가 된 인물이다. 그는 이 시에서 집청정 주인의 친구로서 주인이 누리는 청복(淸福)을 부러워하는 심경을 잘 드러내고 있다.

산은 어찌하여 수려하고 돌은 어찌하여 기이한가?
연꽃처럼 깨끗하고 거북인 양 엎드려 있네.
포은(圃隱) 노인[62]은 옛날에 일찍이 지팡이에 기대고
신선 늙은이는 그날 바둑알을 거두지 않았네.

---

57) 特地는 '특별히', '일부러'의 뜻으로 地는 虛字이다.
58) 風烟은 멀리 보이는 공중에 서린 흐릿한 기운이다.
59) 洞天은 道敎에서 말하는 신선의 거처로, 別天地를 뜻한다.
60) 霞外는 雲外 또는 높고 먼 곳으로, 세상과 떨어지거나 속세를 멀리 떠남을 뜻한다.
61) 高標는 높은 風度, 고상한 풍채나 품성이다.
62) 圃老는 圃隱 鄭夢周를 높여 부르는 말이다.

꽃 핀 뒤에는 병풍바위에 비단 장식이 이루어지고
달 뜬 때에는 골짜기에 구슬들이 늘어서네.
게다가 맑은 시내에는 옥이 부딪치며 우니
저녁 햇살 속에 귀 기울여 듣느라고 내려옴이 늦어지네.
山何秀麗石何奇　　淨似蓮華伏似龜
圃老昔年曾倚杖　　仙翁當日不收棋
屛粧錦繡花開後　　壑列瓊瑤月出時
更有淸溪鳴戛玉　　夕陽傾聽下來遲

반구대 골짜기를 다시 찾으니
옛날처럼[63] 작은 정자가 그대로 있네.
신선이 사는 곳이라 한없이 좋은데
구름 걸린 산은 희고 또 푸르네.
再訪盤龜洞　　依然舊小亭
仙區無限好　　雲山白又靑

조물(造物)이 끝내 숨기기 어려워서
반구대에 이 정자를 세웠네.
공손하게 대응하여[64] 살피고 난 뒤에는
산의 빛깔이 꿈속에도 푸르리.
造物終難秘　　盤龜此有亭
祗應看過後　　山色夢中靑

이 시들은 차례대로 진사 유의건(柳宜健), 진사 신한운(申漢雲), 지평(持平) 손덕승(孫德升)의 작품인데, 모두가 이 정자가 위치한 반구대 주변의 아름다운 경관을 예찬하고 있다. 유의건의 시에서는 정몽주와 이 정자의 주인의 풍류를 끌어오고 있기는 하지만 이것 또한 반구

63) 依然은 前과 다름없는 모양이다.
64) 祗應은 공손하게 살피고 대응함이다.

대 주변의 아름다운 자연 경관을 드러내기 위한 방편임이 분명하다고 하겠다.

한편, 집청정에는 집청정이 세워지기 전에 이미 언양에 유배 왔다가 반구대에 올라와서 시를 지은 권해(權瑎, 1639~1704)의 작품으로부터 19세기 말엽에 이르기까지 집청정을 찾아왔던 시인 260명 내외의 한시 406수를 수록한 『집청정시집(集淸亭詩集)』(필사본)이 전해지고 있는데, 이 시집은 집청정 건립자인 최신기의 9세손 최준식이 정리한 것이다.

### (2) 모은정

모은정은 반구서원(盤龜書院)의 뒤편에 있는 정자이다. 이 정자는 반구대에서 조금 떨어져 있기는 하지만 포은 정몽주를 사모한다는 의미에서 '모은(慕隱)'이라 이름을 지은 것처럼 포은을 배향하고 있는 반구서원의 뒤쪽에 위치하고 있어서 명칭과 그 정신의 조화를 보여주고 있다.

1922년 장석영(張錫英)이 쓴 〈모은정기(慕隱亭記)〉에 따르면, 이 정자는 이정혁(李正赫)이 선친의 뜻에 따라 포은의 자취가 남아 전하는 곳에 지은 것으로 '모은정'이라는 이름도 그의 선친이 명(命)한 바라고 했다. 일곱 아들을 두었던 그의 아버지는, 가르침이 법도에 벗어나지 않았고 창연(蒼然)하게 고가(古家)의 빛이 있었지만 그는 세속에 끼어들지 않고 모두 반구대의 산과 물 사이에서 은거(隱居)하고자 구린(龜隣)이라 자호(自號)하고 작은 집을 지어서 그 평생을 스스로 즐기려고 하였으나 끝내 그 뜻을 이루지는 못하였다고 한다.[65] 이정혁은 임진왜란 때의 의병장 퇴사재(退思齋) 이응춘(李應春, 1522~1592)의

---

65) 有子七人 敎不出於規矩之外 而蒼然有古家色 不與世俗 而俱化隱於盤龜山水之間 自號曰龜隣 將結茅數椽 自娛其平生 而竟不就.(張錫英, 〈慕隱亭記〉 편액 중에서)

후손인데, 이응춘의 행적은 『울산읍지』 권2, 「충의(忠義)」에 실려 있다.

> 이응춘(李應春)은 자(字)가 태영(泰英)이고, 호(號)가 퇴사재(退思齋)이며, 청안군(淸安君) 양길(陽吉)의 후손이다. 임진왜란 때 병사 600여 명을 모아 도산(島山) 공암(孔巖)에서 싸워 참획(斬獲)한 것이 매우 많았다. 갑오년(선조 27년, 1594) 10월에 또 개운포(開雲浦)에서 싸울 때 적의 세력이 더욱 강성해지자 글을 남겨 아들을 경계하고 선조의 제사를 부탁하고는 진중(陣中)에서 순절하였다. 선무원종훈(宣武原從勳) 3등에 책록되었고, 벼슬은 부장(部將)이었다. 순조(純祖) 임진년(1832)에 병조참판(兵曹參判)에 추증되었다.66)

이때 함께 참전하였던 아우 우춘(遇春)·봉춘(逢春)과 아들 승금(承金)의 행적도 『울산읍지』 「충의」에 기록되어 있는 것을 보면 이들 형제와 부자는 임진왜란 때 의병으로서 왜적을 무찌르는 데 적극적으로 참여하였음을 알 수 있다.

한 가지 흥미로운 점은 장석영이 〈모은정기〉를 쓴 1920년대에는 이 정자에서 이 지방 선비들이 모여 시회(詩會)를 열어 한시를 창작하는 일이 활발하게 전개되었다는 사실이다. 장석영은 이때의 모습을 묘사하기를, "이 날 의관(衣冠)을 갖춘 수백 명이 모여 정자 위에서 예를 차리고, 경전(經傳)을 이야기하고 예의(禮儀)를 논하였으며, 또 포은의 시에 차운하여 포은을 사모하는 뜻을 붙였다."67)고 했다. 이 무렵뿐만 아니라 1940~50년대까지 이 지역에서는 선비들이 모여 정자를 순례

66) 李應春 字泰英 號退思齋 淸安君陽吉后 壬辰收兵六百餘人 戰于島山孔巖 斬獲甚多 甲午十月又戰于開雲浦 時敵勢愈盛 遺書戒子 託以先祀 殉節于陣 錄宣武原從勳三等 官部將 純祖壬辰 贈兵曹參判.(『蔚山邑誌』 권2, 「忠義」, 27~28葉)

67) 是日也 衣冠之會數百人 行士見禮於亭上 遂與之談經論禮 又次韻圃翁之詩 以寓慕隱之義.(張錫英, 위의 편액 중에서)

하며 며칠씩 시를 지으며 어울렸다고 한다. 집청정, 모은정, 작천정(酌川亭), 송천정(松川亭) 등 이 주변에 산재한 정자에서는 흔히 있었던 일이라고 하니 이 지역의 선비들이 즐긴 풍류의 일단을 짐작해 볼 수 있다.

다음에는 이 정자에 걸린 편액들 중의 한시 몇 수를 살펴보기로 하겠다. 우선 정자를 지은 이정혁이 경신년(1920)에 쓴 〈모은정원운(慕隱亭原韻)〉을 보자.

> 이름난 구역을 아껴야 고금(古今)에 떨친다면
> 우리 선친은 몇 번이나 산과 물로 발걸음을 옮겼던가?
> 삼층의 대(臺)는 선현(先賢)의 발자취에 서 있는데
> 몇 줄기의 산에는 태고(太古)의 마음을 감추었네.
> 감히 "작은 정성으로 기꺼이 집을 짓는다."라고 말하는데
> 다만 남기신 말씀을 이어 높은 언덕을 헤쳤을 뿐이네.
> 자손 대대로 다함이 없는 뜻으로
> 끊임없이 서로 전하여 옛 가업(家業)을 찾아야 하리.
> 若愛名區擅古今　　吾翁杖屨幾登臨
> 三層臺立先賢躅　　數笏山藏太古心
> 敢曰微衷成肯室　　秖承遺囑拓高岑
> 孫孫子子無窮意　　勿替相傳舊業尋

이 시는 이정혁이 선친의 뜻을 이어받아 그 정신과 가업(家業)을 자손 대대로 이어갈 것을 희망하는 내용의 작품이다. 스스로의 공을 내세우기보다는 선친의 뜻을 잇는다는 긍구긍당(肯構肯堂)의 정신을 앞세워 자손들도 이 뜻을 어기지 않기를 바라는 마음을 드러내고 있다. 다음 작품들은 이정혁의 시에 차운한 것들로서 〈삼가 모은정 시에 차운하다(謹次慕隱亭韻)〉라는 제목을 달고 있다.

부친의 뜻을 이어 경영함이 마침 지금부터 시작인데
반구대의 바위가 빼어난 곳에 날아갈 듯이 임하였네.
반천년(半千年) 동안 오랜 것은 포은 선생의 유지(遺址)요
십이경(十二景)이 새로운 것은 멀리 사모하는 마음이네.
땅에 가득히 빛나는 풍경은 푸름 사이에 떠 있고
하늘에 가득히 밝은 달은 갠 봉우리로 오르네.
이름난 구역 열두 곳이 모두 이와 같은데
현인(賢人)의 성품이 있으니 찾을 수 있으리.
肯構經營適始今　　臺岩絶處翼然臨
半千年古先生址　　十二景新遠慕心
滿地光風浮碧間　　一天明月上晴岑
名區六六皆如此　　性有賢人可得尋

서장호(徐章顥)의 이 시는 정자의 주인인 이장혁이 부친이 포은을 사모하여 정자를 지은 뜻과 반구대 주변의 아름다운 경관을 그리고 있다. 이 시를 통해서 보면, 반구대 주변의 아름다운 경치 12군데를 가려 반구대 12경을 꼽고 있었다는 사실을 알 수 있으나 구체적으로 무엇을 지칭하고 있는지는 확인하기 어렵다.

깎아지른 저 반구대는 고금(古今)에 오랜데
새로운 정자가 하물며 다시 날아갈,듯이 임하였음에랴?
세 현인은 일찍이 천추(千秋)의 자취를 남겼고
일곱 아들이 서로 한 아버지의 마음을 이었네.
물은 곱고 산은 환하여 큰 도(道)에 맞고
구름은 오고 새는 가서 높은 봉우리에 오르네.
학이 나는 하늘과 용이 숨은 골짜기의 다함없는 뜻은
높고 깊음이 몇 길이나 되는지 모르겠네.
截彼盤龜尙古今　　新亭況復翼然臨
三賢曾有千秋蹟　　七子相承一考心

水麗山明中大道　　雲來鳥去上高岑
鶴天龍壑無窮意　　崇奧不知幾仞尋

성양(星襄) 하석희(河錫熙)의 이 시는 정몽주·이언적·정구의 자취가 남은 이곳에 아버지의 뜻을 이어 정자를 세운 일곱 아들의 지극한 정성을 기린 작품이다. 반구대 절벽에서는 지금도 이정혁(李正赫) 형제의 이름을 찾아볼 수 있는데, 같은 글씨체로 된 이 이름은 판판한 바위에 뚜렷이 새겨져 있다. 맨 위에 이윤화(李崙和), 그 아래 이용필(李容馝)의 이름이 있고, 또 그 아래에 이정혁(李正赫)·이상혁(李祥赫)·이봉혁(李鳳赫)·이능혁(李能赫)·이규혁(李奎赫)·이주혁(李主赫)·이좌혁(李左赫)과 신기승(辛基承)의 이름이 나란히 적혀 있는 것으로 보아 제일 아래에 있는 8명은 같은 항렬로서 이정혁의 일곱 형제와 한 사람의 매부일 것으로 짐작되고, 이 글씨는 어느 날 이들이 한자리에 모인 것을 기념하여 바위에 새겨 놓은 것으로 보인다.

이 밖에도 이 정자에는 몇 수의 한시가 더 걸려 있는데, 대체로 위에서 살펴본 시들과 마찬가지로 포은을 사모한 선친의 뜻을 이은 아들의 정성과 주변 경관의 아름다움을 그리고 있다고 할 수 있다.

### (3) 백련정

백련정(白蓮亭, 일명 潄玉亭)은 반구대에서 대곡천을 따라 올라가서 두동면 천전리 각석(刻石)을 훨씬 지난 곳에 위치해 있던 정자이다. 원래 정자가 있던 울주군 두동면 천전리 방리(芳里, 잠방골)마을은 언양에서 경주로 통하는 35번 국도를 따라가다가 인보리[두서면 면사무소 소재지]에서 우측으로 난 길로 꺾어서 들어가는 한적한 산골 마을이었다. 마을 남쪽 끝에 위치한 정자는 높다랗고 깎아지른 듯한 기암괴석으로 앞쪽이 둘러싸여 있는데 그 앞에는 자갈밭이 깔리고 맑기 그지없는 계곡물이 흐르고 있어서 경관이 매우 청정하고 수려한 곳이었다. 정조(正祖) 8년(1784) 생원 도와(陶窩) 최남복(崔南復)[68]이 여기에 정자를 지어 백련서사(白蓮書舍)라고 명명(命名)하고 후생(後生)의 교학(敎學)에 힘써 왔으나 그 후 흥선대원군(興宣大院君)의 서원철폐와 현대 문물에 밀려 교육기관으로서의 기능을 잃어버리게 되었다. 이 정자에는 『도와집(陶窩集)』의 판목(版木)이 보관되어 있었는데 울산광역시의 식수원을 확보하기 위한 대곡댐의 건설로 인하여 이곳이 수몰됨에 따라 2001년에는 이 건물이 헐려서 울주군 두동면 봉계리 산기슭에 있는 초락당이라는 한의원 내에 옮겨져 있다. 현재는 계곡과는 아무런 연관이 없는 언덕 위에 정자만 덩그러니 옮겨놓은 상태이기 때문에 정자와 수려한 자연이 어우러졌던 원래의 모습은 찾아볼 길이 없게 되었다. 고아한 정자와 그 앞을 흐르는 개울과 그 주변에 펼쳐진 바위 및 수목의 조화를 이제 눈으로 확인할 수는 없게 되었지만 현전하는 한시를 통해 그 주변의 승경을 짐작할 수 있다.

이 정자에는 정면에서 보아 바깥에 좌측부터 만대루(晩對樓)·수옥정(漱玉亭)·백련서사(白蓮書舍)·우몽헌(偶夢軒)이라는 네 개의 현판이 있고, 안쪽에도 은구헌(隱求軒)·임연당(臨淵堂)·화음정사(華陰精舍)·역락재(亦樂齋)라는 네 개의 편액, 한시를 기록한 여러 시판(詩板)이 걸려 있어서 옛날부터 이 정자는 여러 이름으로 불려 왔음을 알 수 있다. 오늘날 백련정이라 불리는 것은 '백련서사'라는 명칭에서 연유하고 있으며, 백련이라는 말은 정자 앞의 시내를 백련담(白蓮潭)[또는 태을담(太乙潭)·옥련담(玉蓮潭)이라고도 함]이라 일컬어진 데에 말미암은 것이다. 이 정자를 건립한 뒤 최남복은 「연사잡영(蓮社雜詠)」이라는 제목의 연작시를 제작하였는데 그것들은 각기 〈수옥정(漱玉亭)〉·〈낭음대(朗吟臺)〉·〈연어대(鳶魚臺)〉·〈정절대(靖節臺)〉·

68) 『司馬榜目』에 따르면, 최남복은 기묘년(1759)에 태어났고 字가 景至이다. 경주에 거주하는 崔璸의 아들로 正祖 16년(1792) 式年試에서 3등으로 합격하여 生員이 된 인물로서, 아우로는 崔馨復·崔曦復이 있었다.

〈찬미대(攢眉臺)〉·〈사군봉(使君峯)〉·〈귤은대(橘隱臺)〉·〈도화동문(桃花洞門)〉·〈녹문(鹿門)〉·〈자하봉(紫霞峯)〉이라는 제목의 10수로 구성되어 있는 것으로 보아 정자의 주변이 매우 아름다운 자연물로 가득 채워져 있었음을 짐작할 수 있다.

이 정자에는 기정(起亭)의 유래를 알 수 있는 기(記)나 상량문(上樑文)과 같은 글이 남아 있지 않아 언제 중수되었는지 그 실상을 알 수 없다. 그러나 이 정자에 걸려 있는 시들만 보아도 이 정자가 오랫동안 수많은 지역 선비들의 시회 장소로 이용되었음을 짐작할 수 있다. 우선 이 정자를 지어 장수지소(藏修之所)로 삼았던 최남복의 시 〈수옥정낙성(潄玉亭落成)〉을 보자.

> 아홉 굽이가 깊고 깊은데 한 가닥 길이 휘감아 돌고
> 안개와 놀이 많은 이곳이 바로 정자라네.
> 가랑비에 구름 낀 병풍바위는 참모습을 드러내고
> 하늘을 적시는 거울 같은 물은 정면을 열었네.
> 늘그막에 기이한 곳에 의탁하여 옛 자취를 생각하고
> 처음부터 담박한 듯하여 그윽한 회포가 기껍네.
> 한가로이 노닐다가 장수(藏修)하는 뜻을 저버릴까 두려우니
> 홀로 아름다운 구슬을 품고 세월의 빠름을 느끼네.
> 九曲深深一逕回　　烟霞多處是亭臺
> 雲屛細雨眞容出　　水鏡涵天正面開
> 晩托瓌奇思晦跡　　初如淡泊愜幽懷
> 優遊恐負藏修志　　獨抱瑤徽感歲催

무인년(순조 18년, 1818) 중추(仲秋)에 주인 도와거사(陶窩居士)가 썼다고 한 이 시는, 정자 주변의 아름다운 경관을 그려 낸 다음 정자를 지은 뜻이 본인의 인격의 함양과 학문의 도야에 있음을 분명히 밝히고 있다. 그러나 이런 언표(言表)는 자신의 나태함에 대한 경계의

의미를 지니는 것으로서 주변에 펼쳐진 아름다운 자연을 즐기는 풍류를 부정한 것은 아니었다. 이 점은 정자에 걸려 있는 〈백련담의 아홉 굽이 뱃노래(白蓮九曲櫂歌 幷小序)〉를 살펴보면 확인되는데, 우리는 이 시를 통하여 그가 백련담(白蓮潭) 주변의 경승을 얼마나 아끼고 즐겼는지를 충분히 짐작할 수 있다.

최남복(崔南復), 〈백련정 아홉 굽이의 뱃노래. 짧은 서문이 붙어 있다〉(〈白蓮九曲櫂歌 幷小序〉, 『陶窩集』)

무진년(순조 8년, 1808) 가을 칠월 열엿샛날에 짚으로 대나무 떼를 엮어 태을담(太乙潭)에 띄우고 아이들로 하여금 〈어부사(漁父詞)〉[69]를 이어 부르게 하였다. 소용돌이치는 물을 거슬러 굽어드니 아득히 생각나는 사람을 보지 못하는 탄식이 있었다. 손을 씻고 주자(朱子)의 〈무이도가(武夷櫂歌)〉[70]에 차운(次韻)해서 스스로 흥을 풀고, 또 함께 노닐던 여러 군자들에게 받들어 고하였다.(戊辰秋七月旣望 縛草爲筏 泛于太乙潭 使兒輩聯唱漁父詞 溯洄宛轉 逈有懷人不見之歎 盥手次武夷櫂歌韻以自遣 且以奉告同遊諸君子)

연꽃의 상서로운 빛깔에는 신령함이 숨겨져 있고
그 속에 건곤(乾坤)이 있어 만상(萬象)이 깨끗하네.
홀로 고깃배에 기대어 노를 치며 노래하니
천년 동안 푸른 물가에 전해지는 소리를 거슬러 오르네.
*원주(原註): 연화산 가운데 별천지가 있어서 참으로 은거하는 사람이 이리저리 돌아다니기에 적합하다.(蓮華山中別有天 正合隱者盤旋)
蓮華瑞色秘神靈　　中有乾坤萬象清

---

69) 〈漁父詞〉는 조선시대 십이가사(十二歌詞)의 하나로서, 漁翁의 즐거움을 그리고 있다. 고려 때부터 전해오던 12장의 장가 〈漁父歌〉를 조선 明宗 때 李賢輔가 9장으로 개작하였는데, 이 중 8장이 전해지고 있다.

70) 〈武夷櫂歌〉는 중국 宋의 朱熹 福建省에 있는 武夷山의 아홉 굽이를 노래로 읊은 것으로, 〈武夷九曲歌〉라고도 한다.

獨倚漁舟歌扣枻　　滄洲千載溯遺聲

일곡(一曲)은 층대(層臺)인데 그림 배가 겹쳐 있고
금빛 노을과 옥 같은 이슬이 갠 시내에 방울지네.
국사봉(國師峯)[71]은 보이지 않고 높은 방아가 남았는데
천둥 그친 맑은 하늘에 붉은 연기가 일어나네.
*원주(原註): 장천사[72]의 물이 나가는 곳에 국사봉이 있고, 그 아래에는 물절구가 있다.(障川寺水口 有國師峯 下有水舂)
一曲層臺疊畵船　　金霞玉露滴晴川
國師不見留雲碓　　雷薄晴空起紫烟

이곡(二曲)은 침계루(枕溪樓)[73]인데 자하봉(紫霞峯)[74]을 받아들이고
오랜 시간 절을 하니 그 얼굴이 우뚝하네.
도인(道人)과 선사(禪師)는 잠 못 들고 향을 사르고 앉으니
맑은 풍경소리 속에 수풀이 만 겹이네.
*원주(原註): 장천사의 침계루는 자하봉의 아래에 있다.(川寺枕溪樓在紫霞峯之下)
二曲溪樓納紫峯　　長時拱揖偃蹇容
道禪不寐焚香坐　　淸磬聲中樹萬重

삼곡(三曲)은 달리는 물이니 배 뒤집힘을 경계하는데
푸르고 서늘한 바위에 앉으니 하루가 일년인 듯하네.
은사를 초대하여 글을 이루니 앞길이 혼미한데
세속에 홀로 서니 뜻이 가련하네.
*원주(原註): 부도동(浮屠洞)[75]에는 위아래에 돌로 된 못이 있다. 지금

71) 國師峯은 호박소 동쪽에 있는 둔덕의 이름, 곧 국시듬이다.
72) 障川寺는 백련정 근처에 있던 절이다.
73) 枕溪樓는 障川寺에 있던 樓閣이다.
74) 紫霞峯은 장천사 뒤쪽 봉우리의 이름이다.
75) 浮屠洞은 절이 있던 골짜기라는 뜻으로, 이곳에 장천사가 있었기 때문에 불려진 이름이다. 우리말로는 '절골'일 것이다.

그 이름을 고쳐서 구도동(求道洞)[76]이라고 부른다.(浮屠洞有上下石塘 今改爲求道洞)

三曲奔流戒覆船　　蒼凉坐石日如年
賦成招隱迷前路　　獨立風埃意可憐

사곡(四曲)은 용천(龍泉)에 있는 만 길의 바위인데
이끼와 철쭉이 엉클어지고 늘어져 비치네.
신선이 신비한 금빛 속에 엄연하게 앉으니
밤 기운은 헛되이 달빛 비친 못에 환하네.
*원주(原註): 자하봉은 용천 위에 있는데, 가운데에 선녀가 단아하게 앉은 듯한 형상이 있다. 선장암이라고 부르기도 한다.(紫峯在龍泉上 中有玉女端坐形 或云仙丈巖)

四曲龍泉萬丈巖　　蘚莓躑躅映毿毿
仙人儼坐金光秘　　夜氣虛明月一潭

오곡(五曲)은 높다란 바위굴로 형세가 매우 깊숙한데
서재가 우뚝하게 성근 숲에 걸려 있네.
그 속의 참된 즐거움을 누가 알리요?
석 자의 거문고는 태고(太古)의 마음을 머금었네.
*원주(原註): 정자가 제 오곡에 있는데, 한가롭고 넓어서 아낄 만하다.(亭在第五曲 閒廣可愛)

五曲雲扃勢轉深　　書巢落落掛疎林
箇中眞樂人誰識　　三尺琴含太古心

육곡(六曲)은 쇠잔한 암자로 푸른 물굽이에 싸였는데
새벽종 소리가 덩굴풀 더미에서 울려 나오네.
감히 깨우치고 살펴 참으로 잘 깨달았다고 말하리요?

76) 求道洞은 道를 구하는 골짜기라는 뜻으로, 최남복이 이곳에 정자를 짓고 스스로 은자의 도를 구하려고 하는 뜻을 담으려고 하였음을 알 수 있다.

다만 내 마음이 잠시도 한가하지 못함을 부끄러워하네.
*원주(原註): 영귀문 밖에는 한 줄기 맑은 개울과 옥련암이 서로 마주하고 있다.(詠歸門外 一帶淸溪玉蓮庵相對)

六曲殘庵繞碧灣　　曉鍾鳴出薛蘿關
敢言警省眞工悟　　只愧吾心不暫閒

칠곡(七曲)은 이어진 산줄기로 바위가 여울에 삐죽한데
창룡(蒼龍)이 서린 모습을 물속에서 보네.
어찌하여 인간 세상에 비를 일으키지 않고
한 해가 다 가도록 무심히 푸르고 차가운 속에 누웠는가?
*원주(原註): 달관대 아래에는 상하 2개의 돌다리가 있어서, 세속에서 칠성교라고 하는데, 지금 와룡교라고 고쳐 부르기로 한다.(達觀臺下有上下石橋 俗云七星 今改爲臥龍)

七曲蜿蜿石出灘　　蒼龍隱映水中看
胡爲不作人間雨　　竟歲無心臥碧寒

팔곡(八曲)은 바위 언덕으로 잡초 길이 열려 있는데
이슬 꽃 피는 시절에 나그네가 다시 돌아오네.
물의 근원 다한 곳에 다시 뽕과 삼이 엉킨 들판 펼쳐지니
도리어 가을바람이 비를 몰아올까 두렵네.
*원주(原註): 호계의 동쪽에는 들 경치가 조금 열려 있다.(虎溪東 野色稍開)

八曲巖阿草逕開　　露花時節客重回
窮源更得桑麻野　　卻怕西風送雨來

구곡(九曲)은 소요(逍遙)라고 하는 가파른 절벽인데
널따란 평한 언덕이 긴 시내를 기르고 있네.
맑고 빈 보배로운 거울이라서 속물에 걸림이 없으니
구름 그림자와 별빛이 한 하늘에 함께 있네.

*원주(原註): 녹우담 위에는 절벽이 있는데, 이것을 소요라고 한다.(鹿友潭上 有絶壁 是謂逍遙)
九曲逍遙壁嶄然　　平坡浩浩畜長川
淸虛寶鑑無塵累　　雲影星光共一天

서시(序詩)에 해당하는 첫째 수를 제외한 나머지 9수는 각기 정자 앞에 있는 백련담 주변의 경물과 시인의 행동을 대상으로 한 심정을 여러 각도에서 표출하고 있다. 층대(層臺)・침계루(枕溪樓)・분류(奔流)・용천(龍泉)・운경(雲扃)・잔암(殘庵)・완완(蜿蜿)・암아(巖阿)・소요(逍遙)의 아홉 가지를 대상으로 하여 때로는 거기서 느끼는 아름다운 정회(情懷)를 담기도 하고, 때로는 자연 속에서 배울 점을 취하기도 하며, 때로는 자기 자신을 반성하는 계기로 삼기도 했던 것이다.

이어서 도와(陶窩)의 시에 차운한 작품을 몇 수 살펴보기로 하겠다.

아홉 굽이 맑은 개울에 길은 돌아드는데
녹문산(鹿門山)[77] 깊은 곳에 높은 대(臺)가 있네.
구름이 붉은 골짜기를 감싸니 산의 모습이 숨고
비가 푸른 이끼를 씻어내니 돌의 얼굴이 열리네.
지팡이 짚고 소요(逍遙)하니 세속 밖의 즐거움인데
거문고와 바둑이 쇄락(灑落)하니 그 가운데 회포가 일어나네.
함께 어울린 지 반 달인데 참된 뜻이 많으니
도리어 인간 세상에서 세월을 재촉하는 것을 잊어 버렸네.
九曲淸溪路轉回　　鹿門深處有高臺
雲含紫洞山容隱　　雨洗蒼苔石面開
杖屨逍遙塵外樂　　琴碁灑落箇中懷
從遊半朔多眞意　　却忘人間日月催

77) 鹿門山은 중국 唐의 시인 孟浩然이 은거했던 산이다.

이 시는 신미년(순조 11년, 1811) 가을에 도와의 문인(門人) 유방식(柳邦植)이 쓴 것인데, 이곳을 중국 당(唐)나라의 시인 맹호연(孟浩然)[78]이 은거하였던 녹문산(鹿門山)에 비기고 있으며, 이런 청정한 자연 속에 있다 보니 세월이 흐르는 줄도 잊어버릴 지경이라고 했다.

반구대 서쪽 아래로 몇 산봉우리를 돌아들면
천년 동안 아끼던 비경(秘境)에 또 이 다락이 있네.
서리 기운 처음 이르니 붉은 다락이 얕아지고
기러기 소리 멀어지니 푸른 산이 열리네.
육근(六根)이 청정(淸淨)하니[79] 바람이 겨드랑이에서 일어나고
찼다가 이지러지는 이치 속에 달이 품속에 들어오네.
물상(物象) 밖에 절로 한가로운 세계가 많으니
사군(使君)은 부석(鳧舃)[80]을 재촉할 필요가 없네.

盤龜西下數峰回　　慳秘千年又此臺
霜氣初來紅樓淺　　鴈聲遙落碧山開
六根淸淨風生腋　　於理盈虛月入懷
像外自多閒世界　　使君鳧舃不須催

이 시는 을미년(헌종 1년, 1835) 가을에 경주부윤(慶州府尹) 윤치겸(尹致謙)이 쓴 것이다. 이 시를 통하여 우리는 경주의 수령도 가끔 이

78) 孟浩然은 중국 盛唐의 시인으로 襄陽 사람이다. 일찍부터 세상에 뜻이 없어 녹문산에 隱棲하다가 나이 40에 비로소 京師에 나와 王維 등과 사귀었다. 불우하고 고독한 생활 속에서, 俗情을 떠난 한적한 자연의 정취를 사랑했는데, 그의 시는 이러한 자연에 친근하여 이를 주관적 . 동적으로 읊는 경향이 있어 비감하고 처량한 느낌을 준다. 『孟浩然集』 4권이 있다.

79) 六根淸淨은 진리를 깨달아 물욕이 없어서 六根이 깨끗함을 이른다. 六根은 불교용어로서, 사람을 미혹하게 하는 근원 곧 眼・耳・鼻・舌・身・意의 여섯 가지이다.

80) 鳧舃은 오리 신발을 말한다. 중국 後漢의 王僑가 方術이 있어서 오리로 변하여 날아다녔다는 故事에서 나오는데, 오리를 그물로 잡으니 오리는 간 곳 없고 오리 신발만 남았다고 한다.

정자에까지 와서 자연 경관을 즐기며 풍류를 즐기며 시를 짓기도 하였음을 알 수 있다. 경주부윤이 이곳을 찾은 까닭은 원래 이 마을이 속한 천전리(川前里)는 마을 앞에 구량천(九良川)이 흘렀으므로 내앞 또는 내전(奈田)이라 불리던 경북 경주군 외남면에 속한 지역이었기 때문이다. 이 지역은 광무(光武) 10년(1906)에 울산군 두동면에 편입되었고 1914년에는 일제의 행정구역 폐합에 따라 지전(池前)·신당(新堂)·장천(長川)·진현(進峴)·방리(芳里)가 병합하여 천전리가 되었다.[81] 이 시의 미련(尾聯)은 정자가 위치한 곳의 자연 경관이 너무나 한가로워 떠나고 싶지 않다는 심경을 드러낸 부분이다.

> 쌓인 돌에 우는 샘물은 아홉 번 꺾여 도는데
> 깊어서 폭포 되고 우뚝 솟아 대(臺)가 되었네.
> 땅은 응당 기다림이 있어 아끼는 비경(秘境)을 내었을 것이요
> 하늘이 어찌 무심히 쓸데없이 이곳을 깎아 열었으랴?
> 십년 동안 경영하느라 고생도 많았는데
> 하루아침에 우뚝하여 가슴속이 상쾌하네.
> 한가로이 노니는 것이 혹시 어버이의 가르침을 더럽힐지 몰라서
> 선친(先親)의 뜻을 이을 생각은 많은데 날짜 가는 것이 두렵네.
> 疊石鳴泉九折回　　深而爲瀑屹爲臺
> 地應有待曾慳秘　　天豈無心剩斲開
> 十載經營勞杖屨　　一朝突兀爽襟懷
> 優遊倘或忝庭訓　　肯搆思多恐日催

이 시는 도와의 아들 세병(世秉)의 작품이다. 그는 이 정자를 세운 것은 우연에 의한 것이 아니라 천지신명(天地神明)의 뜻에 따라 이루어진 것이라고 하면서, 선친의 뜻을 이어 정자를 경영하고는 있지만

81) 姜吉夫, 앞의 책, 346면 참조.

그 뜻을 어기게 되지 않을는지 노심초사(勞心焦思)하는 마음을 드러내고 있다. 이처럼 이 시는 앞에서 살펴본 두 작품과는 달리 정자를 건립한 분의 자식으로서 가업을 이어가게 된 심경과 그 뜻에 부응하지 못할 것을 염려하는 마음이 작품의 중심에 놓여 있다고 하겠다.

향로봉(香爐峯) 아래로 옥련담(玉蓮潭)이 돌아드는데
하늘이 도옹(陶翁)에게 주어 이 대(臺) 세웠네.
맑은 시내가 좋아 연도(沿道)로 들어온 게 아니요
그윽한 맛을 찾아 흉금을 털어놓기 위함이네.
여러 문하생을 함양(涵養)한 것은 지금의 자취로 남았는데
찼다가 이지러지는 한결같은 이치는 옛 생각을 더듬네.
다만 유수 같은 세월에 늙어 감을 깨닫나니
똑똑하건 어리석건 모두 이 가운데서 허덕이네.

香爐峯下玉蓮回　　天與陶翁築此臺
非愛淸溪沿路入　　爲尋幽味許襟開
羣生涵養居今迹　　一理盈虛溯古懷
但覺年光流水老　　賢愚盡是此中催

이 시는 도와(陶窩)의 족종손(族從孫) 태수(泰壽)가 쓴 것으로, 도와가 이 정자를 세워 문하생을 교육한 자취를 더듬어 보면서 세월의 무상한 흐름 속에 늙어 가는 자신을 되돌아보는 감회를 담고 있다.

이상에서 살펴본 것처럼, 이 정자는 200여 년의 역사를 지니고 있기 때문에 정자의 건립자인 최남복의 희망찬 의지와 풍류가 담긴 작품에서부터 그 정자의 유한(幽閒)을 즐기기 위해 이곳을 찾았던 부윤 윤치겸의 작품, 그리고 문인과 아들 및 족종손의 작품 등이 함께 전해지고 있다. 우리는 이 작품들을 통하여 동일한 정각(亭閣)이라고 하더라도 그것을 바라보는 처지와 관점에 따라 어떻게 달리 인식되고 있는지 파악해 볼 수 있다.

### (4) 송천정

송천정은 반구대나 백련정처럼 개울 주변에 위치하고 있지는 않으나 천전리 각석에서 가까운 곳인 두동면 천전리 대현마을에 자리하고 있다. 이 정자는 1946년에 송곡(松谷) 김정태(金正泰)가 세운 것으로 계파(桂坡) 최윤(崔潤)이 쓴 송천정(松川亭)이라는 편액과 아정(亞汀) 박맹진(朴孟鎭)이 쓴 역열헌(亦悅軒)이라는 편액이 걸려 있다. 또 주인 김정태가 1946년에 쓴 〈송천소와원기(松川小窩原記)〉, 단산(丹山) 김상우(金相宇)가 1947년에 쓴 〈송천소와기(松川小窩記)〉, 이우락(李宇洛)이 1948년에 쓴 〈송천정상량문(松川亭上樑文)〉, 서암(棲巖) 최현채(崔鉉埰)가 1949년에 쓴 〈송천정기(松川亭記)〉 등의 문장이 온전히 남아 있어서 이 정자가 지어진 경위를 비교적 소상히 파악할 수 있다. 또 여기에는 김정태의 〈송천십경(松川十景)〉과 〈팔잠언(八箴焉)〉 및 여러 사람이 쓴 수십 수(首)의 한시가 기록된 편액이 걸려 있다.

이 기록들에 따르면, 1912년 곡연(曲淵)마을에서 이 마을로 옮겨온 김정태는 1945년 11월에 정자를 짓기 시작하여 이듬해 8월에 준공하고 송천소와(松川小窩)라고 이름 지었다고 한다. 소나무[松]는 아침저녁으로 바라보는 것이요 시내[川]는 근거하는 땅이며, 소나무는 세모(歲暮)가 되어도 울창하여 그 높은 절의(節義)를 취할 수 있고 시내는 밤낮으로 흐르니 그 호기(灝氣)를 당길 만하며, 그리고 소나무에 달이 비치어 시내 가득히 영롱할 때 몇 명의 벗들과 술을 권하며 가영(歌咏)하면 그 정취(情趣)가 진진하여 이 세상이 어느 세상인지를 잊고, 이 즐거움이 어떤 즐거움인지를 알지 못할 지경이라고 해서 송천정이라고 명명(命名)한 이유를 밝히고 있다.[82]

---

82) 盖松是日夕所覩物也 川是所據地也 况歲晚鬱鬱 其高節可取也 晝夜滚滚 其灝氣可挹者 而當其松月滿川 玲瓏宛轉 邀與數三知己 擧瓠相屬 歌而咏而津津其趣 不知此世之爲何世 亦不知此樂之爲何樂.(金正泰, 〈松川小窩原記〉 편액 중에서)

이 정자를 관리하던 송천의 손자 김효경 옹에 따르면, 이 정자가 건립되고 나서 매년 한 번씩 날을 잡아 시회를 열면 경주와 울산 등에서 모인 30여 명의 선비들이 송천정, 백련정, 반구대에 소재한 정자 등을 돌며 시회를 열었는데, 그렇게 이 지역의 정자를 한 바퀴 돌다보면 대개 한 달 정도의 시간이 소요되었다고 한다. 〈송천정상량문〉에서 “유익한 벗들이 서로 모이니 경주와 울산에서 온 사람들이요 오가며 때때로 따르기로는 반구대와 백련정이 있네.(輔益相會來自鷄林鶴城 溯洄時從 近有盤龜蓮社)”라고 한 것이 바로 이러한 사정을 잘 설명해 주고 있다. 시를 기록한 편액에는 〈송천정원운(松川亭原韻)〉이라는 제목 아래 18명의 시가 수록되어 있는데, 이 가운데 주인(主人) 김정태(金正泰)·도릉(桃陵) 박영건(朴榮鍵)·호은(湖隱) 이장훈(李章勳)·수강(守岡) 박일건(朴一鍵)·운초(雲樵) 이현락(李玄洛)·의산(宜山) 최장식(崔章植)·강석(江石) 이재락(李在洛)·우전(雨田) 이곤녕(李坤寧)·동포(東圃) 양달휘(楊達輝)·단산(丹山) 김상우(金相宇)·운산(雲山) 이동진(李東璡)·아정(亞汀) 박맹진(朴孟鎭)·해창(海蒼) 윤세병(尹世炳)에 대해서는 ‘산수계십삼원(山水契十三員)’이라고 명기하고 있는 것으로 보아 이들 13명이 ‘산수계(山水契)’라는 특별한 계를 맺어 시사활동(詩社活動)을 하였음을 알 수 있다. 이들 이외에도 일봉(一峯) 이정혁(李正赫)·서암(棲巖) 최현채(崔鉉埰)·가산(可山) 이우락(李宇洛)·양파(陽坡) 이중구(李仲久)·오암(鰲巖) 손제익(孫濟翼)의 시가 이어서 실려 있다.

또 〈차송천정운(次松川亭韻)〉이라는 제목 아래 문파(汶坡) 최준(崔浚)·계파(桂坡) 최윤(崔潤)·해산(奚山) 이영우(李英雨)·효강(曉崗) 손상호(孫相鎬)·창우(蒼愚) 손희익(孫熙翼)·야로(野老) 김훈종(金勳鍾)·반유(伴遊) 유현우(柳賢佑)·국오(菊塢) 이원봉(李源鳳)·창은(蒼隱) 손병권(孫秉權)·괴서(槐西) 최영학(崔泳鶴)·최영신(崔泳信)·효정(曉亭) 박인화(朴仁華)·관가헌(觀稼軒) 김철경(金澈經)·반산(胖山) 김기남(金基南)·손필조(孫弼祚)·호두(浩斗) 김승(金勝)·만취(晩翠) 정병찬(鄭柄瓚) 등 17명의 시와, 같은 제목으로 된 문암(文巖) 손후익(孫厚益)의 시 1수가 별개의 편액에 실려 있다.

이들 중 이정혁은 반구대의 모은정(慕隱亭)을 세운 사람으로서 울주군 삼남면 교동에 있는 작천정(酌川亭)에도 시를 남긴 인물이고 최현채는 〈집청정중건기(集淸亭重建記)〉를 제작한 선비이다. 김상우는 〈작천정중수기(酌川亭重修記)〉를 쓰고, 이중구는 범서면 망성리에 소재(所在)한 완계정(玩溪亭)의 기(記)를 짓고, 손후익은 범서면 입암리에 있는 용암정(龍巖亭)의 기(記)를 지은 인물이다. 따라서 이들은 대체로 비슷한 시기에 함께 어울려 시회를 열며 어울렸던 문우(文友)들이었음을 알 수 있다.

〈송천정원운(松川亭原韻)〉이라는 제하(題下)의 작품들 중에서 정자 주인 김정태의 시를 보자.

> 소산(蘇山)의 남쪽 기슭에 모래톱이 있고
> 모래톱 위에는 푸른 소나무요 소나무 아래에는 정자일세.
> 별업(別業)에서 때로 고기잡이의 피리소리를 따라가고
> 살아가며 아침에 늙은 농부의 들로 나가네.
> 수고롭게 담고 쌓은 나의 계책을 누가 알리요?
> 다시 마음을 모아 경전(經典)을 읽고 싶네.
> 달을 읊고 바람을 노래하는 것은 바깥일로 남겨두고
> 아이들 가르치고 물 뿌리고 비로 쓰는데 손님이 뜰에 가득하네.
> 蘇山南畔有沙汀　　汀上蒼松松下亭
> 別業時從漁子篴　　生涯朝出老農坰
> 誰知拙計勞掓築　　更欲收心讀典經
> 哢月謳風餘外事　　課兒灑掃客盈庭

이 시는 이 정자를 지은 뜻이 음풍농월하며 세월을 보내려는 것이

아니라, 이곳을 자신의 장수지소(藏修之所)로 삼아 책을 읽고 자식들을 교육하며 벗들과 어울리는 친교의 장(場)으로 삼겠다는 뜻을 드러내고 있다. 이 같은 김정태의 생각은 함께 교유한 벗들도 동의하는 바였다. '산수계십삼원'의 한 사람이었던 아정 박맹진의 시를 보자.

장수(藏修)의 높은 행적이 물가를 벗어나니
늙은 소나무와 갠 시내에 정자가 조용하네.
소나무 사이는 한 줄기 꽃을 보는 길이요
시냇가는 셋으로 나누어진 약초 심는 밭이네.
약초 심기 여러 해에 돌 심기를 겸하고
꽃을 보다 한가로운 날에는 또 경전을 보네.
심고 보는 것이 특별한 장수(藏修)의 일이 아니니
높은 발자취는 원래 뜰을 벗어나지 않네.

藏修卓躅脫澆汀　　松老川晴澹澹亭
松間一抹看花路　　川上三分種藥坰
種藥多年兼種石　　看花暇日又看經
種看非特藏修事　　卓躅元來不出庭

이 시는 소나무 숲과 시냇가의 밭에서 꽃을 감상하고 약초를 심으며 생활하는 정자 주인의 한가로운 삶의 모습을 담고 있다. 그러면서 약초밭에 돌을 몇 개 박기도 하고 꽃을 보다 틈이 나면 경전을 읽는 모습을 통해 자신을 지키고 수양하는 것이 특별한 것이 아니라 집안에서 살아가는 일상사 속에 있다는 것을 평담한 어조로 표현하고 있다.

정자 주인의 이러한 삶의 태도는 〈팔잠언(八箴焉)〉에도 잘 나타나고 있다. 편의상 번호를 붙여서 보이면 다음과 같다.

① 내가 하늘로부터 얻은 바를 온전하도록 하되, 다른 사람을 위한다는 명분을 저버려서는 아니 된다.

② 안과 밖에서 반드시 효제(孝悌)・충신(忠信)해야 한다.
③ 반드시 안에서 바깥의 일을 말하지 말고, 밖에서 안의 일을 말하지 말아야 한다.
④ 나날이 인의(仁義)・예지(禮智)・염치(廉恥)에 힘을 다해야 한다.
⑤ 제사를 받들고 손님을 접대함에 정성과 예로써 해야 한다.
⑥ 이 집에서 쇄소(灑掃)・응대(應對)・진퇴(進退)・읍양(揖讓)에는 반드시 공손하고 삼가야 한다.
⑦ 살아가고 처신하면서 가문의 명성을 무너뜨리지 말아야 한다.
⑧ 능히 부지런하고 검소하게 이 집을 지켜서 그 부조(父祖)를 그리워하고, 그 부조를 그리워하는 것을 대대로 전해 간다면, 아마 이 집은 불후(不朽)하게 될 것이다.

以全吾所得乎天者 而無負爲人之名焉
居於內外 而必孝悌忠信焉
必居內而不言外 居外而不言內焉
日用極力仁義禮智廉恥焉
奉祭祀接賓客 以誠以禮焉
居是堂 而灑掃應對進退揖讓必恭謹焉
爰居爰處 不隳家聲焉
克勤克儉守是堂而慕其父祖 慕其父祖而世世傳之 則庶斯堂之不朽也焉

여기서 인용한 것들은 현 시대를 살고 있는 사람들도 참조해 볼 만한 내용이라고 생각한다. 지금은 사회・문화적 환경이 위의 글을 지었을 때와는 상당히 달라졌다고는 하지만 물질적 풍요 속에서 정신적으로 황폐화되어 가는 현대인들이 한 번쯤 음미해 보아야 할 만한 것이 있을 것으로 생각한다.

마지막으로 〈송천십경(松川十景)〉을 살펴보기로 하겠다. 이 연작시는 김정태가 송천정 주변의 아름다운 경관 10곳을 지정하여 칠언절구(七言絶句)로 읊은 것으로, 구체적인 대상은 안병산(案屛山)・용두봉

(龍頭峰)・옥련담(玉蓮潭)・탄금대(彈琴臺)・칠성대(七星臺)・월은봉(月隱峰)・일출봉(日出峰)・비학봉(飛鶴峰)・향로봉(香爐峰)・소산지(蘇山池)이다.

제1경 〈안병산(案屛山)〉

몇 줄기 산의 병풍은 푸른 여덟 폭 그림인데
봄꽃과 가을달에 새 지저귀는 소리가 들리네.
푸른 솔은 이미 늙고 기름진 풀 많으니
흰 구름과 푸른 산에 자고(子羔)[83]를 놓아두네.
數笏山屛翠八圖　　春花秋月聞禽嘈
蒼松已老多腴草　　雲白山青放子羔

제2경 〈용두봉(龍頭峰)〉

여러 봉우리가 아래로 달리다 용머리로 솟으니
하늘과 땅의 신령함이 신비스럽게 이곳에 머무네.
곳곳의 구름과 이내가 밤낮으로 깊어
옥련담(玉蓮潭) 위에 가득히 잠겼다가 떠오르네.
羣峰走下出龍頭　　天地神靈秘此留
在處雲烟深日夜　　玉蓮潭上物潛浮

제3경 〈옥련담(玉蓮潭)〉

용두봉 아래 옥련담은

83) 子羔는 중국 春秋時代 사람으로 孔子의 제자이다. 姓은 高, 이름이 柴, 字가 子羔・季羔이다. 성질이 어질고 효성스러워 새나 벌레를 죽이지 못하였고 초목을 꺾지 못하였다 하고, 親喪을 당하여는 삼년 동안 泣血했다고 한다. 孔子는 『論語』에서 그가 자질은 좋으나 학문적으로 성숙하지 못했음을 아쉬워하고 또 우직하다고 평가했다.

천년토록 거슬러 올라 푸른 기운이 떠 있네.
속세의 자연이 무엇이 즐거우랴?
아침마다 갓끈 씻는 사내를 자주 보네.
龍頭峰下玉蓮潭　　千載溯洄翠泛嵐
塵世林泉何所樂　　朝朝頻見濯纓男

제4경 〈탄금대(彈琴臺)〉

이리저리 거닐다가 홀로 탄금대에 앉으니
흐르는 물과 푸른 산이 점차 들어오네.
아홉 굽이 시냇가는 깊고도 우뚝한데
한 마디 소리로 약속한 학이 날아올라 배회하네.
逍遙獨坐彈琴臺　　流水青山轉入來
九曲溪上深且屹　　一聲盟鶴上徘徊

제5경 〈칠성대(七星臺)〉

층진 바위가 높다랗게 하늘에 솟았는데
끊어진 벼랑의 푸른 솔이 오작교(烏鵲橋)에 기대었네.
북두성(北斗星)이 달 속의 대(臺) 아래 물을 돌아가니
갠 하늘에 고요하게 멀리 있는 사람을 비추네.
層巖巉嶙出雲霄　　絶壁蒼松倚鵲橋
斗轉月中臺下水　　晴空淡淡照人遙

제6경 〈월은봉(月隱峰)〉

월은봉의 높은 나무가 동쪽 하늘을 찌르니
빛이 무성한데 들어가 은은하게 드러나네.
하늘과 땅의 차고 빈 것을 모두 볼 수 있는 이치에

소나무 단(壇)에 홀로 앉아 월궁(月宮)을 바라보네.
月峰高樹揷天東　　映入扶踈隱隱崧
天地盈虛窮賾理　　松壇獨坐望瑤宮

제7경 〈일출봉(日出峰)〉

하늘과 땅이 열리고 산이 처음 밝아지고
고요히 밝은 빛에 우주가 환하네.
봉우리 아래 맑은 못에 깊고 은은하게 비치니
푸른 벼랑에는 붉은 노을이 둘러 있네.
天開地闢嶽初晴　　淡淡昶光宇宙明
峰下澄潭潭隱映　　蒼厓翠壁紫霞縈

제8경 〈비학봉(飛鶴峰)〉

천년의 영험한 땅이 학이 되어 오는데
금강산(金剛山)의 한 줄기가 떨어져 도네.
흰 구름과 높은 나무가 길이 깃들인 땅이라
저녁에는 앉아서 술잔을 올리는 듯 보이네.
千載靈區化鶴來　　金剛一脉落而廻
白雲高樹長棲地　　日夕看如坐揖杯

제9경 〈향로봉(香爐峰)〉

우뚝한 향로봉이 마치 항아리를 앉힌 듯한데
옛날의 장사(壯士)라도 힘으로는 들 수 없네.
아끼며 보고 또 지어서 읊조리고
저녁달과 아침 연기가 매번 창문을 마주하네.
突兀香峰坐似缸　　古人壯士力無扛

愛而看又題而詠　　夕月朝烟每對窓

제10경 〈소산지(蘇山池)〉

경주[84]의 남쪽 언덕을 소산(蘇山)이라 부르고
옛 나라 서라벌(徐羅伐)을 이 사이에 세웠네.
평소[85]에 세상 일을 잊는 것을 낚시라고 이름하니
물고기 낚시를 모르고 돌아올 줄을 모르네.
東都南畔道蘇山　　舊國徐羅設此間
鎭日忘機名以釣　　不知魚釣不知還

## 3. 작천정과 작괘천 주변의 제영

### 1) 작괘천 주변의 경관과 암각 시문

작괘천(酌掛川·勺掛川)은 영남 알프스라 불리는 일군(一群)의 준봉(峻峯) 가운데 하나인 울산광역시 울주군 상북면의 간월산(1,083m) 계곡에서 발원하여 등억리(登億里)를 거치고 삼남면 교동(校洞)의 작천정 앞을 지나 태화강으로 흘러 들어가는 시내의 이름이다. 이 시내의 주변에는 간월산 중턱의 홍류폭포(虹流瀑布)를 비롯하여 호박소[臼沼] 등 아름다운 경관이 하늘을 찌를 듯한 산의 위용과 어우러져 있기 때문에 등산객들이 많이 찾아 올라가는 곳이기도 하다.

작괘천 주변의 아름다운 산과 계곡은 복잡한 도시에서 벗어나고 싶은 사람들에게 아늑한 휴식의 공간이 되고 있다. 근래에는 이 주변에 몰려드는 도시민들의 편의를 위한 위락시설이 들어서고 등억리에 온

84) 東都는 慶州를 가리킨다.
85) 鎭日은 평소, 평상시를 뜻한다.

천이 개발됨으로써 맑고 깨끗하기로 이름났던 이 계곡 주변의 환경오염이 염려되기도 하는 지역이 되었다.

작괘천은 예전부터 경관이 매우 빼어난 곳으로 알려져 있었으니 『교남지(嶠南誌)』와 『울산읍지(蔚山邑誌)』에는 다음과 같이 기록되어 있다.

> 작괘천은 부로산(夫老山) 남쪽에 있다. 근원은 취서산(鷲棲山)에서 나와 태화나루[太和津]로 들어간다. 너럭바위가 맑고 깨끗하여 마치 옥 판자를 땅에 깔아 놓은 듯하고, 바위 면이 마치 술잔 모양 같기 때문에 그렇게 부른다.[86]

> 작괘천은 삼남면 서북쪽 십리에 있다. 산이 골짜기를 둘러서 감싸고 있어서 하늘이 아껴서 감춘 형상이다. 좌우의 너럭바위는 한결같이 색이 맑고 깨끗하여 바라보면 마치 옥 판자를 땅에 깐 듯하여, 앉으면 걸상이 되고 글씨를 쓰면 종이가 될 만하다. 물줄기가 가운데서 거슬러 올라 솟구치는데, 돌 웅덩이는 둘레가 너덧 자이고 깊이가 한 자 남짓으로 술잔을 띄울 수 있기 때문에 그렇게 부른다.[87]

이 인용문에서 소개하고 있는 작괘천은 모두 작천정(酌川亭) 앞의 너럭바위와 시내를 대상으로 하고 있는데, 작괘천 가운데서도 이곳의 경관이 가장 아름답기 때문일 것이다. 작천정 앞 작괘천 주변의 바위에는 수많은 시인 묵객(詩人墨客)들이 상영(觴詠)한 장소였고, 이곳을 찾은 시인들은 자신이 다녀간 흔적을 바위에 남겨 놓아 작천정 주변

---

86) 在夫老山南 源出鷲棲山 入太和津 盤石清瀅如玉版鋪地 岩面有竅如盃形 故名(『嶠南誌』 권45, 「彦陽郡」, '山川', 〈酌掛川〉, 旿星社 영인, 1985, 770~771면).

87) 在三南面西北十里 山環洞鎖 有慳秘之象 左右盤陀石 一色清瀅 望之若玉板鋪地 坐可宜榻 寫可宜紙 水流洄泬于中央 石竇周四五尺 深一尺餘 可流觴故名(『蔚山邑誌』 권1, 「名勝」, 〈勺掛川〉, 30면).

의 바위에는 이루 헤아리기 어려울 정도의 인명(人名)과 제영(題詠)이 새겨져 있다. 오늘날의 관점에서 보면 이런 것은 엄연히 자연을 훼손하는 행위이지만, 당시의 사람들은 하나의 풍류쯤으로 생각하였던 듯하다.

작천정의 좌우에 있는 바위와 개울 건너편 바위는 글씨가 새겨지지 않은 것이 드물 정도로 많은 이름과 시문이 새겨져 있다. 대자(大字)로 '세제당(世濟堂)'이라 새겨진 바위에는 '문선생기홍경모기념(文先生基洪景慕紀念)'이라 쓴 글씨 아래 '문생(門生) 김정래(金正來) · 조생희(趙牲禧) · 김용택(金容澤) · 이우성(李雨成) · 김상근(金嘗根) · 이용수(李龍洙) · 김수경(金秀經) · 문경봉(文慶奉)'이라고 하여 문기홍의 제자들이 함께 와서 그 행적을 기념하는 뜻으로 이름을 새긴 것처럼 집단으로 새긴 것도 있고, 개인 또는 한두 사람이 찾아와서 놀다가 큰 글자로 이름을 새긴 것들도 부지기수이다. 개울 건너편 너럭바위의 글씨 중에 '병사 조재항 지수 윤병관(兵使趙載恒 知守尹秉寬)'[88]이라는 연구(聯句)가 남아 있는 것을 보면, 울산과 언양의 수령도 이곳에 가끔 유람하였음을 알 수 있다.

바위에 새겨진 시문들은 포은의 유배지가 이곳에서 그다지 멀지 않았으므로 그의 유풍을 계승하려는 뜻을 드러내거나, 작괘천이라는 이름을 얻게 된 주변의 경관과 관련된 내용을 담고 있는 것들이 대부분이다. 이곳의 바위에 새겨진 시들은 대체로 20세기에 쓴 것이지만, 문

88) 趙載恒은 高宗 때의 인물로 『국역 고종순종실록』의 高宗 23년(1886) 6월 14일(병자) 조에 "박제관(朴齊寬)을 이조판서(吏曹判書)로, 이인명(李寅命)을 형조판서(刑曹判書)로, 이호준(李鎬俊)을 경상도관찰사(慶尙道觀察使)로, 백낙윤(白樂倫)을 충청도 병마절도사(忠淸道兵馬節度使)로, 조재항(趙載恒)을 경상좌도병마 절도사(慶尙左道兵馬節度使)로 임명하였다."라는 기사가 있고, 尹秉寬은 언양현감을 지낸 인물로 『巘山誌』(인터넷 http://www.ulju.or.kr/ 울주문화원 홈페이지에 게시됨)의 「縣先生案」에 "윤병관은 고종 정해년(1887)에 부임하여 무자년(1888)에 교체됨. 서울에 살았다.(尹秉寬 今上丁亥到 戊子遞 京)"라고 기록된 것으로 보아, 이 글씨는 1887년이나 그 이듬해에 새겨진 글씨임을 알 수 있다.

집 등에는 그 이전의 것도 남아 있어서 이 주변의 경관이 널리 알려져 있었음을 알 수 있다. 그 대표적인 예가 권해(權瑎, 1639~1704), 박민효(朴敏孝, 1672~1747), 남경희(南景羲, 1748~?)의 작괘천(酌掛川)을 읊은 한시들이다.[89] 권해는 경상도암행어사를 지낼 때 언양에 들렀다가 이곳을 찾은 것으로 짐작되는 분이고, 박민효는 울산 출신의 생원(生員)으로 이 지역과 관련된 작품을 많이 지은 사람이다. 남경희는 장사랑(將仕郞) 남용만(南龍萬)의 아들로 경주에 거주하면서, 정조(正祖) 원년(元年)(1777)의 증광시(增廣試)에서 진사(進士)가 되고 문과(文科)에 급제하였으나 벼슬이 정언(正言)에 그쳤던 인물이다. 먼저 남경희의 작품을 보자.

> 이곳에는 유람객이 많이 지나갔는데
> 넓고 아득한 남은 자취에서 신선들을 말하네.
> 모래는 깎인 곳을 메워 온통 드러남을 꺼리고
> 물은 소리 나는 것을 감싸 흐르지 않으려 하네.
> 조물주는 누구를 위해 교묘하게 쪼고 새겼는가?
> 고상한 사람은 예로부터 맑고 그윽함을 주관하였네.
> 산림은 인가가 가까워도 무방한데
> 귀를 씻는 데 어찌 반드시 허유(許由)를 배우리요?
> 此地多經蠟屐遊　　蒼茫遺迹說仙儔
> 沙埋鑿鑿嫌全露　　水鎖淙淙欲不流
> 造物爲誰工琢鏤　　高人終古管淸幽
> 山林不妨人煙近　　洗耳何須學許由

이곳은 예로부터 바위의 모양새가 신기하여 신선이 바가지를 걸었

89) 權瑎의 작품은 『嶠南誌』, 권45, 「彦陽郡」에 실려 있고, 南景羲의 작품은 제목이 〈暮過勺掛次小峯韻〉(『癡庵集』 권3)(『蔚山邑誌』에는 〈酌川〉)이다. 또 朴敏孝의 작품은 제목이 〈題勺掛川盤石〉(『常棣軒遺集』 권1)이다.

다는 전설이 전해지는 곳인 만큼[90] 조물주의 재주가 신기하다는 생각을 드러내고 있다. 산림이라고 하여 굳이 인간세상을 벗어날 필요가 없는 만큼 고대의 은자(隱者)인 소보(巢父)·허유(許由)의 고사가 전해지는 기산(箕山)·영수(潁水)를 찾지 않더라도 그 삶의 자세와 태도는 이곳에서 배울 수 있다는 생각을 담고 있다.

(1) 작천정 쪽의 암각 시문

작괘천 물가의 바위에 새겨진 글씨 가운데는 사람의 이름이나 간단한 사연을 기록한 것 이외에, 시문을 새겨놓은 것들도 많아서 산수 속에 새겨진 독특한 운치를 읽을 수 있다.

먼저 작천정에서 시내를 건너기 전에 있는 바위에 새겨진 것들을 살펴보면, 그것들 중 매우 특별한 것으로 작천정의 좌측, 즉 작괘천 하류 쪽의 바위에 모은대(慕隱臺)라는 큰 글씨 아래 "송찬규가 삼가 새기다(宋璨奎謹銘)"라고 쓴 대자(大字)와 그 옆 바위의 측면에 새겨진 송찬규의 〈모은대기(慕隱臺記)〉이다. 그 아래쪽 바위에는 송종옥(宋鍾玉)의 칠언율시 〈모은대추술(慕隱臺追述)〉이 새겨져 있고, 또 그 아래쪽 바위에는 만화(晩華) 김헌륜(金憲輪)의 오언율시가 새겨져 있다.

송찬규(宋璨奎, 1838~1910)의 〈모은대기〉는 1890년에 지은 것이므로 작천정이 건립되기 12년 전의 작품이다. 이 글은 고려 우왕(禑王) 2년(1276)에 이인임(李仁任) 등의 친원파(親元派)와의 대립으로 언양의 요도(蓼島)에 유배되었던 포은(圃隱) 정몽주(鄭夢周)가 이곳에 약 2년 동안 머물 때 올랐던 반구대를 포은대(圃隱臺)라고도 부르는 만큼, 그를 사모하는 마음을 드러내기 위해 작괘천 가의 바위 송찬규가 모은대(慕隱臺)라고 명명하고 그 내력을 기록한 것이다. 그는 언양 출신의 선비로서 본관이 연안(延安)이고 자(字)가 문영(文永)이며, 호를 천사

90) 其所謂酌之而爲川名 以仙人之掛酌於是也(吳昞善, 〈酌川亭記〉 편액 중에서).

(泉史)・모은(慕隱)이라고 하였다. 그는 포은을 사모하는 이 지역 사림(士林)의 한시를 모아서 『모은대시집(慕隱臺詩集)』을 편찬하기도 하였다. 〈모은대기〉의 전문은 다음과 같다.

어진 사람이 좋아하는 산과 지혜로운 사람이 좋아하는 물[91]은 성인의 가르침이다. 산과 물의 형상을 보고 아마 어질고 지혜로운 사람을 생각할 수 있을 것이다. 언양에서 산과 물의 아름다움은 오직 반구대와 작괘천이 최고인데, 반구대에는 포은대가 있으니 문충공(文忠公) 정몽주 선생이 유배되어 있을 때 오르던 곳이다. 어진 명성과 의기의 장려함은 또한 산과 물 사이에서 상상할 수 있고, 그가 남긴 일이 영모비(永慕碑)에 새겨져 있다.

이제 작괘천을 보면, 물과 돌의 기이함은 하늘이 쪼고 땅이 연마하였고, 쉬지 않는 공력으로 돌은 은하(銀河)에 삐죽하다. 산은 구슬 같은 골짜기를 열어 물결이 부딪쳐서 웅덩이를 이루고, 걸린 듯한 물줄기는 마치 술잔과 같다. 거문고 같은 울림과 종 같은 소리, 얼음 같은 정기와 옥 같은 빛깔이 빛나서 아침놀을 이루고, 빛은 눈에 비친 달빛으로 뜬다. 기이한 돌과 큰 바위는 온갖 사물이 합한 듯하고, 웅장하고 깊고 굳어서 빛이 밝고도 깨끗하니, 상쾌하게 서 있고 가득히 얻을 수 있다. 산과 물은 어진 사람과 지혜로운 사람이 즐기게 되는 것이다.

그래서 반구대의 물과 바위를 생각하고, 선생의 풍류와 운치를 사모하여, 돌을 쌓아 돈대를 만들어 '모은(慕隱)'이라고 새기고 삼가 포은대에 남긴 아취(雅趣)를 기술하여 길이 사모하는 뜻을 좇아 느끼고자 한다.

선생을 존경하고 그리워하니 느낌이 아련한데

91) 仁山과 智水는 『論語』「雍也」에 나오는 孔子의 말에서 따온 것이다. 거기에는 "지혜로운 사람은 물을 좋아하고 어진 사람은 산을 좋아하며, 지혜로운 사람은 움직이고 어진 사람은 고요하며, 지혜로운 사람은 즐거워하고 어진 사람은 오래 산다.(知者樂水 仁者樂山 知者動 仁者靜 知者樂 仁者壽)"라는 대목이 있다.

작괘천 가에는 반구대의 운치가 남아 있네.
산은 두르고 물은 살아 밝은 세계로 통하고
옥은 쪼고 얼음은 잠겨 긴 세월을 보내네.
더욱이 빼어난 지역의 풍광을 얻고
깊이 떳떳한 도리를 지킬 도의를 생각하네.
상상하건대 옛 돈대가 어디인지 알겠거니
아홉 굽이 반계(磻溪)[92]를 저녁연기가 둘러싸고 있으리.

敬慕先師感靄然　　盤龜餘韻酌川邊
山環水活通明界　　玉琢氷涵度永年
剩得風光名勝地　　深思道義秉彝天
古臺想像知何處　　九曲磻溪鎖暮煙

숭정(崇禎) 후 다섯 번째 경인년(고종 27년, 1890) 삼월 삼짇날 연안 송찬규는 삼가 짓다.[93]

모은대는 말 그대로 '포은을 사모하는 돈대'라는 뜻으로, 언양의 선비들이 포은의 발자취가 남은 반구대 옆에 반구서원(盤龜書院)을 건립하여 그의 충절과 덕행을 기릴 뿐 아니라, 경치 좋기로 이름난 작괘천 가의 커다란 바위에 이런 이름을 붙이고 그 사실을 설명하는 기문을 새겨놓았던 것이다. 송찬규가 편찬한 『모은대시집』에는 이 기문 이

92) 磻溪는 盤龜臺에서 아래쪽으로 흘러가는 시내의 이름이다. 宋璨奎는 이 시내의 아홉 굽이를 읊은 시 〈磻溪九曲歌〉를 남기고 있다.

93) 仁山智水 聖師之訓也 見山水之象 而庶可思仁智之人乎 彦陽山水之美 惟盤龜與酌掛爲最 盤龜有圃隱臺 文忠公鄭先生謫宰時 登臨之地也 仁聲義烈亦可想像於山水間 存銘其遺事於永慕碑 苐見酌掛川 水石之奇 天琢地磨 不息之工 石出銀河 山開玉洞 觸波成泓 掛流如酌 琴韻鍾聲 氷精玉色 章成雲錦 光浮雪月 奇岩巨石 物象如合 雄深堅確 光明皎潔 爽然而立 充然而得 山乎水哉 仁智之樂 因以思盤龜之泉石 慕先生之風韻 築石爲臺 銘之以慕隱 謹述圃隱臺遺雅 追感永慕之義 (중략) 崇禎后五庚申 三月初三日 延安 宋璨奎謹撰(宋璨奎, 〈慕隱臺記〉. 이 글은 송찬규 편, 『慕隱臺詩集』(필사본)에도 실려 있다).

외에, 포은의 행적을 드러내기 위해 애쓴 송찬규의 열망과 노력을 기리는 글인 노상직(盧相稷)의 〈반구대기〉가 수록되어 있기도 하다.

송종옥의 시 〈모은대에 뒤따라 기술하다(慕隱臺追述)〉는 송찬규의 〈모은대기〉를 보고 난 다음에 쓴 것으로 보인다.

> 의로움을 사모하여 뒤따르는 정성이 흐릿해짐을 염려하면서
> 반구대와 작괘천의 돈대 양쪽을 주변에서 우러르네.
> 노란 국화주에 한 번 취한 것은 중양일(重陽日)인데
> 흰 바위는 정밀하게 갈린 지 지나간 세월이 몇 년인가?
> 어진 이와 지혜로운 사람은 이런 땅에 귀의할 것을 생각하고
> 충신과 현인은 하늘에 근본을 두어 높이고 숭상하여야 하리.
> 천년 동안 이학(理學)의 줄기가 넉넉하게 흐르는 곳이니
> 옥 같은 계곡의 맑은 바람에 새벽안개가 걷히네.
> 慕義追誠恐藐然　　仰瞻龜酌兩臺邊
> 黃花一醉重陽日　　白石精磨幾度年
> 仁智依歸思恁地　　忠賢尊尙本乎天
> 千秋理學洽流處　　玉澗淸風捲曉煙

이 시는 정몽주를 사모하는 마음을 잘 드러낸 작품이다. 수련(首聯)에서는 반구대와 작괘천의 아름다운 절승을 생각하면서, 그의 발자취가 남은 반구대와 그를 사모하는 돈대인 작괘천의 모은대를 함께 주변에서 우러러본다고 하였다. 함련(頷聯)의 앞 구에서 포은이 중양절에 올라서 국화주를 마셨던 반구대의 고사를 상기하고, 뒷 구에서는 오랜 세월 속에 정밀하게 갈린 작괘천의 너럭바위를 등장시켰다. 경련(頸聯)의 앞 구에서 이곳이 산수의 아름다움을 즐기는 인자(仁者)와 지자(智者)가 귀의할 만한 장소임을 밝히고, 뒷 구에서는 충신과 현인은 하늘에 근본을 두어 숭상하여야 함을 말하였다. 미련(尾聯)에서는 이곳이 동방 이학(理學)의 조종(祖宗)으로 추앙받은 포은의 자취가 서

린 곳인 만큼 자연도 감동한 것처럼 작괘천의 깨끗한 물에 부는 맑은 바람에 새벽안개가 걷힌다고 하였다. 이 시에는 아름다운 산천에 어울리는 도덕군자인 포은의 인품을 사모하는 마음이 절실하게 드러나고 있다.

이름난 구역이 많이 있는 곳이지만
으뜸은 작괘천의 다락이네.
산의 형세는 구름에 기대어 서고
물의 마음은 바다를 좁게 여기며 흐르네.
문장은 비단을 열어 헤치고
광경은 봄가을에 달라지네.
태평시대에 눈썹이 흰 늙은이는
한가롭게 오지만 시름은 보이지 않네.

名區多有處　　第一酌川樓
山勢依雲立　　水心淺海流
文章開錦繡　　光景異春秋
聖世厖眉叟　　閒來不見愁

이 시는 만화(晩華) 김헌륜(金憲輪)의 작품인데, 그의 아들 경수(景水)가 경술년(1910) 3월 하완에 새겼다(晩華金憲輪 子景水 庚戌三月下浣)는 기록이 작품 뒤에 붙어 있다. 이 시는 작괘천 주변 산수의 아름다움을 그려내고, 그 속에서 한가롭게 오락가락하는 노인의 태평스러운 모습을 담고 있다.

(2) 작괘천 건너편의 암각 시문

작천정에서 개울을 건너면 그쪽에도 몇 수의 한시가 물이 닿는 곳 또는 닿을 듯한 지점의 너럭바위에 새겨져 있다.

홍류폭포(虹流瀑布)[94] 아래에 술잔을 걸어 두고
신선은 다시 돌아오지 않네.
느긋하게 돌 위에 서서
때때로 날아가는 흰 구름을 보네.
掛酌虹流下　　　仙人不復歸
悠然石上立　　　時見白雲飛

이 시는 작천정 건립에 주동적인 역할을 한 인물 중의 한 사람인 창수(蒼叟) 오병선(吳昞善)의 작품이다. 이 시는 작괘천에 술잔처럼 파인 바위에 대해 이것은 옛날에 선인(仙人)이 마시던 술잔을 걸어 놓고 갔다는 전설을 인용한 다음 그렇게 떠나간 신선은 다시 돌아오지 않는다고 하였다. 또 이 시는 이러한 전설이 전해지는 이곳의 바위에 서서 느긋하게 날아가는 구름을 본다고 하여 아름다운 풍광 속에서 유유자적하는 시인의 모습을 담고 있다.

둥근 돌은 평상처럼 걸터앉을 수 있고
오목한 돌은 술잔으로 쓸 수 있음이 마땅하네.
평생 가슴 속에 낀 먼지가
맑은 물로 깨끗이 씻기네.
石圓床可踞　　　石凹酒宜盃
平生□□□　　　爲□□□□

이 시는 작천정의 건립을 보고 감탄해 마지않았던 장두환(張斗煥)의 작품으로 글자가 마모되어 보이지 않는 것이 있기는 하지만 대략 위와 같이 새길 수 있다. 이 시도 역시 교묘하게 생긴 바윗돌의 모양에서 시적 발상의 계기를 찾고, 그런 곳에서 즐기게 되면 가슴속에 쌓

94) 虹流瀑布는 작천정 계곡을 따라 올라가다 보면 간월산 자락에 있는 폭포이다.

인 속세의 티끌이 깨끗이 씻길 것이라는 생각을 피력한 것으로 볼 수 있다.

> 일시에 연명(聯名)[95]하여 이 생애를 즐기는데
> 우리들은 밝은 시절에 사는 것이 얼마나 다행인가?
> 아름다운 산과 물에서 어짊[仁]과 지혜를 품평하고
> 가을 달과 봄바람에서 성정(性情)을 보네.
> 응당 소리를 같이 하면 삶이 궁벽하지 않을 것이요
> 능히 이 뜻을 미루면 세상이 모두 맑아지리.
> 지금 다시 광명이 비치는 것을 보게 된다면
> 살아 움직이는 원천이 점차 이루어지게 되리.
> 時以聯名樂此生　　吾儕何幸際時明
> 佳山麗水題仁智　　秋月春風見性情
> 應得同聲居不僻　　能推斯意世皆淸
> 如今復覩□□照　　活活源泉漸就成

청화(聽花) 신영후(申泳垕)의 〈시사원운(時社原韻)〉이라는 작품으로, 그의 아들 신성표(申星杓)가 1941년 3월에 삼가 새겼다(辛巳三月日 不肖星杓謹銘)는 말이 부기(附記)되어 있다. 이 시는 시사를 결성하고 나서 동인(同人)들이 처음 제작한 시의 운자를 사용하여 지은 것임을 알 수 있다. 이 시는 문명한 시대에 아름다운 산천 속에서 좋은 벗들과 어울려 살아가는 자기들이 앞으로 좋은 세상을 만들 수 있으리라는 희망을 담고 있다.

---

95) 酌川亭에서 詩社를 시작하여 聯名하여 바위에 새겨 놓은 것은 정자에서 시내를 건너 바라보이는 맞은 편 산 중턱의 경사진 거대한 바위에 지금까지 남아 있다. 여기에는 성명과 호를 함께 기록하고 있는데, 莘塢 鄭肯朝·晩菊 李禎璨·埜龍 申泳學·聽花 申泳垕·酌亭 金永信·川窩 鄭樹鶴 등 130여 명이 나열되어 있어서, 이 정자를 중심으로 열었던 작천정 시사의 인물이 얼마나 많았는지를 짐작할 수 있다.

푸른 산이 있어서 유명한 것이 아니요
파란 물이 흘러서 빼어난 것이 아니네.
기이한 경관은 오직 잔질하는 바윗돌인데
천하에 어디에 가서 다시 구하랴?
名不青山在　　　　勝非綠水流
奇觀惟石酌　　　　天下更往求

이 시는 남강(藍岡) 신성표(申星杓)의 작품으로 제목 없이 시만 새겨져 있다. 신성표가 신영후(申泳垕)의 아들인 점을 감안하면, 이 시는 작천정이 건립되고 나서 이삼십 년이 경과한 뒤에 지은 것으로 판단된다. 이곳이 유명한 것은 푸른 산이 있기 때문이 아니고, 이곳이 빼어난 것은 파란 물이 흐르기 때문이 아니라고 하였다. 이곳의 기이함은 잔질하는 바위 때문이므로 천하에서 어디를 가더라도 이런 모습을 찾기가 쉽지 않을 것이라고 하여 이 시는 작괘천 가의 기이한 바위에 대한 경이로운 느낌을 표현하고 있다. 기이한 바위에 대한 경이감을 읊은 시를 바로 그 바위에다 새겨 놓았으니 참으로 기이한 인연이라 할 것이다.

돌의 뼈대는 천년토록 조용하고
물결의 마음은 만고에 흐르네.
느긋하게 고요히 흐르니
무르녹은 정신과 기운을 찾을 필요가 없네.
石骨千年靜　　　　波心萬古流
悠然流靜處　　　　神氣渾無求

백엄(白广) 윤세용(尹世茸)의 이 시도 신성표의 시와 같은 운자를 사용하고 있다는 점과 남아 있는 글씨의 획이 선명한 것으로 보아 비슷한 시기에 제작된 것으로 보인다. 이 시도 오랜 세월 동안 변함없는 모습을 보이는 바위와 물의 모습에서 오는 느긋함을 담아내고 있다.

이처럼 작괘천 건너편에 새겨진 한시들은 오묘하기 그지없는 바위의 모양에서 오는 경이감을 표현하거나, 빼어난 경관을 자랑하는 이곳의 자연 속에서 오는 한가로운 정회나 자연의 감화력을 형상화하고 있다.

### 2) 작천정의 연혁과 시문

#### (1) 작천정의 제도와 연혁

작천정은 울주군 삼남면 교동에 위치한 정자이다. 이 주변은 영남알프스로 알려진 준봉들이 늘어서 있는데, 정자는 그 중의 하나인 간월산(肝月山) 아래에 위치해 있고, 세계적으로 유명한 자수정(紫水晶)을 캐낸 동굴이 바로 정자에서 마주 보이는 산의 뒤편에 있다. 정자의 앞을 흐르는 시내는 규모가 크지는 않지만 맑은 물이 흘러서 여름철에는 피서객이 끊이지 않는다. 언양과 양산을 연결하는 국도에서 이 정자로 들어오는 옛길의 좌우측 길가에는 일제 식민지시대에 심은 오랜 연륜의 벚나무들이 수백 m의 터널을 형성하고 있어서 봄이면 꽃을 구경하려는 상춘객들의 발길이 끊이지 않는 곳이다.

이 정자가 처음 건립된 것이 언제인지는 분명하지 않지만, 작괘천의 가장 아름다운 곳에 자리를 잡아 너럭바위와 시내를 굽어보고 맞은편의 산을 마주하고 있는 이 정자는 언양지방의 시인묵객(詩人墨客)들이 자주 찾은 명소였음을 부인하기 어렵다. 현재의 작천정 옆에는 1910년대와 1958년, 그리고 2005년에 중수하기 이전에 찍은 작천정의 사진과 함께 다음과 같은 설명문이 붙어 있다.

> 작천정은 작괘천(酌掛川)의 너럭바위 위에 있는 정자로 정면 3칸, 측면 2칸의 팔작지붕의 누각 건물이다. 이곳은 고려말 유배온 고려충

> 신 포은(圃隱) 정몽주(鄭夢周, 1337~1392) 선생께서 글을 읽던 곳이라 전한다. 건립유래는 고종 31년(1894)에 언양현감으로 온 정긍조(鄭肯朝)가 1895년 봄에 이 작천정 자리에서 시회를 열고 정각 짓기를 주청하였으며 1899년 울산군수로 온 최시명(崔時鳴)이 1900년 가을에 착공하여 1902년 여름에 준공하고 작천정(酌川亭)이라 명명하였으며 현판의 글은 서예가 김성근(金聲根)이 썼다. 1944년에 작천정보존회가 조직되어 중수하였으며 1955년 중건 및 1967년 중수하여 관리해 오다 2005년 울주군에서 현재와 같이 중건하였다. 너럭바위에는 여러 글들이 새겨져 있는데 시회(詩會) 우수작 및 정몽주 선생을 추모하는 '모은대'(慕隱臺)와 울산의 여류시인인 '이구소'(李九簫, 1894~1991)의 이름도 새겨져 있다.

이 설명은 작천정의 유래를 제법 요령 있게 요약하고 있지만 몇 가지 불확실한 사항도 포함하고 있다. 이곳이 정몽주가 글을 읽던 곳이라는 설명은 확인하기 어려운 전문(傳聞)일 뿐더러 이 정자의 공사를 착공하여 완성했다고 하는 최시명은 울산군수가 아니라 언양군수였다는 것은 수정을 요하는 것이다.

정자에 걸린 송옥(松屋) 오병선(吳昞善)의 〈작천정기(酌川亭記)〉에 따르면, 1887년에 언양의 선비들이 모은 시계(詩稧)[96]가 1895년에는

---

96) 언양의 선비들이 모은 巘山詩契에 대한 글로는 後松 李廷孝(1832~1917)이 쓴 〈巘山詩會契序〉(『後松集』 권3)가 있다. 거기에 따르면, 春三月 꽃피는 날과 秋九月 국화꽃 피는 날에 만난다고 하였으므로, 대개 삼월 삼짇날과 구월 중양절에 만났던 것으로 보인다. 참고로 李廷孝의 〈巘山詩會契序〉의 전문을 제시하면 다음과 같다. "詩本言志 三百篇只是要正人心而已 自漢來 始以聲律爲詩 或冲澹閒遠 或沉着快健 或典雅 或雄渾 而諷咏玩味 則作家之志 槩可想得 而後之學詩者 欲求古而軌範之 則舍此何以哉 巘山諸士 年富文富 而志於詩者也 以春三花辰 秋九菊節 修契事於水石佳處 烟霞勝地 會輒吟哦 道達其情性 模寫其景物 各極其志趣 然則是契也 非止於窮勝事 樂淸時而已 殆亦庶幾乎 各正其心者也 日寄聲於寂寞之濱 要余一言 志其事 抱病閣文墨者 安能當是寄 而况素不解詩者哉 雖然詩者 感於物而發於情者也 苟牽於物而情不得其正 則其爲詩雖雕繪如錦繡 豪壯如鼓吹 亦奚取哉"

언양현감 정긍조(鄭肯朝)에 의해 시사(詩社)로 개편되었으나 그 모임 장소를 구하지 못하다가 1898년에 최시명(崔時鳴)이 언양군수로 온 다음에 공사를 시행하여 1902년 7월에 작천정을 세웠다고 한다.97) 그리고 현재의 작천정은 1943년 겨울의 중수와 1955년의 중건, 1967년의 중수를 거쳐 2005년에 다시 중건된 것이다.

그 이전의 모습들을 보면, 1910년대에 찍은 사진에는 4기둥에 모두 주련이 걸려 있었는데 1958년의 사진에는 정면에서 볼 때 제일 좌측의 주련이 떨어져 나가고 3개만 남아 있었다. 1967년 이후에는 정자의 바깥쪽 기둥 2곳에만 주련이 남아 있었는데98), 2005년에 중건하면서 다시 4개의 기둥에 모두 주련을 달아 놓았다.99) 또 1967년에 중수할 때에는 정자의 정면 한가운데에 '작천정(酌川亭)'이라는 현판을 달고 정면에서 보아 좌측 부분에 '수옥정(漱玉亭)'이라는 작은 현판이 더 달려 있었으나, 2005년에 중수할 때에는 '작천정'이라는 현판을 정면에 걸고 '수옥정'이라는 현판은 뒤쪽으로 옮겨 걸었다. 정자 내부에는 1902년 이후 이곳에서 쓴 시와 중수기(重修記), 상량문(上樑文) 등 19

97) 崔時鳴이 1898년에 彦陽郡守로 부임하여 鄭肯朝 현감이 하지 못한 사업을 부활하고 시사조직을 개편하니 회원이 134명에 달하였다고 한다(『三南誌』, 三南面, 1998, 306쪽). 이를 통해서 보면, 작천정을 회합장소로 했던 彦陽詩社의 규모가 대단했음을 알 수 있다.

98) 정자를 정면에서 바라볼 때, 가장 우측의 기둥에는 "身居摩詰圖中(몸은 마힐의 그림 속에 있고)", 가장 좌측에는 "家在淵明記裏(집은 연명의 기문 속에 있다)"라는 주련이 걸려 있었다. *우측 주련의 摩詰은 盛唐시대의 詩人 王維의 字인데, 그가 陝西省에 있는 輞川地域의 별장을 그린 20장의 輞川圖가 유명한데, 이 주련의 마힐도는 바로 망천도를 가리킨다. 또 좌측 주련의 淵明은 〈歸去來辭〉로 유명한 東晉 말기의 시인 陶淵明을 가리키며, 그의 記는 곧 武陵桃源으로 유명한 〈桃花源記〉를 가리킨다.

99) 정자를 정면에서 바라볼 때 우측 기둥부터 차례로 "家在淵明記裡", "身居摩詰圖中", "楊柳春雨池塘", "桂花秋月樓臺"라는 주련이 걸려 있다. 앞의 주석에서 설명한 2개의 주련 이외에, "楊柳春雨池塘"는 "버들에 봄비 내리는 연못"이라는 뜻이고, "桂花秋月樓臺"는 "계화(桂花 · 木犀)에 가을달이 비추는 누대"라는 뜻이다. 계화는 용담목 물푸레나무과 상록소교목(常綠小喬木)으로 높이는 3~6m쯤 되는데, 중국 원산의 정원수로서 가을에 꽃이 피고 좋은 향기를 낸다.

개의 편액이 걸려 있어서 이곳을 찾은 시인묵객들의 다양한 시문의 세계를 엿볼 수 있다.

(2) 편액에 담긴 시문의 세계

(가) 산문의 세계

작천정에 걸린 편액 중에는 오병선(吳昞善)·오인선(吳寅善)·장두환(張斗煥)·김유일(金裕鎰)의 〈작천정기〉 4편과 김상우(金相宇)의 〈작천정중수기(酌川亭重修記)〉, 송종서(宋鍾瑞)의 〈작천정상량문(酌川亭上樑文)〉이 있어서 작천정이 건립된 경위와 중수의 과정, 작천정을 지을 때의 소망사항 등에 대한 다양한 정보를 제공해 준다. 이 중 〈작천정중수기〉만 1944년에 쓴 것이고, 나머지 글들은 모두 1902년 작천정을 건립할 때 지은 것들이기 때문에 건립 당시의 정황을 살피는 데 도움이 된다.

> 정해년(고종 24년, 1887)에 고을의 선비들이 왕희지(王羲之)의 옛 일을 본받아 젊은이와 늙은이가 함께 하는 계(禊)를 모아 난초를 품평하고 국화를 읊던 날에 술을 마시며 시를 읊은 것이 어울리지 않음이 없었으나, 정사(亭榭)가 지정되어 있지 않은 까닭에 허물하는 사람이 많았다.
>
> 을미년(고종 32년, 1895) 봄에 정긍조(鄭肯朝) 태수가 정사(政事)를 수행하다가 자연 속에서 쉬게 되었는데, 인하여 시냇가에서 소요하다가 계원들에게 시냇가의 바위에 이름을 새기도록 하고 헌양(巘陽)[100]의 시사(詩社)를 창건하였다. 이에 원근의 소리와 기색이 서로 호응하게 됨으로써 온갖 계책을 강구하여 여기에 정자를 세우려 하였으나 이루지는 못하였다.

100) 巘陽은 高巘山의 남쪽을 가리키는 말로 彦陽의 옛 이름이기도 하다.

> 무술년(광무 2년, 1898) 최시명(崔時鳴) 태수가 이 고을에 와서 정긍조 태수가 서두르지 아니한 것을 개탄하고, 정태수의 뜻을 자기의 뜻으로 삼아 세 글자를 바위에다 이어 썼으나 정자를 짓는 일을 마치지는 못하였다. 이에 서쪽으로 떠나는 날에 서까래를 걸치라는 경계를 하였는데 시사에 관련된 몇 사람들에게 매우 간절한 말이었다.
>
> 아, 산수에 정사(亭榭)가 있고, 정사가 산수에 있는 것도 운수가 있는 것인가? 때가 있어서 그런 것인가? 대개 두 태수의 뜻이 다만 부지런하지 않은 것이 아니었는데도 이에 이루어지지 못하였다. 시사의 여러 사람들이 찬란하게도 확고히 논의하여 힘으로 돕고 재물로 도와 나에게 이 일을 맡겼다. 내가 감히 그것을 외면할 수 없었으나 마침 처음 벼슬하는 일에 묶이게 되어, 족질(族侄) 침랑(寢郎)[101] 오정영(吳正泳)도 같은 시사의 동지였으므로 그로 하여금 이 공사를 감독하게 하였다.[102]

이 인용문은 정자의 공사를 담당하였던 오병선의 〈작천정기〉 중의 일부이다. 여기에서 우리는 작천정의 건립이 1887년에 구성된 언양지역 문인들의 작시계(作詩稧) 계원들의 모임 장소를 확보하기 위한 목적에서 시작되었음을 확인할 수 있다. 영화(永和) 9년(353) 3월 3일에 동진(東晋)의 서예가 왕희지(307~365)와 사안(謝安) 등 당대의 명사 42명이 회계산 북쪽의 난정(蘭亭)에 모여 유상곡수(流觴曲水)하면서 시부(詩賦)를 짓고 놀았던 것을 본받아 언양의 문인들이 시사(詩社)를

---

101) 寢郎은 宗廟·陵·園 등에 딸린 令이나 參奉을 이르는 말이다.

102) 歲丁亥與州之襟紳擬王右軍古事 修少長之稧 而評蘭賦菊之日 觴咏無所會合 多愆者以無亭榭之指定也 乙未春 太守鄭侯肯朝莅政 休暇懸於泉石 而因逍遙於川上 使稧之人題名於川上之石 拂巘之詩社 於是乎 遠近聲氣之相應 以百計欲亭焉 而未旣矣 戊戌崔侯時鳴來守是郡 慨然於鄭侯之所未遑 以鄭侯之志爲志而聯三字於石面 而亭籌未竟 迺於皃西之日 間架之戒 丁寧於社之幾人也 噫山水之有亭榭 亭榭之在山水 亦有數而存歟 有時而然耶 盖二侯之志 不惟不勤 於是而未之也 社之羣賢 爛然確議 力綿而補 財絮而助 委余是事也 余不敢外之 然適因筮仕之縻 而族侄寢郎正泳亦同社同志 故使之董役(吳昞善, 〈酌川亭記〉 편액 중에서).

구성했음을 알 수 있다. 그 후에 언양현감 또는 언양군수로 부임한 정긍조, 최시명 등의 적극적인 관심과 격려로 시계는 시사(詩社)로 개편되었고 1902년에 비로소 작천정이 작괘천 가에 세워지게 되었는데, 그 공사는 오병선과 조카인 오정영이 맡아서 완성을 보게 되었다.

> 경인년(고종 27년, 1890)에 고을의 인사들이 시로써 계를 모았는데, 계를 모은 지 무릇 10년이 지났으나 봄의 난초와 가을의 국화에서 느끼는 회포에 들판의 집과 바위 모퉁이에서 방황하였는데, 비 오는 날에 돌아다니는 노고와 바람 부는 날에 흩어지는 탄식은 빼어난 모임에서 부족한 점이었다.
>
> 을미년(고종 32년, 1895)에 정긍조(鄭肯朝) 태수가 고을을 다스리게 되자, 오래지 않아 계를 시사(詩社)로 만들었다. 이웃 마을의 뜻을 같이 하는 선비들이 그림자처럼 거기에 호응하여, 서로 따라서 시냇가의 돌에 이름을 새기게 되었으니, 헌양(巘陽)의 시사 활동이 여기에서 홍성하게 되었다. 그 후에 최시명(崔時鳴) 태수가 정태수의 뜻을 자기의 뜻으로 삼고 공무가 복잡한데도 여가를 찾아 시냇가에서 소요하였으며, 시사의 사람들로 하여금 지우(知遇)로써 대우하고, 흥이 일어나는 것으로써 읊게 하였으니, 참으로 시인들의 업보의 인연이 아니었다면 어찌 능히 이 두 태수의 성대한 뜻을 얻을 수 있었으리요? 대개 두 태수에게는 일찍이 정자를 만들려는 뜻이 있었지만 정자는 두 태수가 있는 시기에 이루어지지 못하여 도리어 시사의 사람들이 개탄하게 되었다. 그래서 시사의 사람들이 확실하게 논의하여 정자를 세우기로 용단을 내리고, 정자를 세울 땅에 시내의 이름으로 편액을 삼았으니 작천정이 이것이다. 정자가 이미 이루어지니 산과 숲, 새와 짐승, 물과 돌, 안개와 구름의 장려(壯麗)함을 다시는 특별한 사람만이 차지할 수는 없게 되었다.[103)]

103) 歲庚寅州之人士 以詩而稧 稧之而凡十年 春蘭秋菊之懷 彷徨於野墅巖阿 雨之日跋蹋之勞 風之日蕭散之歎 有歉於勝會矣 歲乙未太守鄭侯肯朝莅郡 未幾以稧爲社 而隣鄕同志之士 如□影響之 相隨題名於川上之石 巘之爲詩社 於

김유일의 이 인용문도 앞의 오병선의 글과 비슷한 내용을 담고 있기는 하지만, 처음 언양의 선비들이 시계(詩稧)를 모은 것이 1890년이라고 하여 오병선이 주장한 시계의 결성시기인 1887년과는 3년의 차이가 난다. 우리는 이것의 결성 시기는 1887년으로 보고, 결성 후 3년이 지난 1890년에 어떤 계기로 말미암아 시계의 재결성에 버금가는 정도의 조직 개편 등의 상황 변화가 있었던 것으로 이해할 수 있다. 그리고 1895년에 언양현감으로 부임한 정긍조를 중심으로 시계가 시사(詩社)로 개편되었다는 사실은 오병선의 주장과 일치하므로 재론의 여지가 없는 사실임이 분명하다. 또 정긍조의 뒤를 이어 부임한 최시명의 노력과 시사 구성원들의 협조로 정자가 이루어짐으로써 시사 구성원은 누구나 자연의 웅장함과 아름다움을 즐길 수 있게 되었다고 한다.

또 작천정 건립에 중심이 되었던 시사의 인물에 대해서는 장두환의 〈작천정기〉에서 다시 한 번 확인할 수 있다.

> 고을의 선비 사문(斯文) 송종서(宋鍾瑞)와 선사랑(繕司郎) 김유일(金裕鎰), 악원정(樂院正) 오병선(吳昞善)은 산수에 병이 깊고 이 고을의 큰 문장가들이다. 명산이 오랫동안 알려지지 않은 데 분개하고, 많은 선비들이 단합해서 모이는 데 뜻을 기울여 원근의 유학자들을 초청하여 계를 모았다. 좋은 구슬과 비단 그리고 훌륭한 재목 같은 인사들이 온갖 방법으로 급하게 여기고 분연(奮然)히 뜻을 맹서하여 작괘천 가에 정자를 세우게 되었다. 이에 세상 사람들이 작괘천이 이 고을에 있는 줄을 알게 되었고, 이 고을은 작괘천으로 인하여 빼어나게 되

---

是爲盛 其後崔侯時鳴亦以鄭侯之志爲志 而搜暇於公擾 逍遙於川上 而使社之人 待以知遇 詠以興起 苟非詩家之業緣 則豈能得此二侯之盛意哉 盖二侯嘗有爲亭之意 而亭之未竟於二侯之時 猶爲社人之慨然 故社之人確議 而勇斷起亭 於爲亭之地 以川號爲扁 酌亭是也 亭旣成 而山林鳥獸水石烟雲之壯 不復爲別樣人管領也(金裕鎰, 〈酌川亭記〉 편액 중에서).

었다.[104]

벼슬길에 매여 타향에 있다가 고향에 들른 길에 작천정을 찾았던 장두환은 시사의 모임과 정자의 건립에 주동적인 역할을 한 인물로 송종서와 김유일, 오병선을 들고 있어서 이들이 정자의 건립에 중심적 역할을 하였음을 알 수 있다. 또 장두환은 작천정 주변의 아름다운 경치를 다음과 같이 묘사하였다.

> 유명한 구역에 대해 웅장함과 아름다움을 과장할 필요는 없으나, 일종의 둥근 돌이 좌우에 벽처럼 서 있고 그 위치가 물결 가운데 있으니 평상처럼 걸터앉을 수도 있고, 걸터앉아서 휘파람을 불 수도 있으며, 휘파람을 불며 발을 씻을 수도 있다. 달밤에 난간에 기대면 눈 같이 흰빛이 땅에 가득하다. 굽은 물줄기에 술잔을 띄우던 날에 신선이 술잔을 시내에 걸었으니 이로써 작괘천이 된 것이다. 또 시냇가의 바위에서는 술을 깰 수도 있고 취할 수도 있으며, 지팡이를 짚을 수도 있고 절을 할 수도 있으며 대화를 나눌 수도 있다.[105]

이 인용문은 작천정 주변의 널찍한 바위와 그곳을 흐르는 맑은 시냇물의 아름다운 모습과 그것의 다양한 효용성을 강조하여 드러낸 부분이다. 물결에 닳아서 오목하게 파진 바위의 모양을 시냇물을 잔질하는 모습으로 보고, 그렇게 된 것은 옛날 유상곡수(流觴曲水)하던 신선이 그 술잔을 시내에 걸어 놓았기 때문이라고 하여 그 기이하고 아름

104) 州之士人宋斯文鍾瑞 繕司郎金君裕鎰 樂院正吳君昞善痼癖於山水 而爲玆州之宇文也 慨然於名山之久晦 注意於多士之團聚 要遠近之章甫而稧之 琳瑯錦繡杞梓之士 以百計迺者 奮然誓志 起亭於酌川之上 於是乎世人知有酌川之在玆州 而玆州以酌川勝也(張斗煥, 〈酌川亭記〉 편액 중에서).

105) 不必誇壯於名區 而至若一種圓石爲壁立於左右 位置於中流 床而踞 踞而嘯 嘯而濯 憑檻得月之夜 雪色滿地 曲水流觴之日 仙酌掛川 庸是爲酌川 而川上之石 可以醒 可以醉 可以丈 可以友 可以拜 可以語也(위와 같음).

다운 모습을 형용하고 있다. 그런 자연 속에서 술을 마실 수도 있고 술을 깰 수도 있으며, 지팡이를 짚고 소요하거나 인사를 나누거나 대화를 나누는 등의 다양한 용도가 있음을 밝히고 있다.

한편 작천정이 건립되고 나서 40여 년이 경과하자 건물은 퇴락하여 다시 수리가 필요한 상황이 되자 언양지역의 사람들은 다시 그 중수를 논의하게 되었고, 그 결과 1943년 동짓날에는 정자가 다시 중수되어 면모를 일신하게 되었다. 그 과정을 기록한 것이 김상우의 〈작천정중수기〉이다. 그 가운데 중건에 관련되는 부분을 보면 다음과 같다.

> 지금까지 오십 년 사이에 정자는 낡아서 거의 무너질 지경에 이르렀는데, 나는 일찍이 한두 번 지나치면서 늘 개탄해 마지않았다. 계미년(1943) 여름이 밝아 박현진(朴炫鎭)·권의정(權宜正)·유철순(兪哲淳) 세 사람이 그것의 중수(重修)를 모의하여 마침내 시사(詩社) 언덕의 수풀을 깎아 내고 공사비를 대략 갖추어서 낡은 것을 보수하였으나 그래도 완성하지를 못하였다. 최상봉(崔商鳳)씨가 보고 안타깝게 여겨서 특별히 찬조함으로써 그 일을 다시 펼칠 수가 있었으나 역시 비용은 부족하여, 유지(有志)들과 시사의 임원들이 각기 약간의 비용을 염출함으로써 그 일을 끝낼 수 있었으니 그 해 동짓달의 일이었다. 올 여름에 오주영(吳冑泳)씨가 그 정자의 전말(顚末)을 기록하여 나에게 기문(記文)을 부탁하였다.[106]

이 인용문은 작천정의 중수를 모의한 중심인물은 박현진·권의정·유철순 등이었는데, 공사비의 부족으로 어려움을 겪고 있을 때 최상봉의 특별 찬조금으로 공사를 마무리한 사실을 알려주고 있다.

---

106) 至今五十年之間 亭老而瀕于顚覆 予嘗一再過而尋常慨歎 眼於癸未夏 朴炫鎭權宜正兪哲淳三氏謀其重葺 遂斥社麥林木 略具工費 隨朽而補 猶未完 崔商鳳氏見而悶之 特加優助 更張其役 然費亦不足 有志社員各捐略干貲 以訖其功 乃同年仲冬也 今夏吳冑泳氏 以書道其亭之顚末 屬予以記之(金相宇, 〈酌川亭重修記〉 편액 중에서).

이상의 〈작천정기〉들이 대개 작천정의 건립 과정에 있었던 사실의 정리에 초점이 맞추어져 있었다고 한다면, 오인선의 〈작천정기〉는 기왕에 이루어진 시사의 정자인 만큼 잘 가다듬고 지켜나가야 한다는 점에 초점이 맞추어진 글이다.

> 어떤 사람이 작천정이 아름다운 것은 아름다움이 산에 있고, 아름다움이 물에 있고, 아름다움이 돌에 있기 때문이라고 하기에, 나는 "그렇지 않다. 산에는 태화산(太華山)과 소화산(小華山)의 두 보물[107]이 있고, 물에는 무이(武夷)[108]의 구곡(九曲)이 있고, 돌에는 기련산(祁連山)[109]의 이어진 산의 일만 굽이가 있으니, 어찌 작괘천의 아름다움을 오로지 아름답다고 하겠는가?"라고 말하였다. "그렇다면 그대는 정자를 아름답다고 생각하는가?" "그렇지 않다. 정자로는 낭야(瑯琊)[110]에 취옹정(醉翁亭)[111]이 있고, 동파(東坡)[112]에 택승정(擇勝亭)[113]과 서호(西湖)[114]에 유미정(有美亭)[115]이 있으니, 어찌 작천정의 아름다움을

107) 華山二寶는 太華山과 小華山을 두 보물로 파악하고 있다. 太華山은 중국 陝西省 華陰縣의 남쪽에 있는 산으로 華山이라고도 하며, 五嶽의 하나인 西嶽이다. 산의 中峯을 蓮花峯, 東峯을 仙人掌, 南峯을 落雁峯이라 하는데 이것을 華嶽三峯이라 부른다. 韓愈은 〈古意〉 시에서 이 산의 연화봉을 연꽃에 비유하고 "어찌하면 긴 사다리 위에서 열매를 따서 七澤에 심어 根株를 이을까?(安得長梯上摘實 下種七澤根株連)"라고 읊은 바 있다. 小華山은 중국 江蘇省 豊縣의 동남쪽에 있는 산으로 華山이라고도 한다.

108) 武夷는 중국 福建省에 있는 산이다. 산중에 九曲溪가 있고 경치가 매우 좋은데, 宋나라 때 朱熹가 이곳에서 〈武夷九曲〉을 지었다.

109) 祁連山은 중국 新疆省에 있는 산(맥)으로 萬年雪이 있으므로 雪山·白山·天山이라고도 한다.

110) 瑯琊는 중국 安徽省 滁縣의 서남쪽에 있는 산이다.

111) 醉翁亭은 중국 安徽省 滁縣의 瑯琊山에 있던 정자로, 歐陽修의 〈醉翁亭記〉에 따르면 승려 智仙이 짓고 歐陽修가 명명하였다고 한다.

112) 東坡는 중국 湖北省 黃岡縣의 동쪽에 있는 地名이다. 宋나라 때 蘇軾이 이곳에 유배되어 살면서 자기의 號를 東坡라 불렀다.

113) 擇勝亭은 蘇軾이 汝陰 태수로 있을 때 지은 정자이다.

114) 西湖는 중국 浙江省 杭州의 서쪽에 있는 호수로서 明聖湖·錢塘湖·上湖·西子湖라고도 한다. 城西에 있다고 해서 西湖라고 불리는데 경치가 수려하여 명승지로 이름이 높다. 蘇軾이 호수 속에 흙으로 둑을 쌓았다고 한다.

오로지 아름답다고 하겠는가?" "고루하구나, 말이라는 게. 그대는 아름답게 여기는 것이 어찌 이것에서 이것을 취하는가?" 이에 내가 일어나 공경을 표하고 말하기를, "무릇 산과 물과 돌은 천지가 아끼고 감추는 바여서 유명한 구역은 취하기도 하고 버려지기도 하는 것이다. 빼어난 곳에 있는 정자라는 것도 모두 온 세상 사람들이 올라와 보면서 휘파람 불고 시를 짓는 것을 일삼는 곳이다. 진실로 산과 물과 바위를 아름답게 생각한다며, 백년도 지나지 않아 고기잡이와 나무꾼, 목동들에게도 등한시될 텐데 그대들은 어찌 아름답다고 하는가? 정자를 세워서 아름답게 여기면서 하루아침이 지난 후에 바람에 부대끼고 비를 맞아 완전히 푸성귀와 귀리를 헤아리는 마당에 이른다면 그대들이 어찌 아름답게 여기겠는가? 내가 아름답게 여기는 것은 사람에게 있음이지 산림에 있음이 아니다. 이 물과 바위에 있는 정자는, 시사의 사람들로 하여금 정자를 지키게 하리니, 만약 정자가 이루어진 날에 물이 스미고 새면 그것을 고치고, 비바람이 몰아치면 그것을 가리고, 벌레와 좀이 파먹으면 그것을 거두어서, 이 정자로 하여금 나중에라도 쓸쓸히 흩어지는 지경에 이르지 않도록 하는 것이다. 그러므로 산과 물과 바위의 아름다움은 정자의 아름다움에 있고, 정자의 아름다움은 사람들이 아름답게 여기는 데 있는 것이다."라고 하였다.116)

이 인용문은 어떤 사람과 필자의 대화 형식을 빌려서 표현하고 있

115) 有美亭은 西湖에 있는 亭子인 듯하다.

116) 人以爲酌川之美 美在山 美在水 美在石 余曰 未也 山有華山之二寶 水有武夷之九曲 石有連山之萬折 則豈以酌川之美 專美哉 曰 然則子以亭爲美哉 曰未也 亭有瑯琊之醉翁 東坡之擇勝 西湖之有美 則豈以酌亭之美 專美哉 曰固矣哉言乎 子所以爲美 何斯取斯 於是余起敬而語曰 夫山水與石 天地之所慳秘 而名區之所取捨也 亭之於勝地者 亦皆一世登覽嘯咏之事也 苟以山水與石爲美 而百年之間爲漁工水師樵牧者之等閑 則子徒何以爲美哉 以亭之而爲美則一朝之後 爲傍風上雨 完葵燕麥之場 則子徒何以爲美哉 吾所以爲美者在人不在於山林 若水石亭榭也 使社之人守亭 若起亭之日 滲漏焉修之 風雨焉蔽之 虫蠹焉輯之 使斯亭不至於向暮梳山之境 則山水與石之美 在亭之美 而亭之美 在人之爲美也(吳寅善, 〈酌川亭記〉 편액 중에서).

는데, 작천정의 아름다움이 주변의 산이나 물, 돌 때문이 아니라 그것을 잘 지켜나가는 사람에 달려 있음을 강조하고 있다. 이 글은 정자가 어렵게 만든 시사의 모임 장소인 만큼 그것을 잘 가꾸어 나가야 할 당위성을 설득력 있게 표현한 것이다. 이 글에 이어지는 한시는 다음과 같다.

> 난정의 우아한 계를 이 고을에서 계승하는데
> 다만 올라와서 담담하게 놀 뿐이네.
> 작은 다락을 억지로 지어 별세계를 여니
> 기이한 돌에 응수하며 맑은 시내를 끌어안네.
> 무심하게 피어나는 구름 속에 처마에 기대어 자고
> 심지 않아도 피는 꽃으로 산기슭을 채우니 그윽하네.
> 바람 불고 안개 낀 절경을 참으로 그려내기 어려우니
> 하늘이 온통 다 거두지 않았음을 문득 깨닫네.
> 蘭亭雅稧續玆州　　只用登臨淡淡遊
> 强搆小樓開別界　　爲酬奇石抱淸流
> 無心雲出依軒宿　　不種花生補麓幽
> 風烟絶勝誠難寫　　儘覺天公未盡收[117]

이 시는 수련에서 이 고을의 인사들이 난정고사를 계승하여 우아한 모임을 지속한다는 자부심을 드러내었고, 함련에서는 정자를 지어 별천지를 열게 되니 그 정자는 기이한 돌에 응답하면서 맑은 시내를 끌어안는 형국임을 말하였다. 경련은 정자 속에서 누릴 수 있는 느긋한 모습, 즉 피어나는 구름 속에서 처마에 기대어 잠을 자고 철따라 피어나는 야생화를 옮겨 심어 그윽한 정취를 즐긴다고 했다. 마지막으로 미련에서는 이런 아름다운 경관과 정취를 모두 그려내기가 어려운 것

117) 위와 같음.

을 보면 하늘도 모든 것을 다 수용하지는 않았음을 깨달을 수 있다고 하였다. 이 시는 자연 속의 별세계인 이 정자 속에서 누릴 수 있는 느긋한 정취를 그려내고 있다고 하겠다.

송종서의 〈작천정상량문〉은 1902년 가을에 쓴 작천정의 상량문(上樑文)이다. 상량문은 건물의 위치와 건립 목적 등을 다양하게 기록한 문장인데 대구의 활용 등 문학적으로 상당히 세련된 표현이 요구되는 글로서 자연적인 환경뿐만 아니라 인위적인 환경, 그 건물을 이용하는 사람들이 지녀야 할 경계심 등을 담은 실용문의 하나이다.

> 진술하노라. 무릇 하늘이 아끼고 땅이 감추니 시내와 산은 만나게 될 기약을 기다리고, 풍경이 환하고 사람들이 화목하니 정자는 지어서 이루어지는 날이 있다. 이름난 지역은 장관이요, 많은 선비들이 올라왔다. 생각건대 이 작괘천은 언양의 유명한 물줄기요, 영남의 명승지이다. 연고산(蓮皐山)[118]의 원기(元氣)가 서리고 맺혀 서쪽으로 운문(雲門)의 고개를 열고, 석남산(石南山)[119]의 빼어난 빛이 서려 남쪽으로 간월(肝月)의 산록이 달린다. 흰 바위에서 맑고 미끄러운 정기가 물결에 부딪혀 못을 이루니 술잔을 걸고, 붉은 골짜기에서 쏟아져 나오는 물이 바위에 뿜어져 역류하며 굽이치니 술잔을 띄운다. 한 구역의 시냇물과 바위를 정하여, 처음으로 몇 간의 시인을 위한 정자를 경영한다. 저주(滁州)[120]의 여러 봉우리와 숲의 골짜기에서는 비로소 취옹(醉翁)[121]이 샘물로 술을 빚어 마시고, 회계산(會稽山)[122]의 맑은 시내와 소용돌이치는 여울에서는 다시 왕희지(王羲之)가 난정(蘭亭)에서 맺은 계(稧)를 맺는다. 기이하고 큰 바위의 모양은 사방이 끊어져서 우뚝 솟고, 색칠한 서까래와 용마루의 제도는 하루아침에 나는 듯이

118) 蓮皐山은 울주군 언양읍에 있는 산으로, 盤龜臺의 뒷산이다.
119) 石南山은 울주군 언양읍과 경남 밀양시 사이에 있는 迦智山의 다른 이름이다.
120) 滁州는 중국 安徽省에 있는 고을 이름이다.
121) 醉翁은 중국 北宋의 학자·문인이었던 歐陽修의 號이다.
122) 會稽山은 중국 浙江省 蘇興縣에 있는 산이다.

새로 이루어졌다.[123]

이 인용문은 상량문의 앞부분으로서 작천정 주변의 아름다운 산수와 경관을 묘사하고 있다. 작천정 앞을 흐르는 작괘천은 언양의 유명한 물줄기이고 영남의 명승지임을 밝히고, 주변으로는 반구대의 정기가 어린 연고산의 원기가 서쪽으로 뻗쳐 운문령(雲門嶺)이 되고, 석남산의 빼어난 빛은 남쪽으로 달려 간월산(肝月山)이 되었다고 하였다. 정자 앞의 흰 너럭바위에는 물결에 부딪혀 이룬 못이 술잔을 걸어놓은 듯하고, 붉은 골짜기에서 쏟아져 나오는 물이 바위에 뿜어져 역류하며 굽이쳐서 술잔을 띄울 만하다고 하였다. 이곳에 정자를 지으니 곧 구양수(歐陽修)가 취옹정(醉翁亭)에서 술을 빚어 마시고 왕희지(王羲之)가 난정(蘭亭)에서 시계(詩稧)를 맺은 듯하다고 하였다. 그렇게 작천정은 사방에 우뚝한 기이하고 큰 바위 속에 색칠한 서까래와 용마루의 제도로 하루아침에 나는 듯이 새로 이루어지게 되었다고 하였다. 작천정은 주변 경승과 잘 어울릴 뿐만 아니라, 그것을 즐기는 사람들의 풍류가 중국의 구양수나 왕희지에 비기더라도 뒤지지 않음을 자부하고 있다.

누구로부터 모으고 부지런히 일하며 도왔는가? 이를 돌이켜보면 크게 넓히고 이루어 낸 공이로다. 시사(詩社)에서 건물을 경영함은 수십 년 동안의 이식(利殖)에서 모은 자산이고, 시골과 서울에서 관리하고 거치는 노고는 참으로 두어 명의 뜻을 같이 하는 벗들의 몫이었다. 집

123) 述夫 天慳地秘 溪山待遭遇之期 景明人和 亭臺有作成之日 名區壯觀 多士登臨 惟玆酌掛之川 巘陽名流 嶠南形勝 蓮皐之元氣蟠結 西圻嶺雲之門 石山之秀色蜿蟺 南走肝月之麓 白磻清滑之精 觸波成泓而掛酌 紅洞瀉出之水 噴石洄曲而流觴 爲卜一區之泉石 經始數間之詩亭 滁州之諸峰林壑 始飮醉翁之釀泉 會稽之淸流激湍 復修右軍之蘭稧 奇巖巨石之形 四面斗絶而特立 彩椽畫棟之制 一朝翼然而新成(宋鍾瑞, 〈酌川亭上樑文〉 편액 중에서).

의 위와 아래의 법식은 비바람의 도움을 기다렸고, 기이한 것을 찾고 드러낸 형상은 산과 물의 아름다움을 함께 얻었다. 모든 것은 땅이 기이하고 사람이 공을 들인 힘이니, 황홀하기가 마치 하늘과 땅의 도움을 얻었을 때와 같구나. 푸른 산과 푸른 물이 빼어난 곳이니 절로 풍월을 즐기는 주인이 있기 마련이고, 제운루(齊雲樓)[124]와 낙성루(落星樓)[125]는 높아 특별히 문장의 문호(門戶)를 열었다. 박로(欂櫨[126])의 모탕 재목에는 아로새겨 단청(丹靑)을 올리고, 물과 바위의 빙옥(氷玉) 같은 기운은 띠처럼 비치어 유생들이 노닌다. 옛날 수백, 수천 년 동안 휑하고 한가로웠던 곳인데, 지금 최고의 경치로 명승의 구역이 되었음을 생각한다. 뜬 구름에 지나는 나그네가 쉴 만한 곳이 없음을 탄식한 것이 얼마나 많았으랴? 해질녘에 우는 새는 다만 위아래에서 지저귀는 즐거움만을 알 뿐이리. 돌길에서 방황할 때는 누가 임금을 잊지 못하는 것을 영원히 맹세하는 사람이 아니겠는가? 시냇물에서 시를 읊고 술 마시는 때는 대부분이 뜻은 있으나 아직 나아가지 못한 사람들이다. 이것은 청량한 세계에서 빼어난 곳을 가리는 취향을 아는 것이요, 참으로 인간세상에서 초탈한 자세를 생각하는 것이다. 한 조각 모은대(慕隱坮)에서 반구대(盤龜臺)의 절승(絶勝)을 생각하고, 함께 참여한 제명석(題名石)에서 한산(寒山)의 비석[127]을 말하리. 움직이는 물이 구덩이를 채우고 흐르는 것이 점점 바람 부는 아침과 달 뜨는 저녁에 보이고, 그림으로 꾸민 난간의 시문을 주고받는 모임은 난초 피는 봄과 국화 피는 가을철을 맞으리. 다만 이 정자의 빼어난 경치를 볼

124) 齊雲樓는 중국 陝西省 華縣城 안에 있던 누각이다. 이 누각은 落星樓와 함께 높기로 소문이 나서, 宋나라 王禹偁는 〈黃州新建小竹樓記〉에서 "齊雲樓와 落星樓는 높기는 높다.(齊雲落星 高則高矣)"라고 했다.

125) 落星樓는 중국 三國時代 吳의 도읍지였던 建鄴의 동북쪽 桂林苑 落星山에 있던 三重의 누각이다.

126) 欂櫨는 건축에서 기둥 위에 세워 처마를 받치게 한 짜임새를 말한다.

127) 寒山碑는 北魏의 溫子昇이 지은 비문으로 매우 빼어난 문장으로 알려져 있다. 옛날 중국 남방에 살던 庾信이 북방에 와서 다만 溫子昇의 寒山寺 碑文만을 좋아했는데, 후에 남쪽으로 돌아갔을 때 남방 사람들이 북방의 문장이 어떤지를 물었더니 유신은 한산사의 한 조각 돌 이외에 나머지는 모두 나귀나 개 울음소리와 같을 뿐이라고 하였다고 한다.

> 뿐이지만, 모든 것은 저 잔질하는 기이함에 있다. 흰 바위가 나누어져서 세 대롱이 되고 가운데서 하나의 웅덩이가 되어 허공에 걸려 흐르고, 맑은 물결은 양쪽 가로 날아 떨어지다가 앞에서 만곡(萬斛)이 거꾸로 쏟아진다. 이곳에 올라 장쾌하게 유람하면 아름다운 난간이 높아서 위태로운 생각을 잊을 수 없을 테지만, 관람하는 데는 방법이 있으니 마땅히 애초에 기울거나 넘치는 마음이 일어나지 않도록 경계해야 하리.128)

이 인용문은 상량문의 중간부분으로서 작천정을 건립하는 데 참가한 사람들의 면면과 정자의 효용성을 언급하고 있다. 이 일을 하기 위해 수십 년 동안 시사의 구성원들이 재산을 늘려서 모은 과정이 있었고, 또 그 일을 하기 위해 핵심 구성원 몇 명의 헌신적인 노력이 있었으며, 건물의 법식은 비바람의 도움을 받은 것이고 그 형상은 산천의 아름다움을 함께 얻은 것이라고 하였다. 그래서 이 정자의 주인인 시사의 구성원들은 빼어난 풍월의 주인이 될 것이고, 아름다운 다락이므로 특별히 문장가의 문호를 열 것이라고 하였다. 또 이곳은 유생들이 노니는 명승이 될 것이고 지나는 나그네가 쉴 만한 안식처가 될 것이라고 하였다. 산천의 경승을 찾는 사람들에게는 즐거움을 주고, 괴로움에 잠긴 사람들에게는 위안을 주는 곳이 될 것임을 믿고 있다. 주변

---

128) 自何鳩聚拮据之助 顧玆駿拓成立之功 詩社中營建之事 取諸十數年之殖財 鄉洛間管涉之勞 實是二三益之同志 上棟下宇之規 以待風雨之庇 搜奇抉怪之象 兼得山水之佳 儘是地奇人功之力 恍若天佑神助之時 青山綠水之勝 自有風月主人 齊雲落星之高 別開文章門戶 欂櫨枯楔之材 雕飾丹雘之彩 水石氷玉之氣 映帶青衿之遊 伊昔千百年空間之處 念玆第一景名勝之區 浮雲過客幾多休息無所之嘆 夕陽啼禽 但知上下嘈啾之樂 石逕彷徨之時 誰非永矢不諼之士 川流咏觴之際 擧皆有志未就之人 是知清凉界擇勝之趣 實惟人世間超脫之姿 一片慕隱之坮 想像盤龜之勝 參同題名之石 堪語寒山之碑 活水盈科之流 漸看風朝若月夕 畵欄唱酬之會 節值蘭春又菊秋 第見斯亭之絶勝 都在彼酌之怪奇 白石分作三筧 中一泓而掛流 清波飛落兩旁 前萬斛而倒瀉 登斯壯遊不忘華軒高危之慮 觀之有術宜戒濫觴傾溢之心(위와 같음).

의 모은대에서는 반구대의 절승을 생각하고 함께 참여한 제명석(題名石)은 한산사의 비석처럼 명문이 될 것이라고 하였다. 또 계절에 따라 변화하는 다양한 자연의 경관 속에서 이 정자에 올라 장쾌하게 유람하면 난간이 너무 높아서 위태로운 생각을 잊을 수 없을 테지만, 너무 욕심을 부리지 말고 관람하면서 스스로를 절제해야 하리라는 경계의 내용을 담기도 하였다. 아무리 정자가 아름답고 좋은 풍류의 장소가 된다고 하더라도 너무 지나치지 않게 조화의 미덕을 갖추어야 한다는 생각을 드러내고 있다.

> 무지개처럼 굽은 들보를 들어 올리려고 하면서, 이에 집 지은 것을 축하하는 말을 진술하노라.
> 어영차![129] 들보 동쪽을 바라보니[130]
> 문수산(文殊山)[131]의 푸른빛에 한 바퀴가 붉었구나.
> 농부들의 노래는 지는 햇살 밖에서 서로 화답하고
> 땅에 가득한 뽕나무와 삼은 비와 이슬 속에 있다.
> 들보 서쪽을 바라보니
> 높다란 간월산(肝月山)[132]에 새벽구름이 나지막하구나.
> 날리는 폭포수 백 줄기가 다투어 시끄럽게 울어대고
> 옛 골짜기의 붉은 시내에 봄빛이 흐릿하다.
> 들보 남쪽을 바라보니
> 구름 사이의 정족산(鼎足山)[133]에는 푸른 산기운이 방울지는구나.

---

129) 兒郎偉는 上樑할 때 일꾼들이 부르는 소리를 나타내는 말이다.
130) 抛樑은 옛날에 上樑式을 거행할 때 공사의 책임자가 마룻대의 東西南北・上下의 방향으로 만두나 떡 등의 음식을 던지며 기원하는 말을 올리는 것이다. 후대에는 上樑文에서 각 방향을 바라보며 그 쪽을 향해서 기원하는 뜻을 담기 위해 관습적으로 붙이는 套語의 역할을 하는 말이다.
131) 文殊山은 울주군 청량면 율리와 범서면 천상리 사이에 있는 높이 600m의 산이다.
132) 肝月山은 울주군 상북면 이천리와 등억리 사이에 있는 높이 1,083m의 산이다.
133) 鼎足山은 울주군 삼남면 조일리와 경남 양산시 하북면 백진리 사이에 있는 높이 700m의 산이다.

산마다 계수나무 떨기는 은자(隱者)를 찾아 노래하고
밝은 달과 맑은 바람은 다만 이야기를 할 만하다.
들보 북쪽을 바라보니
하늘을 찌르는 높은 바위가 북극성처럼 솟아 있구나.
화장산(花藏山)[134] 아래에는 꽃 누각이 비치는데
완연한 봄빛에 장수(長壽)하는 구역이 열려 있다.
들보 위쪽을 쳐다보니
마치 선학(仙鶴)[135]이 신선을 태우고 내려와 엎드려 우는 소리를 듣는 듯하구나.
봄 산이 빛깔을 보내며 푸르게 서 있고
은하수가 빛을 돌이키니 별과 달이 명랑하다.
들보 아래쪽을 굽어보니
바위 술잔을 하늘이 만들어 날리는 폭포가 쏟아지는구나.
흰 옥 같은 맑은 얼음이 둥글게 어지럽게 모인 자리에
성대(聖代)의 문명된 교화를 실어서 다하는구나.

엎드려 바라노니 들보를 올린 후에 강과 산에는 주인이 있고, 바람과 달은 끝이 없으리. 어떤 이는 웃고 어떤 이는 노래하여 마치 태평시대의 성대한 일을 보는 듯하고, 술 한 잔과 시 한 수도 족히 그윽한 뜻을 무지개처럼 펼치리라. 바위 술잔에 쉬지 않고 흐르는 물은 반드시 술에 취하여 읊조리는 나그네를 만날 것이요, 아름다운 난간을 영구히 보존하는 계책은 뒤를 이어 수선해 나갈 사람을 기다려야 하리라.[136]

---

134) 花藏山은 울주군 언양읍 송대리와 서부리, 상북면 향산리 능산마을 사이에 있는 높이 265m의 산이다.

135) 笙鶴은 仙鶴의 이름이다.

136) 用扇虹樑之擧 玆陳舊賀之辭
兒郎偉 抛樑東 文山葱翠一輪紅 農歌互答斜陽外 滿地桑麻雨露中
抛樑西 崢嶸肝月曉雲低 飛泉百道爭喧豗 古洞紅流春色迷
抛樑南 雲間鼎足滴蒼嵐 山山叢桂歌招隱 皓月淸風只可談
抛樑北 揷天高巖聳宸極 花藏山下映花樓 十分春色開壽域
抛樑上 如聽笙鶴降仙伏 春山送色立蒼然 銀漢瞻回星月朗
抛樑下 石酌天成飛瀑瀉 白玉淸氷團會筵 載歇聖代文明化

이 인용문은 상량문의 마지막 부분이다. 건물 주변 사방과 상하 방향의 다양한 자연환경에 대해 기술하고, 이 건물이 영원히 존속되기를 기원하는 마음을 담고 있다. 동쪽으로는 문수산이 우뚝하고 그 사이에는 건강하게 살아가는 농부들의 전장과 농부들의 보람찬 노래가 있으며, 서쪽으로는 간월산이 높다란데 그 사이에는 폭포와 골짜기가 아름답게 펼쳐져 있다. 남쪽으로는 정족산이 아득한데 그 속에는 은거하는 사람의 노래와 풍월이 가득하며, 북쪽으로는 높은 바위 너머로 화장산이 꽃 속에 쌓여 있고 화창한 봄빛이 완연하다. 들보 위쪽의 하늘에는 학의 울음소리가 들리고 푸른 산과 하늘의 별과 달이 밤낮으로 명랑하며, 들보의 아래쪽에는 술잔처럼 생긴 바위에 폭포수가 요란하여 태평성대의 교화를 펼치는 자리와 같다. 끝부분에서는 이런 훌륭한 경관 속에 존재하는 작천정이기 때문에 이곳을 이용하는 사람들은 모두 태평성대를 누리면서 시와 술로 즐길 것이지만, 건물이 영원하리라는 보장은 없으므로 건물을 영구히 보존할 계책을 마련해 나갈 사람을 키우는 대비책이 필요함을 언급하였다.

이와 같이 〈작천정상량문〉은 작천정의 자연적, 인위적 환경뿐만 아니라 그것을 이용하는 사람들이 앞으로 어떻게 해야 한다는 경계심까지 담아 이 건물이 영구하게 지속되기를 소망하는 간절한 염원을 담고 있다.

(나) 한시의 세계

현재의 작천정에는 총 19수의 한시가 편액으로 걸려 있다. 편액 하나에 한 수의 한시가 기록되어 있는 것도 있고, 2수나 3수가 실려 있는 것도 있다. 글씨체도 해서, 행서, 초서로 된 것 등 다양한 서체를

---

伏願上樑之後 江山有主 風月無邊 或笑或歌猶可見泰平盛事 一觴一咏亦足以蝎敍幽情　石酌不息之流必會醉吟之客　華軒永久之計留待嗣葺之人(宋鍾瑞, 앞의 글과 같음).

보여주고, 편액 색깔도 검은 것과 흰 것, 누런 것이 섞여 있을 뿐만 아니라 그 시들의 창작 연대도 정자가 건립된 1902년 무렵에 지은 것, 1943년 중수하던 때에 지은 것, 그 뒤에 지은 것 등이 혼효되어 있어서 정자의 역사를 한 눈에 살펴볼 수 있다. 먼저 1902년 작천정이 건립될 당시에 지은 시부터 보기로 하겠다.

> 아름다운 산이 깊고 빼어난 곳인데
> 시 짓는 다락이 있는 땅이 있네.
> 돌의 형세는 울퉁불퉁 드러나고
> 물소리는 쫄쫄 소리 내며 흐르네.
> 사귀는 정은 멀고 가까움이 없고
> 계를 모아서 봄가을에 만나네.
> 시냇가에서 거니는 날에는
> 차가운 술잔에서 문득 시름을 잊네.
> 佳山深秀處　　有地起詩樓
> 石勢參差出　　水聲汨澌流
> 交情無遠近　　修契會春秋
> 逍遙川上日　　泂酌頓忘愁

> 마흔 살을 슬며시 살아온 나그네가
> 시사의 다락에서 시를 짓네.
> 둘러싼 구역에는 하나의 바위가 이어지고
> 가득 찬 술잔은 가운데 냇물에 걸려 있네.
> 지경(地境)이 빼어나 천고(千古)를 생각하고
> 이름이 높아 이 가을을 얻었네.
> 신발과 지팡이가 좇을 곳이 있으니
> 세상 사람들과 시름을 비교하지 않네.
> 四十居然客　　詩成結社樓
> 環區連一石　　滿酌掛中流

地勝惟千古　　名高得此秋
屨節從有所　　不較世人愁

이 시들은 1902년 7월 상한에 지은 것으로, 앞의 시는 진롱(盡聾) 장두환(張斗煥)의 작품이고 뒤의 시는 송옥(松屋) 오병선(吳昞善)의 작품으로 하나의 편액에 함께 기록된 작품이다. 이 시들은 정도의 차이가 있기는 하지만 바위와 시냇물이 아름답기 그지없는 빼어난 자연 속에 시사의 모임을 가질 만한 훌륭한 정자를 확보하게 된 만족스러운 마음을 담고 있다.

강남 지방에 이 물가가 있는 줄 누가 알리요?
거처하는 사람은 먼 허공으로 흘러감을 안타까워하네.
돌에는 경향의 많은 선비들의 자취를 새겼고
정자는 작은 다리 곁의 소나무와 대나무 숲속에 세웠네.
매미소리 곁의 소나기에 시인들이 시를 겨루고
모퉁이 밖의 맑은 바람에 태수가 노니네.
봄이 와도 복사꽃 그물을 맺지 말게.
어부가 다시 배를 띄운다 해도 괴이할 게 없다네.
誰識江南有此洲　　居人嗟惜遙虛流
刻石京鄕多士躅　　起亭松竹小橋頭
蟬邊白雨詩家戰　　角外淸風知守遊
春來莫結桃花網　　無怪漁郎再泛舟

이 시도 1902년 7월 상한에 지은 것으로 언양군수 이인성(李寅聲)의 작품이다. 이 작품은 기묘하게 생긴 바위에 수많은 경향의 선비들이 자취를 남기고 있는 터에, 다시 작천정을 지어 그 아름다움을 더한 만큼 앞으로 더욱 많은 시인과 벼슬아치들이 찾아올 것이라는 내용을 담았다. 아울러 봄이 와서 복사꽃이 피면 그것을 밖으로 흘러가지 못하도록 하는 그물을 맺지 말라고 하면서, 그 꽃을 보고 어부가 무릉도원(武陵桃源)인 이곳을 찾아온다고 하여도 이상할 게 없다고 하였다. 시인은 이곳을 동양의 이상향 무릉도원과 같은 곳으로 파악하고 있다.

한편 정자에 걸린 작품은 아니지만 울산 출신의 문인 이정효(李廷孝, 1832~1917)의 시 〈갑진년 물 맑은 가을날에 작천정에서 놀다(甲辰霜清節遊勺川亭)〉(5수)는 이 정자가 건립되고 나서 2년이 지난 1904년에 지은 작품이다.

맑은 비단과 깨끗한 옥이 긴 시내로 걸려 있고
하늘이 쪼아 만든 기이한 구슬은 잔질하는 모양이네.
마고(麻姑)에게 이 물로 술을 빚게 한다면
인간세상의 술 취한 시골에서 신선이 되리.
練澄玉澈掛長川　　天琢瓌奇酌樣然
若使麻姑釀此水　　人間便作醉鄉僊

작천(勺川)이라는 편액은 시냇물을 베고 있는 정자에 부합하고
물굽이의 맑은 소리는 나쁜 기운에서 깨어나라고 외치네.
내년 봄에 한 바탕 술 마시고 시 짓는 자리를 마련한다면
비로소 이름난 지역을 연연해 오던 뜻을 보상받으리.
勺川扁合枕流亭　　水曲清音頓喚醒
來春若辦一觴詠　　始償名區戀戀情[137)]

앞의 시는 작천정 앞에 펼쳐진 술잔 모양의 바위에서 연상되는 시상을 담은 작품으로, 마고에게 술잔이 갖추어져 있는 이곳의 물로 술을 빚게 한다면 인간세상의 술 취한 시골에서 신선이 될 것이라고 했다. 마고는 중국 신화 속에 나오는 선녀(仙女)인데, 마고천(麻姑泉)의 물로 빚은 술을 마고주(麻姑酒)라고 부르므로 그 술을 마시면 시인은

137) 李廷孝, 〈甲辰霜清節遊勺川亭〉(5수 중 첫째 수와 셋째 수), 『後松集』 권1.

곧 신선이 될 수 있으리라는 생각을 담았다.

뒤의 시는 작천정이라는 정자의 이름이 시냇가에 위치하고 있는 정자의 지정학적 조건과 합치되고 있음을 지적한 뒤, 맑은 시냇물 소리는 나쁜 기운에서 깨어나도록 해 준다고 하여 청아하기 그지없는 물소리를 그려내고 있다. 내년 봄에 이곳에 술자리를 마련하고 시를 지을 기회를 갖게 되면 오랫동안 이곳을 그리워하던 그 뜻을 보상받을 수 있으리라는 뜻을 담았다.

풍월을 읊느라고 한가로운 날이 없는데
정자는 시 짓는 선비를 위한 다락이네.
이름을 쓴 바위는 이미 늙었고
잔에 가득한 물은 역류하며 흐르네.
사람은 별세계(別世界)를 찾는데
산은 옛날의 봄과 가을을 안고 있네.
난간에 숨어서 소쩍새의 울음소리를 들으니
소리마다 나라를 떠난 근심이네.

風月無閒日　　亭爲詩士樓
題名石已老　　滿酌水洄流
人尋別世界　　山抱舊春秋
隱檻子規聽　　聲聲去國愁

이정혁(李正赫)의 이 시에는 〈내가 예전에 들으니 작괘정은 사림(士林)에서 지은 것으로 본래 물과 바위가 빼어나다고 일컬어졌다고 한다. 이 해 봄에 여러 벗들과 함께 거닐다가 기세등등하게 이 정자에 올랐다. 편액에 있는 시들을 보니 모두 고금의 유명한 사람들이 지은 것이다. 감격하고 분발하여 감동이 일어나 졸렬함을 잊어버리고, 앞 사람들이 짓고 화답한 자취에 응수하는 것을 족하게 여기고, 또 우리들이 따라서 노는 뜻을 여기에 표한다(余昔聞酌掛亭士林所築 而素稱

水石也 是歲春 與諸益逍遙 峨洋登斯亭也 覽板上詩 皆今古名碩所著也 感發興氣 忘拙 足之以酬前人唱和之迹 又表吾輩從遊之意焉)〉라는 긴 제목이 붙어 있는 것으로 보아, 그가 친구들과 함께 작천정에 와서 지은 것임을 알 수 있다. 이정혁은 1920년 경에 반구서원(盤龜書院)의 뒤편에 모은정(慕隱亭)을 지은 인물이므로, 이 시는 1943년에 작천정을 중수하기 이전에 지은 작품으로 판단된다. 이 작품의 끝에 붙어 있는 "청안 이정혁이 짓고 여강 이원복이 삼가 쓰다(淸安 李正赫稿 驪江 李源福謹書)"라는 설명에 따라 글씨는 이원복이 썼음을 알 수 있다. 이 시는 점점 연륜이 쌓여 가는 작천정의 모습을 보면서 그 아름다움에 감탄하고 있지만, 나라를 잃어버린 일제 식민지시대인지라 소쩍새의 울음소리가 망국민(亡國民)의 수심을 대신하는 것으로 받아들임으로써 서글픈 감정을 드러내고 있다.

천년 전에 난정(蘭亭)이 있은 뒤
작천정이 으뜸가는 다락이네.
저와 같이 흰 돌이 없을 테고
이 사이로 맑은 물이 흐르네.
달빛 비치는 땅은 눈이 번득이는 듯하고
여름날에는 더욱이 가을기운까지 느끼네.
얼마간의 풍경을 거두어들이기 어려운데
붓을 잡으니 홍진(紅塵)의 시름이 일어나네.

千古蘭亭後　　酌川第一樓
白無如許石　　淸有此間流
月地飜疑雪　　夏天剩得秋
難收多少景　　把筆惹紅愁

1943년 동짓달 상한에 편액으로 걸린 이 시는 언양 출신의 기녀이면서 여류시인으로 이름이 알려진 구소(九簫) 이호경(李頀卿, 1894~

1991 初名 鳳仙, 一號 千仞齋)[138]의 작품이다. 이 시는 작품의 말미에 붙은 "이 정자가 퇴락하여 건물이 없어졌을 때에 흩어져서 없어진 현판이 몇 개였던가? 그 중에서도 특히 이구소 여사의 시는 이미 일세에 회자(膾炙)되었던 것이다. 중수하여 준공하는 날 시사의 회원 일동이 그 원고를 애석히 여겨 다시 새겨 문미(門楣)[139]에 걸어서 이 정자의 한 미목(眉目)을 삼고자 할 따름이다.(當亭頹無築之時 幾個吟詠懸板 歸於淪落烏有 就中此女史李九簫詩已爲膾炙一世者也 重修竣工之日 社員一同惜其原稿 再刊揭于楣上 以資斯亭之一眉目耳)"라는 설명에 의한다면, 정자를 중수하기 전부터 걸려 있던 작품이지만 건물이 퇴락하였을 때 없어진 것인데 정자를 중수하면서 다시 만들어 건 것임을 알 수 있다.

이호경은 송옥 오병선에게서 10살 전후로 3~4년간 한시작법을 배우고 17세 때부터 한시를 지었으며, 21세 때 조선 말에 도승지를 지낸 울산의 거부로서 지역 인재를 위한 장학사업 등을 벌였던 김홍조(金弘祚, 1868~1922)의 소실로 지내기도 하였던 인물이다.

이 시는 작천정 주변의 아름다운 경관인 너럭바위와 시냇물의 외관을 묘사하였을 뿐 아니라, 달빛을 받아 빛나는 하얀 모습과 여름날에 느끼는 서늘한 기운까지를 느끼게 하는 감각적인 표현을 더하고 있다. 이런 경관 속에서 좀 더 많은 풍광을 시로 표현하고자 붓을 잡으니 잊고 있던 속세의 시름이 일어난다고 함으로써, 역시 이곳이 속세의 시름을 잊게 하는 선경임을 넌지시 표현하고 있다.

다음에는 1943년 동지에 작천정을 중수하였을 때와 그 이후에 지은 작품들을 살펴보기로 하겠다.

---

138) 이구소의 생애와 한시 세계에 대해서는 성범중, 「구소(九簫) 이호경(李護卿)의 한시(漢詩)」(『울산문학』 42, 「漢詩 속의 세상 산책」 3, 울산문인협회, 2007.12) 참조.

139) 門楣는 문틈 위에 가로 대는 引枋을 가리킨다.

인산지수(仁山智水)로 소문난 땅에
날개를 펼친 듯한 다락이 하나 있네.
구역을 두른 산은 북쪽에서 끌어당기고
술잔에 가득한 물은 동쪽으로 흐르네.
돌은 희어 세 푼 쌓인 눈이요
바람은 맑아 오월에도 가을이네.
지키고 이루는 것은 모두 운수에 맡기지만
잇고 고쳐 나가는 데 대한 시름을 막지 못하네.

仁智聞聲地　　翼然有一樓
環區山北控　　滿酌水東流
石白三分雪　　風淸五月秋
守成都付數　　嗣葺不關愁

이 시는 추관(秋觀) 오주영(吳胄泳)이 1943년 작천정을 중수하여 준공한 날에 지은 작품이다. 이 작품은 물과 산이 아름다운 이곳에 세워진 작천정은 배산임수의 명산임을 밝히고, 앞에서 본 이구소의 시처럼 너럭바위의 흰빛은 세 푼 깊이로 쌓인 눈인 듯하고 맑은 바람은 오월에도 가을기운을 느끼게 할 정도라고 하여 이곳의 환경이 매우 빼어남을 말하였다. 그러나 미련에서는 새로 중수한 정자이지만 이 정자가 얼마나 오랜 동안 유지해 갈 것인지는 운수에 맡긴다고 하더라도 그것을 유지하고 보수해 나가야 하는 일을 생각하면 근심이 생길 수밖에 없음을 토로하고 있다.

작천정의 빼어난 경치가 남쪽 고을에서 떨치는데
뜻을 같이 하는 벗과 백성들이 이 다락을 세웠네.
천하에 둘이 없는 흰 돌인데
세상에는 하나의 맑은 시내가 있네.
좋은 밤에 달이 뜨면 때 아닌 눈이요

긴 여름에 서늘한 기운이 일면 계절 아닌 가을이네.
멋진 이곳에 태수는 오지 않지만
올라온 늙은이들은 참으로 시름을 견딜 만하네.

酌川形勝擅南州　　同志友民起此樓
天下無雙之白石　　世間有一基淸流
良宵月展時非雪　　長夏涼生節外秋
知守不來風景地　　登臨老們正堪愁

이 시는 유철순(兪哲淳)이 1944년 칠월[140]에 지은 것이다. 유철순은 천도교의 신자로서 1919년에 일어난 언양의 만세운동을 결의하였으며 만세 당시에는 일경에 의해 예비 검거되기도 한 사람이다.[141] 이 시 또한 작천정 주변의 수려한 경관을 찬미한 다음, 이곳에 오르면 세상의 온갖 시름을 견딜 만하다고 하였다.

작괘천은 기이하고 빼어난데
어찌 읊조리고 감상하는 다락이 없으랴?

---

140) 流火月은 음력 7월을 가리킨다. 이때 火는 大火星, 즉 心星을 가리키는데, 7월에는 心星이 기운다고 한다.『詩經』「國風(豳風)」〈七月〉의 1장에 "7월 되면 大火星이 기울고, 9월에는 겨울옷을 마련하네.(七月流火 九月授衣)"라는 구절이 있다.

141) 1992년 10월 3일에 작천정 입구에 세워진 삼일운동사적비에는 "己未年 二月에 당시 教區長이었던 金教慶 선생은 高宗 임금의 因山에 참례키 위해 서울에 머물면서 천도교의 秘密地下新聞인 朝鮮獨立新聞과 國民會報를 등사하여 蔚山教區로 보내었으며 三月에는 上京한 李圭章 教人에게 등사한 獨立宣言書를 전해주며 擧事 준비를 서둘라고 당부함에 天道教 교인인 崔海圭, 李圭章, 李圭璐, 李圭千, 郭海鎭, 兪哲淳氏 등은 儒林 대표 李武鍾氏와 협의하여 중진회의를 열고 擧事할 것을 결의하였다. 己未년 四月二日 彦陽 장날을 기하여 옛 彦陽縣에 속했던 언양, 상북, 삼남, 두동, 두서의 五개면에서 모여든 群衆들은 李武鍾, 李圭章, 金聲振, 姜庚贊, 黃善運, 李圭寅氏 등 志士들의 주도에 의해 擧事함에 수천 명의 군중들은 만세를 부르며 抗日運動을 벌였다. 한편 前蔚山教區長인 崔海圭 선생과 崔海璿, 郭海鎭, 兪哲淳氏 등은 日警에 의해 예비 검거되었다."라는 대목이 포함되어 있다.

정자는 이제 제도를 더하여 빛나는데
신선은 옛날에 술잔을 흐르는 물에 띄웠네.
산 빛은 옛날처럼 푸르고
물소리는 가을처럼 시원하네.
눈은 깨었어도 마음이 취하려 하니
이곳에 오면 또 시름을 잊네.
掛酌川奇絶　　那無詠賞樓
亭今增制煥　　仙昔泛觴流
山色靑依舊　　泉聲爽似秋
眼醒心欲醉　　到此却忘愁

정자의 나이 마흔네 살인데
이에 새로운 다락을 지었네.
한가로이 파란 난간 위에 누워
조용히 푸른 물소리를 듣네.
참으로 경영해 온 날짜를 듣는데
능히 백년, 천년을 보전하리.
신선의 술잔이 앞에 걸려 있으니
이것을 바라보며 세상의 시름을 멀리하네.
亭年四十四　　爰作一新樓
閒臥靑欄上　　靜聽綠水流
誠聞經始日　　能保百千秋
仙酌當前掛　　望斯遠世愁

이 시는 1944년 3월 3일에 쓴 것으로 앞의 시는 소산(小山) 최상민(崔商玟)의 작품이고, 뒤의 시는 단산(丹山) 최상봉(崔商鳳)의 작품으로 하나의 편액에 동시에 기록되어 있다. 앞의 시는 작천정이 새로 단장되어 옛 모습을 되찾은 것에 대한 감회와 이곳에서 느끼는 상큼한 정회를 담았고, 뒤의 시는 새로 지은 작천정의 나이도 마흔이 넘은 만큼 앞으로 더욱 잘 보존하여 영구히 지속하도록 해야 한다는 마음가짐을 담은 이외에 작괘천에는 신선의 술잔이 걸려 있는 만큼 이것을 바라보면서 세상의 시름을 멀리하겠다는 다분히 관념적인 시상으로 마무리하고 있다.

일시에 이름을 이어 쓴 곳에
정자를 세우니 바로 이 다락이라네.
어진 사람이 좋아하는 산이 앞과 뒤로 늘어서고
지혜로운 사람이 좋아하는 물이 옛날과 지금에 흐르네.
흰 돌은 땅에 많고
붉은 꼭대기는 가을처럼 차갑네.
여기 올라 시가를 읊는 날에
술잔을 잡고 한가로운 수심을 보내네.
時以聯名處　　　起亭当是樓
仁山前後列　　　智水古今流
白石多於地　　　紅尖冷似秋
登斯歌詠日　　　把酒送閒愁

포은 선생이 시를 읊고 돌아간 뒤
천년이 지나 한 다락이 섰네.
은빛 반석에는 모두가 흰 돌인데
옥 같은 물은 홍류동으로부터 흐르네.
시구를 찾아 난정의 계를 모은 날이요
술잔을 주고받으며 국화를 띄우는 가을이네.
꽃 피고 달 밝은 밤에
눈인가 여기며 몇 사람이나 근심하는가?
圃隱詠歸後　　　千年起一樓
銀盤皆白石　　　玉水自紅流
覓句修蘭日　　　飛觴泛菊秋

花時明月夜　　　疑雪幾人愁

가장 이름난 곳에
날개를 펼친 듯한 높은 누각이 누르네.
새로운 거울은 돌을 갈아 깨끗하고
어지러운 구슬들은 샘솟듯이 흐르네.
텅 비고 밝으니 하늘이 밤과 같고
맑고 시원하니 여름도 가을 같네.
생각은 많으나 빼어남을 가리기 어려워
시구를 찾는데 도리어 시름이 생기네.
第一名區地　　　翼然高壓樓
鏡新磨石潔　　　玉亂噴泉流
虛白天若夜　　　清凉夏亦秋
料多難揀勝　　　覓句反生愁

이 시들은 소화(素花) 신두표(申斗杓), 남강(藍岡) 신성표(申星杓), 백헌(白軒) 이성우(李聲雨)의 작품으로 하나의 편액에 함께 기록된 것으로 보아 같은 시기에 제작되었음을 알 수 있다. 그리고 작괘천 건너편 바위에 새겨진 〈시사원운(時社原韻)〉이라는 신영후(申泳垕)의 시 말미에 "1941년 3월에 불초남 성표가 삼가 새기다(辛巳三月日 不肖星杓謹銘)"라는 구절이 있는 것으로 보아, 이 시들은 1943년에 정자가 중수된 이후의 작품일 것으로 판단된다. 이 시들은 독특한 시상을 담았다기보다는 기왕의 작품들에서 형상화된 것들과 동궤의 시세계, 즉 작천정의 시름을 잊게 하는 효용성을 대개 수용하고 있다. 즉 신두표는 이 정자에서 시를 읊고 술을 마시며 시름을 떨쳐 버린다고 하였고, 신성표는 포은 선생의 자취가 남은 이곳에 정자를 세웠으니 그 정신을 계승하자는 뜻을 담았으며, 이성우는 이곳의 경치가 너무 아름다워서 오히려 시를 짓자면 근심께나 하여야 할 것이라고 하였다.

술잔을 건 모양이 세상에 기이한데
바람을 따르고 달을 좇아 한 번 읊조림이 마땅하네.
물결 소리가 원근에서 오는 것이 어찌 이리 늦은가?
취한 경치는 막히고 통하는데 가는 것도 더디네.
흰 돌은 희고 흐르는 물은 흘러 정해진 날이 없고
맑고 소리 내는 것은 쉬는 때가 없네.
어떤 사람이 이곳에 이르러 기쁘게 서지 않으랴?
절벽 가득한 가을빛이 내 시 속으로 들어오네.
掛酌形容與世奇　　隨風逐月一唫宜
波聲遠近來何晩　　醉景逗通去亦遲
白白流流無定日　　淸淸滮滮不休時
誰人到此非歡立　　滿壁秋光入我詩

작천정 가에 작괘천이 기이한데
굽은 길에 돌아서 만나니 물 또한 마땅하네.
아침에 옅은 놀을 아껴 물가에 임함이 오래고
밤에는 초승달을 어여삐 여겨 창문을 닫는 게 더디네.
하늘 가득한 저녁 비는 갈매기 앞을 지나가고
양쪽 벼랑에 모래가 빛날 때는 기러기 내려앉네.
때와 진흙을 다 씻어버려 한 점의 허물이 없으니
구역에 넘치는 아름다움에 시를 얼마나 짓는가?
酌川亭畔酌川奇　　路轉逢回亦水宜
朝愛澹霞臨渚久　　夜憐新月掩窓遲
一天雨過鷗前夕　　兩崖沙明鴈下時
滌盡滓泥無點累　　溢區佳麗幾成詩

〈작천정운(酌川亭韻)〉이라는 제목으로 지은 이 시는, 취산(鷲山) 김구하(金九河, 1872~1965)와 우강(于岡) 김봉오(金鳳梧)의 작품이다. 하나의 편액에 두 작품을 나란히 새긴 다음 작품의 말미에 "우강 사백

(詞伯)과 함께 수십 년 동안 맑은 물과 같은 사귐을 맺었는데, 황천의 나그네가 된 지 또한 오래 되었다. 시를 읊조리던 정자가 있기에 작천정의 한 모퉁이에 함께 새기게 되었다. 을미년(1955) 늦가을에 취산이 지은 것인데, 나도 당시에 나이 많은 늙은이였다.(與于岡詞伯 數十年 澹水之交 黃泉之客亦久 因唫詩亭在 故仝刻付于川亭一隅也 乙未晚秋 鷲山題 余亦時年老耋也)"라는 설명을 붙여 놓았는데, 여기에 따르면 김봉오의 작품은 그 이전에 쓴 것이고 김구하의 작품은 1955년에 쓴 것이지만 두 사람의 우의를 생각하여 나란히 판각하여 정자에 건 것임을 알 수 있다. 김구하는 통도사의 주지를 오랫동안 역임한 승려인 바 이 시에도 속세를 벗어난 듯한 쇄락(灑落)한 시상을 담고 있으며, 김봉오의 작품 또한 탈속(脫俗)한 사람의 현실을 초월한 듯한 시세계를 그려내고 있다.

고헌산 남쪽에서 첫째가는 구역에
아끼고 간직한 지 몇 년이던가?
나막신 신고 올라와 늘 머무는 곳이요
시를 읊조리며 지팡이를 오래 머물러 사네.
천년토록 닳은 돌은 희고
만년토록 작괘천은 흐르네.
왕유(王維)가 지금 살아 있다고 한다면
그림 속에 거두어들이는 것을 사양하지 않으리.

巘南第一區　　慳秘幾春秋
登屐常留地　　吟節久住棲
千年磨石白　　萬古酌川流
摩詰當今在　　不辭畵裡收

이 시는 1968년 3월 16일 은초(隱樵) 김호동(金皜東)이 쓴 작품이다. 작천정과 작괘천의 아름다운 모습을 그려낸 다음 이 아름다운 경치를 그림으로 담아내지 못함을 한탄하는 내용을 담았다. 왕유(王維)는 성당(盛唐)의 시인으로 남종화(南宗畵)의 창시자이기도 한 인물이다. 만약 왕유가 이 광경을 보게 된다면 반드시 그림으로 그렸을 것이라는 말은 곧 이곳의 풍경이 그림처럼 아름답다는 말과 다르지 않은 표현이다.

편액 가운데에서 우리의 주목을 요하는 작품이 하나 있다. 작품의 창작 연대가 불분명하기는 하지만, 다음 시는 언양 출신의 아송(蛾松) 정택하(鄭宅夏)가 짓고 그 아들로서 영문학 및 민속학자였던 정인섭(鄭寅燮, 1905~1983)이 글씨를 쓴 것으로 내용뿐 아니라 정인섭의 글씨를 살펴볼 수 있는 자료이기도 하다.

> 물은 동남쪽으로 떨어지고 돌은 기이하게 솟았는데
> 날개를 펼친 듯한 정자는 시 짓고 술 마시기에 어울리네.
> 편편히 펼쳐진 얼음과 눈에 봄은 늘 차갑고
> 갈고 쪼은 유리에 세월 또한 더디네.
> 흰 새는 날아가는 그림자와 구분하기 어려운데
> 아리따운 아가씨는 빨래하러 오는 때에 분명히 보이네.
> 빙 두른 구역은 한 가지 빛으로 모두 맑으니
> 내 갓끈을 씻을 만하고[142] 내 시를 베낄 만하네.
> 水落東南石出奇　翼然亭子咏觴宜
> 平鋪氷雪春常冷　磨琢琉璃世亦遲
> 白鳥難分飛過影　紅娥明見浣來時
> 環區一色皆淸淨　可濯吾纓可寫詩

이 시에는 "〈언양의 작천정 음사[143])의 제1회 한시 모임에 참가하여

142) 濯纓은 갓끈을 씻는다는 것인데, 屈原의 〈漁父詞〉에서 "창랑의 물이 맑으면 내 갓끈을 씻을 만하고, 창랑의 물이 흐리면 내 발을 씻을 만하다."(滄浪之水淸兮 可以濯吾纓 滄浪之水濁兮 可以濯吾足)라는 구절이 있다.

뽑힌 시[144]로서 제목은 〈백석탄(白石灘)〉이고, 압운은 '奇·宜·遲·時·詩'자이다.(彦陽酌川吟社第一回參格詩選詞藻 題白石灘 押奇宜遲時詩)"라는 설명이 붙어 있어서 이 시의 제목이 〈백석탄〉임을 알 수 있다. 작천정 주변의 아름다운 경치를 묘사한 다음, 너무나 청정한 지역인 만큼 갓끈을 씻을 수 있을 뿐 아니라 또 시를 베껴 낼 만하다고 하였다.

서남쪽 경치가 빼어난 곳에
산을 파서 한 누각을 지었네.
맑고 한가하여 부처의 세계와 같은데
시를 읊으니 모두 명류(名流)들이네.
안개가 어둑하여 아침이 저녁과 같고
시내가 차가워 여름에도 가을 기운이네.
그 가운데 빼어난 경치가 많으니
참으로 먼지와 시름 씻어내기에 좋네.

形勝西南地　　鑿山築一樓
淸閒如佛界　　嘯咏盡名流
霧暗朝若夕　　川寒夏亦秋
箇中多壯觀　　正好滌塵愁

효간(曉澗) 최한욱(崔翰旭)의 이 시는 언제 지은 작품인지 확인하기 어렵다. 이 시는 수련에서 작천정이 서 있는 곳의 지정학적 위치를 먼저 말한 다음, 함련에서는 주변의 맑고 한가로운 분위기와 이곳을 찾아 시를 읊는 사람들의 면모를 그려내었다. 경련에서는 아침 안개가 자욱하여 저녁인 듯하고 차가운 시내로 인하여 여름에도 가을처럼 서늘한 기운이 일어나는 곳임을 말하고, 미련에서는 그런 산수의 변화

143) 吟社는 詩社의 다른 이름이다.
144) 詞藻는 詩歌나 文章을 뜻한다.

속에 또 빼어난 경치가 많은 만큼 세속의 먼지와 시름을 씻어내기에 좋다고 하여 마치 선경(仙境)에 들어온 듯한 느낌을 그려내고 있다.

한편 작천정에는 한시 애호가라면 누구든지 자기의 작품을 걸 수 있다고 판단한 듯하다. 그 대표적인 예가 다음과 같은 것이다.

> 푸른 산 깊은 물에 흰 바위가 기이한데
> 이 골짜기에 신선의 정자를 세운 것이 마땅하네.
> 산꼭대기에 낀 구름은 늘 희롱하는데
> 날아오는 폭포는 형세가 지체되는 게 아니네.
> 능히 여름 더위를 식힐 수 있으니 참으로 기쁜 곳이요
> 더욱 좋기로는 봄꽃이 활짝 핀 때네.
> 이같이 좋은 곳을 어찌하여 뒤늦게 감상하는가?
> 나는 풍경을 보고 시를 지어 읊조리네.
> 青山深水白岩奇　　此谷仙亭立可宜
> 峯頂帶雲常戲弄　　飛來瀑布勢非遲
> 能消夏暑眞欣處　　尤好春花爛發時
> 如是名區何晩賞　　我看風景作吟詩

〈작천정운(酌川亭韻)〉이라는 제목의 이 시는 2005년에 작천정을 중건하기 전까지 흰 종이에 기록되어 기둥에 붙어 있던 것인데 지금은 없어지고 만 작품이다. 끝에 "대구에 사는 여주 이형식이 쓰다(大邱驪州 李炯植稿)"라는 말이 붙어 있어서 지은 이를 알 수 있다. 이 시는 특별한 시상을 담고 있다고 하기는 어려운 작품이지만, 요컨대 이 시를 통하여 작천정이 한시 애호가들의 한시 창작의 솜씨를 자랑할 수 있는 장소로 애용되기도 하였음을 알 수 있다.

## 4. 기타의 경승 및 사찰 제영

### 1) 기타의 경승 제영

(1) 선바위

선바위는 울산광역시 울주군 범서읍 입암리 태화강 상류의 물 속, 즉 백룡담(白龍潭) 가운데에 우뚝 서 있는 웅장한 바위이다. 깊은 강물 속에서 우뚝 선 그 모습 때문에 예로부터 울산의 수령(守令)과 전국의 시인묵객(詩人墨客)들이 즐겨 찾아 음영(吟詠)하였던 명소 중의 하나였다. 바위의 모양새가 워낙 독특하기 때문에 이 바위에는 오랜 세월에 걸쳐 전설이 전해 오고 있다.

> 옛날, 이 마을에 예쁜 처녀가 있어 마을 총각들이 지분거렸으나 그미는 거들떠보지도 아니했다. 하루는, 중이 동냥하러 마을에 내려왔다가 동네 총각들의 그 처녀에 대한 이야기를 엿듣고 마음이 변하였다.
>
> 중은 그 집 앞에 서서 염불을 외다가 처녀가 공양미를 자루에 부으려는 순간, 그만 그녀의 두 손을 덥석 잡았다. 처녀는 놀라 안으로 뛰어 들어가고 말았지만, 중은 그 처녀를 잊을 수가 없어 발길이 떨어지지 않았다.
>
> 이튿날 아침, 중은 그 처녀가 빨래하러 냇가로 나가자 뒤따라갔다. 빨래하는 처녀를 등 뒤에서 바라보는 중은 뛰어 가 덥석 덮치고 싶었으나 충동을 억제하고 있었다.
>
> 이때였다. 태화강 상류에서 번쩍 선 큰 바위 하나가 유유히 떠내려왔다. 처녀가, 「어머나 이상도 해라, 바위도 장가가나」 하는 순간, 폭음을 일으키며 그 바위가 처녀에게로 들이닥친다. 이 광경을 목격한 중은 재빨리 뛰어가서 그 처녀를 구하려다가 둘이 함께 그 밑에 깔리고, 바위는 여기에 멈춰 섰다 한다.[145]

---

145) 姜吉夫, 앞의 책, 382~383면.

이 설화는 남성의 성기처럼 생긴 바위의 모양새에서 유래한 이야기로서, 동냥하러 왔다가 예쁜 처녀에게 한 눈을 판 승려를 등장시켜서 강물에 떠내려 오던 벌떡 선 큰 바위에게 처녀와 승려가 함께 깔려 죽었다는 어처구니없는 내용을 담고 있다. 그러나 그 바위의 지명 유래담이라는 점에서는 상당히 이채로운 내용을 담고 있다고 하겠다. 그냥 서 있는 바위라는 의미의 선바위(立巖)가 아니라, 남성의 '번쩍 선' 성기처럼 생긴 바위, 즉 남성의 발기된 성기처럼 생긴 바위라는 묘한 해석을 담고 있기도 하다.

이곳은 예로부터 아름답고 영험하기로 소문이 나서 가물 때에는 기우제를 지냈을 뿐 아니라 전국에서 문인들이 찾아와서 시문을 지은 곳이기도 하다. 또 그 옆에 있는 입암정(立巖亭, 현재는 龍巖亭이 있음)이라는 정자는 바위와 물을 부감(俯瞰)하기에 좋은 곳이다.

이정인(李廷仁)[146], 〈입암정기(立巖亭記)〉(『蔚山邑誌』)

정자는 바위 때문에 만든 것이니, 이 바위가 없었다면 어찌 정자를 세웠으리요? 부(府)의 치소(治所) 앞에는 큰 시내가 강을 이루고 있다. 시내를 따라 이십여 리를 올라가면 물이 돌면서 못을 이룬다. 폭이 수백 이랑이나 되는데 어떤 영물이 살고 있어서 가뭄이 들 때마다 기우제를 지내면 효험이 있으므로 백룡담(白龍潭)이라고 부른다.

못 가운데에는 매우 우뚝한 바위가 있다. 높이는 수십 길이 되고 돌이 쌓여 기이한 절벽을 이루고 있어서, 그것을 쳐다보면 높고 가파르므로 선바위(立巖)라고 한다. 바위의 북쪽에는 푸른 벼랑이 둘러싸고 있는데, 다만 한 줄기 산기슭이 남쪽으로 뻗어서 작은 터를 이루고 있으므로 마침내 몇 개의 서까래를 걸어 놓았으니, 이것이 입암정(立巖

146) 李廷仁(1734~?)은 조선 후기의 문신이다. 생평(生平)이 자세하지 않으나, 『司馬榜目』에 따르면 字가 善長이고, 본관은 全州이며, 英祖 50년(1774)에 진사가 되었음을 알 수 있다. 후에 울산부사를 지낸 사실이 확인된다.

亭)이다.

정자가 이루어지고 나서, 낙성식을 하는데 어떤 객이 말하기를, “이 바위는 촉석루(矗石樓)만큼 높지도 않고 기이하기로는 수미정(須彌亭)에 미치지 못하니, 이 바위는 물속에 있는 한 괴상한 바위일 뿐이다. 그러니 어찌 이 바위에서 (뜻을) 취하여 정자를 삼을 필요가 있느냐?” 라고 하였다. 내가 웃으면서 말하기를, “이 바위 때문에 정자를 지은 것이 어찌 높고 기이한 점 때문이겠느냐? 저 촉석루와 수미정은 모두 산에 기대거나 붙어 있는 것이니 어찌 이 바위가 물속에 홀로 선 것과 같겠느냐? 여러 물들이 넓게 흘러 밤낮으로 부딪치는데 무한의 시간이 지났어도 그 형상이 무너지지 않고, 풍상을 실컷 겪었어도 그 자태가 변하지 않으니, 늠름하기는 무너지는 물결 속에 버티고 있는 지주(砥柱)[147]와 같고, 엄연하기는 용감히 물러나는 고인(高人)과 같다. 마치 하늘을 뛰어넘어 범할 수 없는 기상이 있는 장수와 같으니 이것을 취해서 정자를 지은 것이다. 그러나 그것은 흘러오는 줄기가 없고 그 뿌리는 바닥이 없으며, 올라가려고 해도 층계가 없지만 바라보면 문득 상쾌해지니, 높지 않다고 할 수 없을 것이다. 버티는 모습은 층진 탑과 같고 쌓인 모양은 과일을 늘어놓은 것과 같은 것이 앞으로 넓은 벌판에 닿아 있고, 산봉우리는 빼어나고 환한데 위로 세 봉우리가 늘어서서 구름과 안개가 어두웠다 밝았다 하니, 기이하지 않다고 할 수 없을 것이다.

또 바위가 여기에 있은 지 몇 천 겁(劫)이나 되었는지 알지 못하고, 지방의 수령[148]으로 이곳에 온 사람이 몇 백 명이 되는지 알지 못하지만, 일찍이 이 정자를 지을 마음을 가지지 않았으니 이것은 또한 반드시 기다리는 바가 있어서 그럴 것이다. 사물의 이치는 서로 변하기 마련이고 흥성함과 패망에는 운수가 있는데, 전에 미처 이룰 겨를이 없던 것이 오늘에 이루어지게 된 것을 어찌 우연이라고 하리요? 여기에 이 바위가 있어서 이 정자가 없을 수 없기에, 지어서 기록한다.

---

147) 砥柱는 중국 河南省의 黃河 중류에 있는 산으로, 激流 속에 기둥처럼 곧게 서 있어서 붙은 이름이다.

148) 分憂는 임금의 근심을 나누어 가진다는 뜻으로 지방관을 가리킨다.

亭爲巖作也 無是巖 則將焉用亭也 府治之前 大川成江 緣川而行二十餘里 水滙而成潭 廣可數百畝 而有物居之 每歲旱禱雨 則輒有驗 故名之曰 白龍潭

潭之中 有石特立 高可爲數十丈 而矗成奇壁 仰之巉嵒 故名之曰 立巖 巖之北 蒼壁環列 獨一麓南走 而成小基 故遂架數椽 此立巖亭是也

亭成而落之 有客曰 是巖峻不及矗石 奇不如須彌 是不過水中一怪石而已 則奚取於是巖 而必以亭爲也 余笑曰 是亭之取於巖者 豈獨峻且奇也 彼矗石須彌皆依附於山 而孰如是巖之獨立於水也 衆水洪流日夜衝撞 而經閱浩劫 不壞其形 飽盡風霜 不變其態 凜然乎若頹波之砥柱 儼然如勇退之高人 若將有凌霄漢不可犯之像 是之取而亭也 然其來無脈 其根無底 攀之而無階 望之而輒爽 則不可謂不峻矣 撑如層塔 矗若排果 前臨曠野 峯巒秀朗 上列三峯 雲煙晦明 不可謂不奇也

且巖之在於是者 不知爲幾千劫 分憂而來此者 不知爲幾百人 曾不以是亭爲意 則是亦必有待而然也 物理相遷 興廢有數 前所未遑 而得成於今日者 豈非偶然哉 此有是巖而不可無是亭 故作而識之

이 글은 울산부사 이정인(1734~?)이 백룡담(白龍潭)이 내려다보이는 선바위 옆의 언덕에 정자를 짓고 나서 지은 기문(記文)이다. 너무나 기이하게 생긴 바위를 감상하기 위해 정자를 세워 입암정이라고 하였으나, 높이와 기이함의 부족이라는 측면에서 그것을 마뜩하지 않게 여기는 사람이 있으므로 그를 설득하기 위한 것처럼 글의 형식을 갖추어서 지은 이 글의 핵심적인 내용은 다음과 같다. 즉 이름난 있는 정자는 대개 언덕에 기대어 있지만 이 정자만은 물속에 홀로 서 있어서 그것들과는 비교할 수 없는 독특함을 지닌다는 것이다. 구체적인 이유로, 무한 세월 동안 물결에 부딪히면서도 무너지지 않는 형상과 자태는 황하(黃河)의 지주(砥柱)처럼 늠름하고 용감히 물러나는 고인(高人)처럼 엄연하며, 용감한 장수처럼 범할 수 없는 기상이 있음을 들고 있다. 또 그 바위는 흘러오는 줄기가 없고 그 뿌리는 바닥이 없으며,

올라가려고 해도 층계가 없지만 그것을 바라보면 문득 기분이 상쾌해지므로 물리적인 높이와 상관없이 감정상 그것이 높다고 하지 않을 수 없으며, 물속에 버티고 서 있는 탑 같은 모습이 넓은 벌판에 닿아 있을 뿐 아니라 빼어나고 환한 산봉우리 셋이 늘어서서 구름과 안개 속에서 어두웠다 밝았다 하므로 그것이 기이하지 않다고 할 수 없으므로, 선바위에 세운 이 정자는 높이와 기이함이라는 측면에서도 다른 정자들의 그것에 비해 빠질 것이 없다는 점을 강조하고 있다.

김용한(金龍翰)[149], 〈입암정기(立巖亭記〉)(『念睡軒集』)

학성(鶴城) 서쪽에 하나의 물이 있으니, 반구대에서 동쪽으로 와서 백룡담이 된다. 못 가운데 선바위가 있는데, 바위의 높이는 스무 길쯤 된다. 가물 때마다 기우제를 지내면 문득 감응이 있어서 그 위에 대개 신령함이 있다고 한다. 바위의 모퉁이에 작은 정자가 있는데, 정자를 지은 분이 누구인가 하면 지금 일학헌(一鶴軒)[150]의 주인이다. 주인이 나에게 기문의 글을 부탁하기에 나는 다음과 같이 말한다.

"무릇 바위라는 물건은 한 하나의 딱딱한 돌멩이에 지나지 않습니다. 대개 그것이 우뚝하게 엎드리거나 우묵하게 파이거나 텅 비어 열리거나 거만하게 버티고 있는 것들이 각기 그 모습을 갖추지 아니한 게 없습니다. 그런데 이 바위는 물에서 특별히 솟아 있어서 마치 신(神)의 도끼로 교묘하게 다듬어 물줄기 가운데 지주(砥柱)를 만든 듯하고, 오정(五丁)[151]이라고 하더라도 뽑지 못할 형세가 있으니 다만 바위가 기이할 뿐만 아니라 서 있는 것이 참으로 기이한 것이다. 그것은 간혹 풍상이 흔들고 깎아서 산과 계곡이 변하게 하기도 하는데도,

149) 金龍翰(1738～1806)은 조선 후기의 문인으로, 字는 雲翼, 號는 念睡軒, 본관은 慶州이다. 徐錫麟의 門人으로 正祖 13년(1789) 進士試에 합격하였다. 문집으로 『念睡軒集』이 있다.

150) 一鶴軒은 蔚山府의 政堂 이름이다.

151) 五丁은 중국 설화에 나오는 다섯 명의 力士이다.

변하지 않는 모습을 유지하는 사물은 드문 것이다. 유독 이것은 능히 그 옛 모습을 잃지 않으니 이것은 진실로 절의를 지닌 것으로 숭상할 만하니, 어찌 주인이 취하여 정자를 지은 것이 아니겠는가? 그렇지 않으면 백겁(百劫)이 지나는 동안 이 나라를 지킨 사람이 어찌 한계가 있으랴? 그런데 바위가 마치 오늘까지 기다림이 있는 듯하니 어찌 우연이겠는가? 옛날에 유자후(柳子厚)[152]가 못 서쪽의 작은 언덕을 얻고서 돌에 써서 축하하였는데,[153] 이제 주인이 정자에 쓴 글씨를 만난 것은 이 바위를 만나게 되었기 때문이다. 그러나 그 바위도 사람이 서 있는 것을 바라보게 될 것이다."

鶴城西有一水 自盤龜而東 爲白龍潭 潭有立巖 巖高可二十丈 每値旱禱雨輒應 其上蓋有靈云 巖之隅有小亭 作亭者誰 今一鶴軒主人也 主人屬余文以記之 余曰 夫巖之爲物 不過一石之頑 蓋其隆然而伏 漥然而陷 呀然而闢 踞然而峙者 非不各具其態也 然是巖也 特立於水 若神斧之巧鑿 作砥柱於中流 五丁有不拔之勢 非巖之獨奇也 立之誠奇也 其或風霜之震剝也 陵谷之遷變也 物之保其常者 鮮矣 惟是則爲能不失其故 是固節義者 尙之 豈主人之所以取以爲亭乎 不然閱百劫 守是邦者何限 而巖若有待於今日 豈偶然哉 昔柳子厚得潭西小邱 書石以賀 遭今主人之書于亭 所以賀玆巖之遭也 然其巖也 亦可見人之立也夫

이 글은 울산 출신의 선비 김용한(1738~1806)이 쓴 입암정(立巖亭)에 대한 기문(記文)으로 울산부사 이정인(李廷仁)의 부탁을 받아 지은

152) 柳子厚는 唐의 학자이자 시인인 柳宗元(773~819)의 字이다. 河東 사람이므로 흔히 柳河東으로 불리었다. 20세에 관직에 나아가 監察御史를 거쳐 禮部員外郎이 되어 王叔文의 개혁정치에 동참하였다가 실패하여 柳州刺史로 貶謫되어 거기에서 죽었다. 학문과 시문에 다 능하였으며, 특히 우언의 형식을 빌린 문장으로 유명하여 韓愈와 함께 古文運動의 쌍벽을 이루었다. 『柳河東集』을 남겼다.

153) 柳宗元은 〈鈷鉧潭西小丘記〉(『柳河東集』)에서 "바위에 글씨를 쓰는 것은 이 언덕을 만나게 된 것을 축하하기 위한 까닭이다.(書於石所以賀玆丘之遭也)"라고 하였다.

것이다. 이 글도 이정인의 기문과 마찬가지로 선바위의 기이함을 드러내는 데 초점이 맞추어져 있다. 이 바위는 기이하기 그지없어서 마치 신의 도끼로 교묘하게 다듬어 물줄기 가운데 지주(砥柱)를 만든 듯할 뿐 아니라 전설상의 역사(力士)인 오정(五丁)도 뽑지 못할 형세가 있다고 하였다. 그리고 세상의 모든 것은 풍상에 흔들리고 깎이기 마련이지만, 유독 이 바위만은 옛 모습을 잃지 않고 있어서 진실로 그 절의를 숭상할 만하기에 이 정자의 주인은 바로 이 뜻을 취하여 정자를 지었을 것으로 판단하고 있다는 뜻을 드러내었다. 억겁(億劫)의 세월 속에서도 꿋꿋이 서 있는 그 자태에서 추출되는 절의의 관념을 취하여 이 정자를 지었음을 강조하고 있다.

다음에는 선바위를 대상으로 한 한시를 몇 수 살펴보기로 하겠다.

김종직(金宗直), 〈팔월 보름날 절도사를 모시고 선바위에서 놀다(八月十五日 陪節度使遊立巖)〉(3수)(『佔畢齋集』)

쇠를 깎은 듯 열 길이 넘는 기이한 바위가
못 가운데 거꾸로 꽂혔으니 그림도 그것만은 못하리.
저녁연기가 퍼져 층진 것이 반쯤 드러나는데
날아오른 들오리가 내려와서 물고기를 무네.
奇巖削鐵十尋餘　　倒插潭心畵不如
日暮煙橫層半露　　駕鵝飛上落銜魚

바위 밑 물이 도는 곳이 바로 용추(龍湫)인데
아마 시인이 이태 만에 노니는 것을 의아해 하리.
문득 평지에서 바람과 우레가 일어날까 두렵지만
급세 가인(歌人)과 악공(樂工)을 재촉하여 물가로 내려가네.
洄洄巖底是龍湫　　應訝騷人隔歲遊
却恐風雷起平地　　須催歌吹下芳洲

원융(元戎)과 담소하며 헤엄치는 피라미를 완상하고
흥이 나서 돌아오노라니 이슬이 물가에 흥건하네.
취한 눈으로 말 머리 위의 단정한 달을 바라보고는
문득 이미 중추가절(仲秋佳節)이 되었음에 놀라네.
元戎談笑翫游鯈　　乘興歸來露滿洲
醉看馬頭端正月　　忽驚佳節已中秋

이 시는 점필재(佔畢齋) 김종직(1431~1492)이 세조(世祖) 10년(1464)부터 세조 12년까지 경상좌도 병마평사(慶尙左道兵馬評事)로 울산 병영(兵營)에 근무하던 시기에 절도사(節度使)를 모시고 선바위에 와서 놀면서 지은 작품이다. 이 시는 책상머리에 앉아서 문서를 처리하는 일상에서 벗어나 빼어난 경관을 자랑하는 선바위를 찾아가서 노닌 하루 동안의 일정과 감상을 차분한 필치로 그려내고 있다.

첫째 수는 열 길이 넘는 기이한 바위가 못에 거꾸로 꽂혀 있는 모양을 그린 다음, 저녁 무렵에 물고기를 물려고 내려오는 들오리의 모습을 담아내고 있다. 그림보다 아름다운 선바위의 모습이 선연하게 드러나고 있다.

둘째 수는 용추(龍湫), 즉 백룡이 산다는 백룡담의 신비로운 모습을 그려내고 있다. 이곳은 예로부터 가물 때에 기우제(祈雨祭)를 지내던 곳인 만큼 비를 관장하는 용의 맹위(猛威)를 상상하며 시상을 전개하고 있는데, 평지에서 바람과 우레가 일어날까 두렵기는 하지만[154] 그

154) 이 시에 붙은 서(序)에는 다음과 같은 설명이 붙어 있다. 선바위는 울산의 서북쪽으로 20리쯤에 있다. 물은 재약산(載藥山)에서 나와 동쪽으로 흘러 언양(彦陽)을 경유하여 바다 어귀에 이르러서 황룡연(黃龍淵)으로 들어간다. 선바위는 그 굽이쳐서 돌아가는 곳에 있는데, 물 가운데 우뚝하게 서 있어서 그것을 바라보면 마치 부도(浮屠)와 같다. 그 밑은 깊이를 헤아릴 수가 없는데, 세속에 전하기로는 그곳에 용이 있다고 한다. 가뭄이 든 해에 호랑이의 머리를 그곳에 넣으면 반드시 비가 온다고 한다.(立巖 在蔚山西北二卜里許 水自載岳出 東流經彦陽到海口入黃龍淵 立巖在其洄曲處 巍然立于水中 望之若浮屠 其下深不可測 俗傳有龍焉 歲旱 沈虎頭 必雨)

아름다움에 이끌려 금세 기생과 악공을 재촉하여 물가로 내려가는 모습을 담아내고 있다.

셋째 수는 선바위에서 놀고 돌아오는 길의 감회를 담고 있다. 원융(元戎), 즉 절도사와 함께 담소하며 물고기를 구경하고 돌아오는 길에는 벌써 이슬이 물가의 풀을 흥건하게 적시고 있는데, 취한 눈으로 말머리 위에 뜬 달을 보고서 오늘이 벌써 중추절이 되었음에 놀라는 마음을 담고 있다.

권상일(權相一), 〈선바위(立巖)〉(『淸臺集』)

바위는 태고(太古) 이래 늙어가고
강물은 천지의 기운 속에 흐르네.
고고(孤高)하여 백 길 높이로 서고
우뚝하여 하늘 한가운데 허공에 있네.
문득 부딪치는 물결의 힘을 막아내니
아마 지주(砥柱)의 공적과 같으리.
우러러보니 느낌과 분발이 많은데
천고에 뜨거운 장부의 풍도(風度)라네.

石老鴻荒後　　江流元氣中
孤高百丈立　　突兀半天空
却捍衝波力　　應同砥柱功
仰瞻多感發　　千古烈夫風

이 시는 김종직의 시와는 달리 제재(題材)인 선바위의 변하지 않는 절의를 그려내고 있다. 태고시절부터 서 있는 바위와 끊임없이 흐르는 강물이 서로 힘을 겨루면서 오랜 세월을 버티고 있는 형상에서, 천년토록 변하지 않는 맹렬한 사내의 풍모를 연상해 내고 있다. 이러한 관념이 선바위를 바라보는 일반적인 측면이라고 할 것이다.

이양오(李養吾)[155], 〈선바위(立巖)〉(『磻溪集』)

백룡담(白龍潭)은 푸른 유리와 같은데
가운데에는 높이 솟은 푸른 바위가 위태롭네.
먼 데서 바라보면 높다란 사람이 한창 우뚝하고
가까이 와서 보면 늘어선 산봉우리가 매우 맑고 기이하네.
지주(砥柱)가 이것과 같은지는 알지 못하지만
천태산(天台山)이라 하더라도 이보다 낫지는 않으리.
만약 원장(元章)[156]에게 여기에 와서 놀도록 한다면
응당 '돌 어르신(石丈)'[157]이라고 부르며 서로 떨어지지 못하리라.

白龍潭似碧琉璃　　中有蒼巖矗矗危
遠望高人方偃蹇　　來看列岫極淸奇
未知砥柱如斯否　　雖以天台莫過之
若使元章遊此地　　應呼石丈不相離

이 시 또한 맑고 푸른 백룡담 속에 우뚝 서 있는 선바위의 웅자(雄姿)를 그려내고 있지만 그 귀결은 앞에서 살펴본 시편과는 다르다. 앞의 작품에서는 선바위에서 추출되는 절의의 관념에 초점이 맞추어져 있지만, 이 시에서는 오히려 옛날 돌의 아름다움에 빠져서 살았던 송(宋)나라의 미불(米芾)을 끌어와서 그가 이 바위를 보았다면 '돌 어르신(石丈)'이라고 부르면서 이곳을 떠나지 못하고 살았으리라는 가정으

155) 李養吾(1737~1811)는 조선 후기의 문인으로, 字는 用浩, 號는 磻溪이며, 본관은 鶴城이다. 中樞院使 蓺의 후손이고, 宜琛의 아들이다. 癡庵 南景羲와 매우 친밀하였고 후생 교육에 힘을 쏟아 李觀吾 등의 문하생을 키웠다. 문집으로 『磻溪集』이 있고, 『詩學指南』이라는 學詩書를 남겼다.

156) 元章은 중국 송나라 사람 米芾의 字이다. 原名은 黻, 호는 鹿門居士·襄陽漫士 등이다. 글씨에 능하여 行書·草書에 뛰어나서 蔡襄·蘇軾·黃庭堅과 함께 宋四家로 불리었으며, 산수화에도 빼어났다. 그는 성품이 돌을 좋아하여 기이한 것을 만나면 朝服을 차려 입고 禮를 표하면서 '石丈(돌 어르신)'이라고 불렀다고 한다.

157) 石丈은 '돌 어르신'이라는 뜻으로, 송의 米芾이 기이한 돌을 높여 부른 말이다.

로 마무리하고 있다. 이처럼 선바위는 그 생김새나 위치가 보통의 바위와 다른 독특한 점을 강조하고 있다.

이근오(李覲吾)[158], 〈입암정 시에 차운하다(次立巖韻)〉(『竹塢遺集』)

돌 어르신은 천겁(千劫)의 세월 속에 높다란데
바람이 갈고 물결이 갉을수록 몸통은 더욱 굳어지네.
높은 누각이 아래로 굽어볼 뿐 땅은 많지 않은데
한 줄기 물에 잠겨서 소통하니 하늘이 조그맣게 남아 있네.
옮겨온 봉래도(蓬萊島)는 서릿발 같은 뼈대가 솟아 있고
안온한 금화산(金華山)[159]에서는 하얀 양이 잠을 자네.
머뭇거리며 열 걸음을 걷는 동안에 자주 머리를 돌리는데
안타까운 이별에 말이 앞으로 나아가지 않은들 무슨 상관이 있으랴?
石丈巖巖千劫年　　風磨浪齧體愈堅
危樓下瞰無多地　　一水潛通有小天
蓬島移來霜骨聳　　金華安穩白羊眠
遲回十步頻回首　　惜別何妨馬不前

이근오(1760~1834)는 이 시에서 아름다운 경치 속에 위치한 정자를 떠나기 싫어서 머뭇거리는 마음을 담고 있다. 천겁(千劫)의 세월을

158) 李覲吾(1760~1834)는 조선 후기의 문신으로, 본관은 鶴城이다. 초명은 中吾, 字는 聖應, 號는 竹塢이다. 울산 출신으로, 南龍萬의 문하에서 수학하고, 李鼎揆와 교유를 맺고 학문을 강마하였다. 正祖 13년(1789)에 진사가 되고, 이듬해 증광문과에 병과로 급제하여 1791년에 승문원부정자가 되었다. 그 뒤 奉常寺參奉, 成均館·校書館博士, 成均館典籍 역임하고, 兵曹佐郎을 거쳐 1819년에 司憲府持平에 이르렀다. 관직에서 물러나 養士齋를 짓고 후진양성에 힘썼다. 문집으로 『竹塢遺集』이 있다.

159) 金華는 金華山을 가리키는데, 晉나라 葛洪의 『列仙傳』에 따르면 晉代에 도를 얻어 신선이 된 赤松子는 원명이 黃初平인데, 15세에 도사를 만나 이 산에 들어가서 도를 닦아 500세가 되어서도 어린아이 모습을 하였다고 한다. 여기에서는 선바위 주변의 산을 가리킨다.

묵묵히 견뎌 온 '돌 어르신(石丈)'과 같은 선바위는 바람과 물결 속에 갈리고 갉힐수록 더욱 굳어지게 되었음을 말한 뒤, 물을 굽어보는 정자와 한 줄기 물에 비친 조그마한 하늘이 인상적임을 지적하고 있다. 경련에서는 봉래산을 옮겨온 듯한 서릿발 같은 뼈대의 바위가 솟아 있고, 신선이 살 만한 주변의 산에서는 하얀 양들이 잠을 자는 듯하다고 하여 주변의 경관을 묘사한 다음, 미련에서는 이곳을 떠나기 싫어서 자주 머리를 돌려 바라보노라니 말도 이곳을 떠나기 싫은지 앞으로 나아가지 않는다고 하여 이곳을 떠나기 싫어하는 시인의 마음을 말에다 이입(移入)하고 있다.

(2) 대왕암

대왕암[댕바위]은 울산광역시 동구 일산동 대왕암공원 동남단의 바다 물속에 있는 바위섬이다. 경북 경주시 양북면 봉길리(奉吉里) 앞바다에 있는 수중릉(水中陵)으로 유명한 신라 문무왕(文武王)의 왕비와 관련된 설화가 전승되고 있다. 즉 왕비의 영혼이 호국(護國)의 용(龍)으로 변하여 문무왕 수중릉보다 남쪽에 있는 울산 앞 바다로 날아와서 이 바위 밑에 잠겨 용신(龍神)이 되었다고 한다. 예전에는 배를 타고 가야만 이 바위에 접근할 수 있었지만, 지금은 대왕암공원에서 이 바위섬으로 갈 수 있는 철교가 건설되어 있어서 도보로 접근할 수 있다.

조선시대에는 교통이 불편한 탓이었는지 이곳을 찾아서 지은 시가 많지 않다.

이양오(李養吾), 〈대왕암에서 짓다(題大王巖)〉(2수)(『磻溪集』)

큰 바다의 서쪽 언덕이 대왕암(大王巖)인데
누가 도적을 막는 수레[160]를 경쾌하게 전송하는가?

건너 포구와 어지러운 산에는 조각구름이 떠 있고
떨어진 꽃과 싱그러운 풀에는 짝은 지은 나그네들이네.
너럭바위에 노닒은 다만 풍광이 좋기 때문인데
잠시 머물러도 도리어 바다음식이 맛있음을 아네.
모든 것을 포용하는 푸른 바다는 얼마나 넓은가?
오늘의 장쾌한 놀이로 동남쪽을 모두 살폈네.
大洋西畔大王巖　　誰送飄飄禦寇驂
隔浦亂山雲片片　　洛花芳草客三三
盤遊只爲風光好　　暫住猶知海味甘
納納滄溟寬幾許　　壯遊今日盡東南

바닷가에는 남옥(南玉)161)의 산천이 펼쳐져 있는데
대왕암은 어풍대(御風臺)162)를 압도하네.
깊고 깊은 굴의 구멍에서는 나는 용이 나왔고
우뚝우뚝한 기이한 바위는 물상을 배출하네.
가랑비에 나그네는 싱그러운 풀을 뚫고 가는데
저녁햇살에 돛배는 물결 꽃을 데리고 오네.
아름다운 곳을 만날 때마다 시를 지어줄 빚이 남아
고기잡이 집에서 막걸리 잔을 기울이네.
南玉山川傍海開　　大王巖壓御風臺
深深洞穴飛龍出　　立立奇巖物象排
細雨客穿芳草去　　夕陽帆帶浪花來
每逢佳處餘詩債　　漁戶因傾濁酒盃

---

160) 禦寇驂은 도적을 막으러 떠나는 수레를 끌던 곁말로서, 왜구를 막는 행차를 비유한다.
161) 南玉은 울산 시내에서 방어진으로 넘어가는 東大山 자락에 있는 땅 이름이다. 옛날에 慶尙左道兵馬節度使營, 즉 慶尙左兵營에서 필요한 말을 키우던 목장이 있던 곳으로, 조선시대에는 監牧官을 두었다.
162) 御風臺(또는 馭風臺)는 大王巖보다 북쪽에 있던 바위인데, 지금은 현대중공업 연수원 자리에 편입되어 있다.

고향 출신으로서 고향에서 일생을 보낸 이양오(1737~1811)의 이 시는 향토애를 바탕에 깔고 있는 작품이다. 앞의 시는 바다의 서쪽 즉 동해 가에 자리 잡은 대왕암의 위치를 밝힌 다음 용신이 되어 왜구를 방어하기 위해 출정했다고 하는 문무왕의 왕비에 대한 전설이 전해지는 대왕암을 소개한 뒤, 포구 건너편의 경치와 상춘객들의 모습을 제시하고 너럭바위의 모습과 거기에서 먹을 수 있는 바다에서 생산된 음식까지 동원하여 이곳이 역사적 현장으로서의 의미를 가지는 것만이 아니라 아름다운 자연경관으로서도 손색이 없음을 강조하고 있다. 넓은 바다를 배경으로 한 대왕암의 장쾌한 놀이로 인하여 우리나라 동남쪽을 모두 살핀 듯한 생각이 든다고 했다.

뒤의 시는 대왕암이 있는 주변으로 눈을 돌려서 시상의 확장시켜 전개하고 있다. 경상좌병영에서 사용하는 말을 키우던 남옥(南玉) 목장을 배경으로 대왕암은 어풍대(御風臺)를 압도하고 있음을 말하고 있다. 이어서 대왕암 주변에 있는 용굴(龍窟)과 여기암(女妓巖) 등의 기이한 바위가 늘어선 모양을 묘사한 다음, 아름다운 자연 경관을 속에서 시를 짓고 막걸리 잔을 기울이는 시인의 모습을 보여주고 있다.

(3) 어풍대

어풍대(御風臺, 馭風臺)는 대왕암보다 북쪽에 있던 바위로서 지금은 현대중공업의 연수원 건물 자리에 편입되어 있는데,[163) 『울산읍지(蔚山邑誌)』에는 "작은 언덕이 바다에 닿아 있어서 안계가 트이고 올라가면 양쪽 겨드랑이에서 바람이 생겨난다."[164)]라고 기록하고 있다. 이곳의 경치는 아름답기로 유명하여 이곳에서 돌아오는 배를 바라보는 경치, 즉 '어풍귀범(御風歸帆)'은 방어진십이경(方魚津十二景)의 

---

163) 울산역사교사모임, 『다같이 돌자 울산 한바퀴』, 도서출판 처용, 1998, 145.

164) "小邱臨海 眼界通豁 登臨風生兩腋"(『蔚山邑誌』 권1, 「名勝」, '御風臺', 목판본, 1933년판).

하나로 꼽히기도 한다.[165)]

김안국(金安國)[166)], 〈어풍대에 오르다(登御風臺)〉(『慕齋集』)

삼신산(三神山)이 흐릿하게 눈앞에 있는데
난(鸞)새의 피리소리[167)]가 구름 가로 내려오는 듯하네.
시원스럽게 거센 바람을 타고 떠나
인간세상의 온갖 일을 벗어나고 싶네.
隱約三山在眼前　　鸞簫髣髴下雲邊
泠然欲御長風去　　脫屣人間萬事捐

김안국(1478~1543)의 이 시는 어풍대에 올라가서 느낀 상쾌한 기분을 그려낸 작품이다. 이 시서(詩序)에 따르면, 이 돈대는 최치원(崔致遠)의 유적지인 해운대(海雲臺)나 이색(李穡)의 관어대(觀魚臺)에 못지않은 경승(景勝)으로 수많은 유람객들이 있었으나 그때까지 이름이 없어서 이름을 어풍대라고 지었다고 한다.[168)] 우리는 여기에서 어풍대라는 이름을 김안국이 처음으로 붙였음을 알 수 있다.

이 시는 어풍대에 오르면 삼신산(三神山)이 아스라이 보일 듯할 느낌이 들 뿐 아니라, 상상의 세계에 존재하는 난새의 피리소리가 들려오는 듯하다고 하여 신선세계로 들어간 느낌이 들 정도로 환상적인 장

---

165) 韓石根, 「東面八景과 方魚津十二景」 참조.

166) 金安國(1478~1543)은 조선 중기 문신·학자로서, 자는 國卿, 호는 慕齋, 본관은 義城이다. 金宏弼의 문인으로, 연산군 때 과거에 급제하고 중종 초에 持平·掌令 등을 거쳐 工曹判書를 지냈다. 己卯士禍 때 파직되어 利川에 물러가 지내다가 후에 大提學이 되었다. 문집으로 『慕齋集』이 있다. 시호는 文敬이다.

167) 鸞簫는 난새가 부는 피리 소리로, 紫鸞笙이라고도 하는데 전설적인 神鳥인 보랏빛 난새가 부는 피리 소리이다.

168) 臺在蔚山海邊 南則崔孤雲海雲臺 北則李牧隱觀魚臺 景勝相甲乙 古今遊賞者多矣 迨無名稱 豈非一大欠事 因名之曰御風臺.(金安國, 『慕齋集』 권1, 『韓國文集叢刊』 20, 14면)

소임을 말하고 있다. 내친 김에 시원스럽게 불어오는 거센 바람을 타고 인간세상을 벗어나고 싶은 염원을 담고 있다. 너무나 시원스럽게 불어오는 바람이기 때문에 선계에 들어온 듯한 착각을 일으킬 정도라는 점을 크게 부각시키고 있다.

홍세태(洪世泰)[169], 〈어풍대(馭風臺)〉(『柳下集』)

이 석대(石臺)의 동쪽 바깥으로는 땅이라고는 없는데
혹여 배를 탈 수 있다면 또한 다함이 없으리.
다만 양곡(暘谷)[170]에서 돋는 해를 볼 뿐이지만
간혹 울릉도(鬱陵島)에 닿은 사람이 있다는 소문을 듣네.
돌은 기울어서 반은 천 겹의 물결 속에 꽂혀 있고
소나무는 낮아도 온통 만리(萬里) 밖에서 부는 바람을 맞네.
너희 신선의 행차에 기다림이 있음을 우스워하며
앉아 있는 사이에 나는 이미 천지 자연(天地自然)의 기운에 맞닿아 있네.

此臺之外地無東　縱得乘槎亦莫窮
但見日生暘谷裏　或聞人到鬱陵中
石欹半揷千重浪　松短偏當萬里風
笑爾列仙行有待　坐來吾已接鴻濛

이 시는 홍세태가 이광좌(李光佐, 1674~1740)의 도움으로 숙종(肅宗) 45년(1719)에 울산감목관(蔚山監牧官)으로 임명되어 남옥(南玉)

169) 洪世泰(1653~1725)는 조선 후기의 委巷人으로 자는 道長, 호는 柳下・滄浪이며, 본관은 南陽이다. 金昌協・金昌翕 등과 酬唱하여 그들의 칭송을 받았고, 肅宗 8년(1682) 日本通信使를 따라 일본에 갔을 때 여러 사람들이 그의 詩墨을 얻어 家寶처럼 간직하였다. 吏文學官・承文院製述官을 거쳐 蔚山監牧官을 지냈으며, 편서 『海東遺珠』와 문집 『柳下集』이 있다.
170) 暘谷은 동쪽의 해 돋는 곳이다.

목장에서 3년 동안 근무하던 시기에 지은 작품이다.

이 시는 수련(首聯)에서 육지의 제일 동쪽에 자리한 어풍대인 만큼 땅은 더 뻗지 못하지만 배를 타면 다함없는 곳으로 나갈 수 있는 곳이라고 전제한 다음, 함련(頷聯)에서는 지금은 여기에서 일출(日出)을 봄에 그치지만 간혹 이곳에서 출발하여 울릉도까지 간 사람이 있다는 소문이 들리기도 한다고 하여 어풍대가 곧 울릉도로 통하는 길일 정도로 망망대해를 앞에 둔 곳에 있음을 지적하고 있다. 경련(頸聯)에서는 바위는 기운 듯하지만 밀려오는 천 겹의 물결 속에 꽂혀 있고 소나무는 나지막해도 먼 데서 불어온 바람을 몸으로 맞이하고 있음을 지적한 다음, 신선이라 하더라도 탈 것을 기다려야 함을 우습게 여길 수 있음은 바로 어풍대에 오르는 것 자체가 시원하게 불어오는 바람을 탄 것이므로 그냥 앉아 있기만 하여도 홍몽(鴻濛)한 천지의 기운에 맞닿아 있기 때문이라고 하였다. 이 시에서는 시인이 비록 신선은 아니지만, 어풍대에 오르기만 하면 신선보다 훨씬 더 신선다운 기분을 느낄 수 있음을 지적하고 있다.

### (4) 명선도

명선도(鳴蟬島, 名仙島, 名山島)는 울산광역시 울주군 서생면 진하리 해수욕장 앞의 바다에 있는 자그마한 무인도인데, 최근에는 이 섬에 휘황찬란한 조명시설을 설치하여 어두운 밤에 환상적인 모습을 보여주고 있다. 이 섬에서 바라보이는 서생포(西生浦) 왜성(倭城)과 더불어, 이 주변의 아름다운 경관을 보여주는 대표적인 승경(勝景)이다.

이준민(李俊民)[171], 〈명산도(名山島)[172]〉(『鶴皐遺集』

---

171) 李俊民(1736~1799)은 조선 후기의 문인으로, 字는 心卿이고 號는 鶴皐이며, 본관은 鶴城이다. 南窓 鄭梯의 門人으로 英祖 47년(1771) 진사시에 합격하였다. 문집으로 『鶴皐遺集』이 있다.

명산도 언덕에는 풀이 무성하고
가랑비가 강까지 이어지니 저녁 돛배가 나직하네.
졸음을 깨니 고기 잡는 노래가 피리소리와 함께 들리는데
시를 짓고는 화묵(花墨)173)을 매화 옆에서 쓰네.
서쪽 다리 위의 취흥(醉興)은 나귀 등 위에서 스러지는데
남쪽 지방의 봄빛은 새 울음소리에 들어와 있네.
신선 같은 벗174)은 오지 않고 구름은 아득한데
예로부터 봉래산(蓬萊山)175)에서 몇 사람이나 길을 잃었던가?

名山島畔草萋萋　　細雨連江夕帆低
睡罷漁歌和笛聞　　詩成花墨榜176)梅題
西橋醉興輸驢背　　南國春光入鳥啼
仙侶不來雲漠漠　　蓬壺從古幾人迷

이 시는 명선도에서 벗을 기다리면서 지은 이준민(1736~1799)작품이다. 시절은 봄철이라서 명선도 언덕에는 풀이 무성하고 때마침 내리는 비가 강물에 떨어지니 저녁 무렵의 돛배가 나직하게 보인다고 했다. 졸다가 깨고 보니 고기 잡는 노래가 피리소리와 함께 들리는데, 시를 한 수 짓고 나서 매화나무 옆에서 벗에게 보낼 편지를 쓴다고 했다. 그러다 보니 서쪽 다리에서 마신 술의 흥취는 이미 나귀 등 위에서 다 사라지고 없는데, 남쪽 지방의 따뜻한 봄 햇살은 새 울음소리에 들어와 있다고 했다. 그렇지만 만나기로 한 벗은 오지 않고 구름만 아득한 속에, 봉래산처럼 아름다운 이곳에서 혹시 길을 잃는 것은 아닌지 저어하는 마음을 드러내고 있다. 벗을 만나지 못해 서운하기는 하지만,

172) 名山島는 鳴蟬島(일명 名仙島)의 다른 이름이다.
173) 花墨(또는 華墨)은 편지를 높여서 부르는 말이다.
174) 仙侶는 신선 같은 벗으로서, 동행하거나 같이 노는 사람을 우아하게 부르는 말이다.
175) 蓬壺는 蓬萊山의 다른 이름으로, 그 모양이 甁 같기 때문에 붙은 명칭이다.
176) '榜'은 '傍'의 誤字인 듯하다.

화창한 봄철의 아름다운 명선도의 풍광 속에 몰입된 시인의 모습을 보여주고 있다.

조표(趙滮)[177], 〈서생포의 배 안에서 명산도를 바라보다(西生 舟中望名山島)〉(『兢齋遺集』)

성묘(省墓)하고 오는 길에 서생(西生)을 지나는데
작은 섬이 울퉁불퉁하지만 예로부터 명성이 있네.
바위표면에 이끼가 쇠잔한 곳은 도독(都督)의 굴(窟)[178]이요
산허리에 풀이 묵은 곳은 노회(老獪)한 오랑캐의 성(城)[179]이네.
편편한 모래에 해가 저무니 고기잡이배의 깃발은 고요한데
먼 바다에 물결이 개니 싸움배가 비껴 있네.
세상이 태평한 시절임을 나도 다행으로 여기지만
서생(書生)은 기다란 밧줄을 요청할 길이 없네.

省楸歸路過西生　　小島槎枒舊有名
石面苔殘都督窟　　山腰草宿老蠻城
平沙日晩漁旗靜　　遠海波晴戰艦橫
際世昇平吾亦幸　　書生無賴請長纓

조표(1807～1871)의 이 시는 배를 타고 가면서 바라본 명선도의 모습을 그리고 있다. 지금은 태평시절이지만, 배에서 바라보이는 서생성은 정유재란(丁酉再亂) 때 마귀(麻貴) 제독(提督)이 지휘하는 명(明)

177) 趙滮(1807～1871)는 조선 후기의 문인으로, 字는 文苑, 호는 兢齋, 본관은 咸安이다. 哲宗 3년(1852) 진사시에 합격하였다. 李鍾祥과 柳致明에게 수학하였고, 문집으로 『兢齋遺集』이 있다.

178) 都督窟은 임진왜란 당시인 1598년에 倭將 加藤淸正이 쌓아서 지키고 있던 西生城을 공격하여 함락시킨 明의 提督 麻貴가 머물던 곳이다.

179) 老蠻城은 老獪한 남쪽 오랑캐의 城이다. 임진왜란 때 倭將 加藤淸正이 쌓은 西生城을 가리킨다. 서생성은 전형적인 倭城으로 진하해수욕장에서 보이는 위치에 있다.

의 수군과 가토 기요마사(加藤淸正)의 왜군(倭軍)이 치열한 전투가 벌어졌던 곳임을 알려주는 증표로서, 마귀의 주둔지와 노회한 오랑캐가 축성하고 지켰던 서생포왜성(西生浦倭城)이 있지만 이것들은 세월의 흐름 속에서 이끼와 묵은 풀로 뒤덮여 버리게 되었다고 하였다. 그래서 태평시절을 맞은 이 시기에는 해 저문 편편한 모래펄에는 고기잡이배의 깃발이 고요하고, 먼 바다에는 전선(戰船)이 닻을 내리고 비켜 있다고 하였다. 그래서 전쟁이 없는 시절을 기꺼워하면서도 적(敵)을 포박할 기다란 밧줄을 요청할 길이 없다고 하여, 우리 강산을 유린하였던 왜적에 대한 적개심을 노출시키고 있다.

### 2) 사찰 제영

울산 주변에는 신라시대에 창건된 사찰인 동축사(東竺寺)를 비롯하여 운흥사(雲興寺), 간월사(肝月寺), 백양사(白楊寺), 문수사(文殊寺) 등 많은 사찰과 암자들이 산재되어 있어서, 이곳을 찾은 시인묵객들이 그곳에서 제영(題詠)을 남기고 있다.

#### (1) 동축사

동축사(東竺寺)는 울산광역시 동구 동부동의 마골산(麻骨山)에 있는 사찰이다. 동축사라는 이름은 서축국(西竺國)의 동쪽에 있는 나라의 절이라는 뜻이다. 울산 시내에서 방어진으로 가는 고개를 넘어 남목 삼거리에서 주전 쪽으로 향하다가 남목초등학교 앞에서 좌회전하여 산길을 따라가다가 포장도로가 끝나는 곳에서 계단을 올라가면 닿는다. 이 절의 유래에 대해서는 『삼국유사(三國遺事)』「탑상(塔像)」〈황룡사장륙(黃龍寺丈六)〉에 실려 있는데, 『민족문화대백과사전』에는 다음과 같이 설명되어 있다.

울산광역시 동구 동부동 마골산(摩骨山)에 있는 절.

대한불교조계종 제15교구 본사인 통도사(通道寺)의 말사이다. 573년(진흥왕 34)에 창건하였으며 ≪삼국유사≫에 창건연기가 수록되어 있다.

인도의 아육왕(阿育王)은 석가삼존불을 주조하려다가 뜻을 이루지 못하자 황금 3만푼과 황철(黃鐵) 5만 7,000근을 배에 실어서 바다에 띄우고, "인연 있는 국토에 가서 장륙존상(丈六尊像)이 이루어지게 해 달라."고 축원하였다. 아울러 1불(佛)과 2보살의 모형도 함께 실어 보냈다.

이 배는 지금의 울산 태화지방인 사포(絲浦) 앞바다에서 멈추었는데, 그 배에 실린 황금과 황철로는 황룡사(皇龍寺) 장륙존상을 만들었고, 모형의 불상은 사포의 동쪽에 있는 높고 깨끗한 땅을 택하여 절을 짓고 봉안하였는데 그 절이 동축사다. 뒤에 이 모형불상도 황룡사로 옮겨 봉안하였다. 그 뒤 934년(경순왕 8) 중창하였고 고려 정종 때 옥인(玉仁)이 중건하였으며, 1931년 완성(翫性)이 중수하였다.

1975년 주지 도암(道庵)이 정주영(鄭周永) 등의 시주를 얻어 모든 건물을 중수하고 범종각(梵鐘閣)을 신축하였으며, 600관 무게의 범종을 봉안하여 오늘에 이르고 있다. 현존하는 당우로는 3칸의 대웅전을 중심으로 그 옆에 칠성각이 있고, 대웅전 앞쪽 좌우에는 서향각(西香閣)과 무량수각(無量壽閣)이 있으며, 그 앞쪽으로 5칸의 요사채와 범종각이 있다.[180]

이처럼 유서 깊은 동축사는 일찍부터 많은 문인들이 즐겨 찾았던 명소였고, 특히 사찰 뒤편에 있는 높다란 바위인 동대(東臺)는 동해를 바라볼 수 있는 곳으로 명성이 높았다. 이 석대(石臺)에서 바라보는 동해의 일출은 장관으로 알려져 있으며, 거기에는 '부상효채(扶桑曉彩)'라고 새겨진 글씨가 지금도 뚜렷하게 남아 있다.

180) 『민족문화대백과사전』, 인터넷 http://www.encykorea.com/encykorea.htm# 참조.

이식(李植)[181], 〈동축사에서 장난삼아 짓다(東竺寺戲題)〉(2수 중 둘째 수)(『澤堂別集』)

낡은 집에 중은 서너 명인데
서로 맞이하느라고 손을 모두 교차하네.
산이 추우니 진눈깨비는 깊어지고
석대(石臺)가 높으니 은하수는 잘려지네.
총채[182] 한 자루에 용이 법회(法會)에 참석하고
사라수(沙羅樹)[183] 두 그루에는 새가 보금자리를 정하네.
푸른 바닷가의 언덕이 쓸쓸하지만[184]
또한 스스로 하늘의 그물[185]을 피하겠네.

老屋僧三四　　相迎手盡叉
山寒深雨雪　　臺逈切星河
一麈龍參法　　雙林鳥擇窠
棲棲滄海畔　　亦自避雲羅

이 시는 이식(1584~1647)이 동축사를 조망하면서 쓴 작품이다. 수련(首聯)에서는 낡아서 허물어져 가는 절간 속에 사는 서너 명의 승려가 찾아온 손님을 맞느라고 부산을 떠는 모습을 그려낸 다음, 함련(頷

---

181) 李植(1584~1647)은 조선 중기의 문신으로, 자는 汝固이고 호는 澤堂이며, 본관은 德水이다. 光海君 2년(1610) 別試文科에 급제하여 副提學·大提學·吏曹參判 등을 지내고 병자호란 때 斥和를 주장하여 1642년에는 金尙憲과 함께 瀋陽에 잡혀갔다가 돌아와서 大司憲·吏曹判書 등을 지냈다. 문장이 뛰어나서 申欽·李廷龜·張維와 함께 漢文四大家의 한 사람으로 꼽히는데, 문장은 古文으로 높이 평가되었다. 문집으로 『澤堂集』이 있고, 『杜詩批解』도 있다. 시호는 文靖이다.

182) 一麈(주)는 고라니의 꼬리로 만든 총채로, 승려들이 淸談을 하거나 불경을 펼칠 때 손에 잡기도 한다.

183) 雙林은 석가모니가 열반한 沙羅雙樹의 숲으로, 절간을 가리킨다.

184) 棲棲는 쓸쓸하게 零落한 모양이다.

185) 雲羅는 雲羅天網의 준말로, 구름처럼 펼쳐진 하늘의 그물, 벗어날 수 없는 法網을 뜻한다.

聯)에서는 시절은 추운 겨울인지라 진눈깨비가 깊이 쌓이고 절간 동쪽의 석대(石臺)는 높아서 그것이 은하수 허리를 자른다고 하였다. 경련(頸聯)에서는 이곳이 연원이 깊은 절인 만큼 대덕(大德)·고승(高僧)의 설법을 듣기 위해 동해의 용이 설법에 참석하고 사원 내에 있는 두 그루 사라수에는 새들이 보금자리를 마련한다고 한 다음, 미련(尾聯)에서는 이곳이 바닷가의 언덕에 위치한 고즈넉하고 쓸쓸한 절간이지만 그런 만큼 오히려 하늘의 삼엄한 법의 그물인 운라천망(雲羅天網)도 벗어날 수 있을 것이라고 하였다. 이 시는 이곳이 불교의 발생지인 인도(印度), 즉 서축(西竺)과 인연이 될 만한 곳에 자리 잡은 동축사라는 데 착안하여 시상을 전개한 작품이라 할 수 있다.

홍세태(洪世泰), 〈동축사(東竺寺)〉(『柳下集』)

서축(西竺)에서 날아왔다는데 이곳의 어느 봉우리인가?
천리(千里)를 지남이 바다로 나아가는 용(龍)인 듯하였네.
산꼭대기에는 신라시대의 탑 그림자가 걸려 있고
숲 속에서는 절간의 범종 소리가 퍼져 나오네.
땅에 깔린 누른 금은 진리의 세계를 열고
허공에 뜬 흰 달은 부처의 얼굴을 보여주네.
긴 밤 창 너머에서 잠을 이루지 못하는데
부딪치는 물결 소리가 솔바람에 섞이네.

飛來西竺此何峰　　千里行如赴海龍
絶頂影懸羅代塔　　中林響出梵王鐘
黃金布地開眞界　　白月當空示法容
永夜隔窗眠不得　　怒濤澎湃雜風松

홍세태(洪世泰), 〈동축사(東竺寺)〉(『柳下集』)

중을 찾는 것도 고상한 흥취인데
홀로 가면 그만인데 누가 따르랴?
하늘 길은 삼 리(三里)가 안 되는데
절간 문은 한 봉우리 너머에 있네.
눈은 어느 세대의 물로 흐려졌는가?
마음은 지나간 시대의 종소리로 깨닫네.
부처를 사랑함이 끝내 속되지는 않지만
나는 이제 온갖 일에 게으르다네.

尋僧亦高興　　獨往有誰從
天路無三里　　禪門隔一峰
眼迷何代水　　心悟去年鍾
愛佛終非俗　　吾今萬事慵

이 두 시도 홍세태가 울산감목관으로 재직할 때 지은 작품이다.

앞의 시는 시인이 동축사에서 하룻밤을 묵으면서 느끼는 감회를 담은 작품이다. 먼저 『삼국유사(三國遺事)』에 나오는 동축사의 연기설화(緣起說話)에 주목하여 서축(西竺)과 인연이 있는 곳인 이곳에 닿은 사실을 지적한 다음, 사찰 내에 있는 신라시대에 건립된 탑과 숲속에서 들려오는 범종 소리를 제시하여 이곳이 청정한 사찰 구역임을 느끼게 하고 있다. 그리고 기왕에 사찰 연기설화를 동원한 바에야, 이곳의 사찰의 건립이 석가세존 당시에 부처의 설법을 위하여 수달장자(須達長者)가 기타태자(祇陀太子)로부터 원림(園林)을 사서 건립하게 된 기원정사(祇園精舍)의 유래담을 끌어오고 있다. 즉 부처님에게 바치고자 기타내자의 원림을 사려고 한 수달장자에게, 황금을 땅에 깔면 팔겠다고 한 태자의 말대로 수달장자가 황금을 깔아 놓았더니, 태자는 놀라서 땅을 팔고 숲을 기증하여 함께 절을 세웠다고 하는 설화를 도입하여 이곳이 부처님의 가르침을 전하는 사원이며, 하늘에 뜬 달은 바로 부처님의 얼굴인 듯하다고 하여 불교를 신봉하는 마음을 거리낌 없이 드러내고 있다. 마지막에서는 기나긴 밤 내내 창밖에서 들려오는 부딪치는 파도 소리 때문에 잠들지 못한다고 함으로써, 이곳이 바닷가에서 멀지 않은 곳에 위치하고 있음을 드러내고 있다.

뒤의 시는 절간을 찾아가서 세속사의 번잡함을 떨쳐 버리려는 마음을 담은 작품이다. 승려가 있는 절간을 찾아감도 고상한 흥취인 만큼 굳이 누구를 대동하고 갈 필요가 없다고 한 다음, 그곳은 자기가 근무하는 남옥 목장에서 3리도 채 안 되는 거리에 있고 절간의 문은 봉우리 하나만 넘으면 위치해 있는 가까운 곳임을 밝히고 있다. 그런데도 불구하고 그곳을 찾을 마음의 여유가 없음을 안타까워하는 마음이 숨겨져 있다. 그렇게 찾아간 절간에서, 스스로를 돌이켜 보니 눈은 어느 사이에 흐릿해졌고, 마음은 지나간 시대에 만든 종소리를 들으며 인생사의 진리를 깨닫게 된다고 하였다. 마지막 부분에서는, 부처를 사랑하는 만큼 자기를 비속(鄙俗)하다고 생각하지는 않지만 늘그막에 접어든 만큼 온갖 일에 게으르게 된 자신을 안타까이 여기는 마음이 유로(流露)되고 있다.

이준민(李俊民), 〈동축사(東竺寺)〉(『鶴皐遺集』)

높은 산의 쇠잔한 절은 몇 번이나 허물어지고 지어졌는가?
뜰에는 오래된 물건인 탑이 우뚝하네.
동대(東臺)는 높아서 새로 돋는 아침 해를 내려다보고
봉우리는 떨어져서 큰 물결소리를 먼 데서 듣네.
서축(西竺)이 어찌 동축(東竺)보다 나으랴?
울산에는 다만 이 산이 청량(淸凉)하게 있을 뿐이네.
거미가 매달린 벽 위에는 창랑(滄浪)[186]의 말이 남아 있어서
그곳을 가리키며 아직도 성명(姓名)을 이야기하네.

186) 滄浪은 조선 후기의 위항시인 洪世泰(1653~1725)의 호이다.

殘寺岧嶢幾毁成　　庭中舊物塔崢嶸
臺高俯瞰新暾浴　　峯隔遙聞巨浪鳴
西竺何如東竺勝　　蔚山只有此山淸
蛛懸壁上滄浪語　　指點猶堪說姓名

이 시는 쇠락한 동축사를 찾아간 이준민이 눈앞에 펼쳐진 사찰과 그 주변의 모습을 담담한 어조로 그려낸 작품이다. 이 절은 신라시대에 지어진 만큼 오랜 연륜 만큼이나 허물어짐과 새로 짓는 일이 반복되었지만 뜰에 서 있는 탑만은 당시의 모습 그대로 우뚝하게 서 있다고 한 다음, 아침에 일출(日出)을 구경하기에 좋은 동대(東臺)와 물결소리를 듣기에 좋은 산봉우리를 제시하고 있다. 그런 만큼 불교에서 서축(西竺)을 이야기하고 있지만 동축(東竺)인 이곳은 서축보다 못하지 않으리라고 하면서, 그런 만큼 울산에는 청량(淸凉)하기로는 이 산만한 곳이 없다고 하였다. 끝부분에서는, 이곳을 찾아와서 벽에다 시를 기록한 창랑(滄浪) 홍세태(洪世泰)의 시가 남아 있어서 사람들은 그것을 가리키면서 지금까지 성명을 언급하고 있다고 하였다. 오늘날 우리가 유적지를 찾을 때 흔히 목격하는 모습, 즉 그곳에 기록된 시문을 보면서 그 시문의 작가에 대해 왈가왈부(曰可曰否)하는 모습을 눈앞에서 보는 듯이 실감나게 그려내고 있다.

(2) 망해사

망해사(望海寺)는 울산광역시 울주군 청량면 율리에 위치한 문수산(文殊山)에 있는 사찰이다. 신라 헌강왕(憲康王) 시절 개운포(開雲浦)에 처용(處容)이 출현할 때, 주변에 운무가 가득하므로 동해의 용을 위하여 지었다는 연기설화(緣起說話)가 『삼국유사』에 전하고 있다. 현재에는 그 옛날의 흔적으로는 망해사지석조부도(望海寺址石造浮屠) 2기가 있을 뿐, 새로 조성된 망해사라는 동일 명칭의 사찰이 그 자리를 대신하고 있다.

홍세태(洪世泰), 〈망해사(望海寺)〉(『柳下集』)

쓸쓸한 산기슭의 절에서
외로이 읊노라니 서리 맞은 잎사귀가 붉네.
범종 소리는 새들 너머로 떨어지고
바다 빛깔은 수풀 사이로 통하네.
서쪽 산에는 달이 처량한데
북쪽 물가에는 기러기가 배회하네.
국화가 이 마음을 아는지
고향의 뜰과 마찬가지로 피어 있네.

寂寞山根寺　　孤吟霜葉紅
鍾聲鳥外落　　海色樹間通
怊悵西峰月　　徘徊北渚鴻
菊花知此意　　開與故園同

홍세태의 이 시는 신라시대에 지어진 망해사의 흔적보다는, 어느 절로 대치하여도 상관이 없을 정도로 일반적인 사찰과 그 주변의 모습을 그려낸 작품이다. 어느 가을날, 산기슭에 있는 사찰에 가니 잎사귀는 서리를 맞아 붉은데, 범종 소리는 새들이 날아가는 하늘 저 바깥까지 울려 퍼지고 수풀 사이로는 저 멀리 푸른 바다가 보이고 있다. 서쪽 산 위에는 처량한 달이 떠 있고, 북쪽의 물가에는 오락가락하는 기러기가 보이는 정경이다. 이런 황량한 분위기를 아는지 모르는지, 고향에 있는 뜰에서처럼 국화만 고즈넉하게 피어 있는 장면을 그려내고 있다.

### (3) 운흥사와 적수암

운흥사(雲興寺)는 정족산(鼎足山)에 있었고, 적수암(滴水庵)은 천성산(千聖山, 圓寂山)에 있던 절이다. 지금은 운흥사는 그 자리에 같은 이름의 새 절이 들어서 있지만, 적수암은 없어지고 대신 그 자리에 법수원(法水源)이라는 암자가 새로 건립되어 있다.

이양오(李養吾), 〈황폐한 운흥사(雲興廢寺)〉(『磻溪集』)

동남 지방의 형승(形勝)은 운흥사가 으뜸인데
천년(千年) 묵은 유명한 가람(伽藍)이 하루저녁에 무너졌네.
산 그림자 속에 스물네 개의 다리 위로
두세 명 승려가 때때로 왕래하네.
東南形勝最雲興　　千古名藍一夕崩
二十四橋山影裏　　時時來往數三僧

이양오의 이 시는 경승(景勝)과 연원을 자랑하던 운흥사(雲興寺)가 오랜 세월의 침윤 속에 황폐화된 모습을 그린 작품인데, 스물네 개의 다리가 있을 정도로 웅대한 모습을 갖추고 있던 운흥사에는 다만 두세 명의 승려가 때때로 오락가락하는 모습이 보일 정도로 황폐화되었음을 보여주고 있다.

이근오(李覲吾), 〈적수암(滴水庵)〉(『竹塢遺集』)

거친 터전은 쓸쓸하고 석양은 환한데
어찌하면 여기에 띠로 집을 지을까?
바위가 감싼 높은 봉우리에는 상서로운 봉황이 날고
폭포가 우는 깊은 골짜기에서는 늙은 용이 놀라네.
높다랗게 별을 쓰다듬으니 신선의 세계로 통하고
멀리 티끌을 벗어나니 속세의 뜻이 없어지네.
또 경승(景勝)을 찾다가 높은 곳에서 묵으니

긴 밤 동안 솔바람은 베개 곁에 청아하네.

荒墟寥落夕陽明　　安得茅廬此地成
嵒護危峯祥鳳翥　　瀑鳴窮壑老龍驚
仰摩星宿通仙府　　逈出塵埃絶俗情
探勝更尋高處宿　　松風永夜枕邊淸

이근오의 이 시는 황폐(荒廢)해진 적수암 자리에 집을 신축하여 은거하고 싶은 마음을 담은 작품이다. 바위로 둘러싸인 높은 봉우리는 봉황이 날 만하고 폭포가 울어대는 깊은 골짜기는 용이 놀랄 만하다고 하여 이곳이 신비로운 경관임을 보여준 다음, 이곳은 위로는 신선의 세계와 통하고 수평 거리로는 속세를 벗어나 있어서 속세의 뜻이 없어질 만한 곳이라고 하였다. 그래서 아름다운 곳을 찾다가 이곳에 묵으면서 살펴보니, 이곳은 긴 밤 내내 청아한 솔바람을 베갯머리에서 들을 수 있는 별천지임을 강조하고 있다.

(4) 문수암

문수암(文殊菴, 현재의 문수사)은 울주군 청량면 율리(栗里)에 위치한 문수산(옛날에는 靈鷲山이라 불림)의 7~8부 능선에 자리 잡은 사찰로서 통도사(通度寺)의 말사(末寺)이다. 이곳에는 고승(高僧) 연회(緣會)와 변재천녀(辯才天女)의 설화가 전해지는 곳이기도 하다. 『삼국유사』에는 다음과 같이 기록되어 있다.[187)]

고승(高僧) 연회(緣會)는 일찍이 영취산(靈鷲山)에 은거하여 매양 『묘법연화경(妙法蓮華經)』을 읽고 보현관행(普賢觀行)을 닦았는데 뜰의 못에 연 두어 떨기가 있어 사시(四時)에 시들지 아니하였다 원

187) 이 번역문은 李丙燾 역, 『三國遺事』(大洋書籍, 1975)를 인용하였는데, 인용자가 약간의 첨삭을 가한 곳도 있다.

성왕(元聖王)이 그 상서롭고 기이함을 듣고 (그를) 불러 국사(國師)를 삼고자 하였다. 사(師)가 듣고 이에 암(庵)을 버리고 도망하여 서령(西嶺) 바위 사이를 넘어갔다. 한 노인이 밭을 갈고 있다가 묻되 "어디를 가는가?" 하니, 사(師)가 "나라에서 잘못 듣고 벼슬로써 나를 매어두려고 하므로 피하려고 한다."고 하였다. 노인이 듣고 가로되 "여기서 장사할 만하니 왜 수고롭게 멀리 가려고 하는가? 사(師)야말로 매명(賣名)하기를 싫어하지 않는구려." 하였다. 회(會)가 자기를 업수이 여기는 것이라 하여 듣지 않고 드디어 수리(數里)쯤 더 갔다. 시냇가에서 한 노파를 만났는데 묻기를 "사(師)는 어디로 가느냐?" 하여, 대답을 처음과 같이 하였다. 노파가 "앞서서 사람을 만났는가?" 하므로, 회(會)가 "한 늙은이가 있어 나를 너무도 업수이 여기므로 불쾌해서 왔다."고 하였다. 노파가 "(그는) 문수대성(文殊大聖)인데 왜 그 말을 듣지 아니하였는가?" 하였다. 회(會)가 듣고 놀라 급히 그 로인에게 곧 돌아서가서 이마를 쫓고 뉘우침을 말하여 가로되 "성자(聖者)의 말을 어찌 듣지 않겠습니까? 방금 돌아왔나이다. (그런데) 그 시냇가의 노파는 어떠한 사람입니까?" 하니, 노인은 "변재천녀(辯才天女)이다."고 하고 말을 마치자 숨어버렸다. 이에 암자 속으로 돌아오니, (또) 갑자기 왕사(王使)가 조명(詔命)을 받들고 와서 불렀다. 회(會)가 진작 받아야 할 것인 줄 알고 부름에 응하여 대궐로 가니, (왕이) 국사로 봉(封)하였다. 사(師)가 노인에게 감동한 곳을 문수점(文殊岾)이라 하고 여인을 만나 본 곳을 아니점(阿尼岾)이라고 하였다.188)

---

188) 高僧緣會 嘗隱居靈鷲 每讀蓮經 修普賢觀行 庭池常有蓮數朵 四時不萎 國主元聖王聞其瑞異 欲徵拜爲國師 師聞之 乃棄庵而遁 行跨西嶺嵓間 有一老叟今爾耕 問師奚適 曰 吾聞邦家濫聽 縻我以爵 故避之爾 叟聽曰 於此可賈 何勞遠售 師之謂賣名無厭乎 會謂其慢己 不聽遂行數里許 溪邊遇一媼 問師何往 答如初 媼曰 前遇人乎 曰 有一老叟侮予之甚 慍且來矣 媼曰 文殊大聖也夫言之不聽何 會聞卽驚悚 遽還翁所 扣顙陳悔曰 聖者之言 敢不聞命乎 今且還矣 溪邊媼彼何人斯 叟曰 辯才天女也 言訖遂隱 乃還庵中 俄有天使齎詔徵之 會知業已當受 乃應詔赴闕 封爲國師 師之感老叟處 因名文殊岾 見女處曰阿尼岾.(『三國遺事』 권5, 「避隱」 第8, 〈緣會逃名 文殊岾〉)

결국 이곳은 문수보살과 변재천녀가 출현한 곳으로서 불교에서는 매우 뜻깊은 의미를 지니는 성지(聖地)임을 알 수 있게 해 준다. 연회(緣會) 스님이 지혜의 상징인 문수보살을 만난 곳이 '문수점(文殊岾)'이 되고, 불법(佛法)을 노래하는 여신(女神)인 변재천녀를 만난 곳이 '아니점(阿尼岾)'이 되었다는 지명유래담의 성격을 지니지만, 그 둘의 존재가 불교에서 차지하는 위치가 매우 중요한 만큼 문수사가 지닌 사찰의 의미 또한 남다르다고 할 것이다.

이양오(李養吾), 〈문수암에서 짓다(題文殊菴)〉(『磻溪集』)

옛 부처가 날아온 곳에
신라(新羅) 때부터 세월이 이어지네.
나그네는 붉은 수풀을 뚫고 들어오는데
승려는 흰 구름 속에서 잠자네.
돌은 늙어서 살펴보니 그림 같은데
누각은 높아서 앉으니 배인 듯하네.
동해의 봉래산(蓬萊山)이 가까이 있으니
참으로 날아다니는 신선을 옆에 끼고 싶네.

古佛飛來地　　新羅歲月綿
客穿紅樹入　　僧臥白雲眠
石老看如畫　　樓危坐似船
東臨蓬海近　　政欲挾飛仙

이양오의 이 시는 문수사의 유래와 주변의 빼어난 풍광에서 오는 상쾌한 느낌을 형상화한 작품이다. 수련(首聯)에서 석가(釋迦)가 설법하였던 인도(印度)의 영취산(靈鷲山)을 옮겨온 듯이 산 이름이 동일한 영취산(문수산의 다른 이름)에 있는 이 사찰은 신라 때부터 세월이 이어져 온다고 하여 이 절의 연원이 매우 깊음을 말한 다음, 함련(頷聯)

에서는 손님은 붉게 물든 단풍 숲을 뚫고 이곳을 찾아오지만 승려는 한가롭게 흰 구름 속에서 자고 있을 정도로 여유로운 곳임을 보여주고 있다. 경련(頸聯)에서는 주변의 돌은 늙어서 그림처럼 문양이 생겨나고 누각은 높아서 배를 탄 듯하다고 한 뒤, 미련(尾聯)에서는 동쪽으로 삼신산(三神山)의 하나인 봉래산이 있는 바다가 가까운 만큼 참으로 날아다니는 신선을 옆에 끼고 그곳으로 가고 싶다는 염원을 드러내고 있다. 『해내십주기(海內十洲記)』에 의하면 봉래산은 왕래가 어려워서 날아다니는 신선(飛仙)만이 도달할 수 있는 곳이라고 한다.[189) 소식(蘇軾)의 〈적벽부(赤壁賦)〉에 나오는 "우리 삶이 짧음을 슬퍼하고, 양자강의 끝없음을 부러워하여, 하늘을 나는 신선을 옆에 끼고 마음껏 날며 노닐고 싶네.(哀吾生之須臾 羨長江之無窮 挾飛仙以遨遊)"라는 대목을 변용한 이 구절은 이곳이 별세계로 인식될 만큼 빼어난 경관을 갖추고 있기 때문이다.

(5) 백양사

백양사(白楊寺, 白陽寺)는 울산광역시 중구 성안동 함월산(含月山)에 위치하고 있는 사찰로서 신라 경순왕(敬順王) 6년(932)에 백양선사(白楊禪師)가 창건하였는데, 그 후 숙종(肅宗) 4년(1678)과 영조(英祖) 29년(1753)에 중건되었으며, 1922년에 보현(普賢) 비구니가 새로 지었다고 한다. 이 절은 울산의 부치(府治)에서 멀지 않은 거리에 있었기

189) 『海內十洲記』에는 "蓬丘는 봉래산이 이것이다. 동해의 동북쪽 해안을 마주하고 둘레는 오천 리가 되는데, 밖에는 별도로 圓海(둥근 바다)가 있어서 산을 둘러싸고 있다. 원해는 물이 참으로 검어서 冥海(검은 바다)라고 부르는데, 바람이 없어도 큰 물결이 백 길이나 일기 때문에 왕래할 수가 없다. 그 위에는 九老丈人과 九天眞王의 궁전이 있으니, 대개 太上眞人이 거처하는 곳이다. 오직 날아다니는 신선(飛仙)만이 그곳에 도달할 수 있을 뿐이다.(蓬丘 蓬萊山是也 對東海之東北岸 周廻五千里 外別有圓海繞山 圓海水正黑而謂之冥海也 無風而洪波百丈 不可得往來 上有九老丈人 九天眞王宮 蓋太上眞人所居 唯飛仙有能到其處耳)라는 설명이 있다.

때문에 많은 문인들이 즐겨 찾던 곳이기도 하다.

권두경(權斗經)[190], 〈백양사(白陽寺)〉(『蒼雪齋集』)

꽃 대궐[191]에서 동남쪽 지방을 모두 바라보니
큰 바다에 뜬 하늘에 안력(眼力)이 닿지 않네.
아득한 물가에는 몇 중(重)으로 섬이 숨었다가 드러나는가?
먼 산봉우리에는 천 겹으로 물이 가로질러 통하네.
삼동(三冬)에 땅이 얼어붙으니 비로소 장기(瘴氣)가 걷히고
만리(萬里)에 구름이 스러지니 바람은 일지 않네.
어느 곳의 고기잡이배가 조류(潮流)를 따라 올라오는가?
조각배가 석양 속에 나는 듯이 들어오네.

花宮憑眺盡南東　　溟渤浮天眼力窮
極浦幾重洲隱見　　遙岑千疊水橫通
三冬地凍初收瘴　　萬里雲消不起風
何處漁舟趁潮上　　片帆飛入夕陽中

권두경(1654～1726)의 이 시는 백양사에서 바라보이는 울산 앞 바다와 산의 모습을 그린 작품이다. 꽃 대궐 같은 절에서 국토의 동남쪽 끝을 바라보니 바다 위의 하늘 끝까지 눈길이 닿지 않는다. 아득히 보이는 물가는 몇 중(重)이나 되는지 모르겠고, 아득한 산봉우리는 수천 겹이 될 듯하다. 겨울철이라 땅이 얼어붙어서 장기(瘴氣)가 사라지고 구름 걷힌 아득한 천지에 바람도 자는 듯하다. 때마침 조류를 따라서

---

190) 權斗經(1654～1726)은 조선 후기 학자로, 자는 天章이고 호는 蒼雪齋이며, 본관은 安東이다. 肅宗 5년(1679) 司馬試에 합격하고 1694년에는 學行으로 천거되었으며, 1710년에는 增廣文科에 丙科로 급제하여 弘文館修撰 등을 지냈다. 문장과 시에 능하였으며 문집으로 『蒼雪集』이 있고 편저로 『退溪先生言行錄』과 『陶山及門諸賢錄』이 있다.

191) 花宮은 꽃 대궐로서, 사찰이나 仙界를 가리킨다.

고기잡이배가 올라오고, 한 조각 거룻배는 석양 속에 나는 듯이 들어오는 모습이 보인다. 이처럼 이 시는 눈앞에 펼쳐진 산천과 바닷물을 따라서 움직이는 선박들의 모습을 진솔한 어조로 그려내고 있다.

이인중(李仁中)[192], 〈백양사에서 이별을 기록하다(楊寺敍別)〉(『艮宇遺集』)

소나무 가지에서는 까치가 울며 새봄을 좇아가고
절[193]에서 사흘 밤을 자고나니 잊지 못할 마음이 길어지네.
속세 바깥에서 책을 멀리 하니 도기(道氣)가 생겨나고
바람 앞에서 소매를 떨치니 선향(禪香)이 일어나네.
단풍나무 다리를 다시 건너면서 두보(杜甫)를 생각하고
절간에서 거듭 노닐면서 왕유(王維)를 인식하네.
이별의 자리에서 늙은 스님이여, 슬퍼하지 마시라.
하물며 이 암자가 우리 고장에 있음에랴?

松梢鵲噪趁新陽　　桑宿三宵係戀長
塵外束書生道氣　　風前拂袖惹禪香
再度楓橋懷杜子　　重遊蘭院認王郎
離筵老釋休云悵　　況是玆庵在我鄉

이 시는 이인중(1825~1886)이 고종(高宗) 21년(1884) 그믐에 조관식(趙觀植, 1830~1885) 형제와 함께 백양사에서 수세(守歲)하면서 사흘 밤을 절에서 묵은 다음 정초에 그곳을 떠나면서 지은 작품이다. 소나무 가지에서 우는 까치는 새봄이 온 것을 좇아가는데 절에서 사흘

192) 李仁中(1825~1886)은 조선 후기의 문인으로, 字가 性元이고 號는 艮宇・企山이며, 본관은 鶴城이다. 李鍾祥의 門人으로 과거에 응시하였다가 실패하자 성리학 연구에 매진하였다. 哲宗 5년(1855)에 隆陵[莊獻世子]의 典禮 문제로 〈義理疏〉를 지어 尹家默과 함께 상경하기도 하였다. 문집으로 『艮宇遺集』이 있다.
193) 桑門은 沙門과 같은 말로, 佛家 또는 승려를 가리킨다.

밤을 묵고 나니 떠나기 떠나기에 애석한 마음이 생겨난다고 하였다. 이곳에 들어와서 책을 멀리 하니 도의 기운이 생겨나고, 바람 앞에서 소매를 펄럭이니 참선의 향기가 풍겨난다고 한 다음, 단풍나무 다리를 다시 건너면서 두보를 생각해 보고 절간에서 거듭 노닐면서 왕유를 인식하게 되었다고 하였다. 마지막 연에서는 이별을 아쉬워하는 늙은 승려에게 같은 고장에 살고 있는 만큼 슬퍼하지 말라고 위로하는 말을 남기고 있다.

조관식(趙觀植)[194], 〈백양사의 저녁 종소리(楊寺暮鍾)〉(『光軒遺稿』)

저녁에 절간의 종소리가 나그네의 귀를 찾아오니
아마도 늙은 스님이 관음보살(觀音菩薩)에게 예를 드림을 알겠네.
담경(曇經)[195]을 어느 날 총령(葱嶺)[196]에서 가져왔는가?
범패(梵唄)를 오늘 밤에 죽림(竹林)에서 보내주네.
종을 치는 곳에는 아마 밝은 달그림자가 걸려 있을 테고
종소리를 들을 때는 문득 흰 구름과 같아지는 마음을 깨닫네.
시인도 참선(參禪)하고 싶은 마음이 있어서
게송(偈頌)을 외노라니 뜻밖에 한밤중에 이르네.

暮寺鍾聲客耳尋　　知應老釋禮觀音
曇經何日來葱嶺　　梵唄今宵送竹林
撞處應懸明月影　　聞時方悟白雲心
詩人亦有參禪意　　持偈無端到夜深

194) 趙觀植(1830~1885)은 조선 후기의 문인. 兢齋 趙淲(1807~1871)의 조카로 울산의 鶴南里 출생하였다. 문집으로 『光軒遺稿』가 있다.

195) 曇經은 瞿曇經의 준말로, 불경을 가리킨다. 瞿曇(gautama)은 釋迦牟尼의 俗姓이다.

196) 葱嶺은 중국의 敦煌에서 팔천 리 떨어진 곳인 新疆省 서남쪽에 있는 산인데, 印度의 釋迦가 이곳에서 수행하였다고 한다.

조관식(1830~1885)의 이 시는 백양사에서 들려오는 종소리를 듣고서 떠오르는 생각을 드러낸 작품이다. 저녁에 들려오는 종소리를 듣고 지금쯤 늙은 스님이 관음보살에게 예배를 드릴 것이라고 생각하면서, 불경은 언제 인도에서 건너왔을까를 생각하는데 또 죽림에서는 범패소리가 들려온다고 하였다. 종을 치는 곳에는 아마 달빛이 밝으리라고 생각하면서 종소리를 들으면서 흰 구름처럼 마음에 욕심이 없어짐을 깨닫는다고 하고는, 시의 작자도 참선하고 싶은 마음이 들어서 게송을 외우다 보니 시각은 한밤중에 이르게 되었음을 고백하고 있다. 비록 백양사를 찾아간 것은 아니지만, 거기에서 들려오는 종소리를 듣고서 불심이 깊어짐을 드러낸 작품이라고 할 것이다.

# 제4장 생활과 풍속 관련 시문

## 1. 관아 부속 구축물에 대한 기문

### 1) 실용을 위한 구축물에 대한 기문: <울주읍성기>와 <가학루기> 등

이첨(李詹)의 〈울주읍성기(蔚州邑城記)〉[1]는 고려 말기에 기승을 부린 왜구(倭寇)의 침입 때문에 고을의 백성들은 도망(逃亡)하고 수령(守令)마저 인신(印信)을 가지고 아전 몇 명과 함께 다른 고을인 경주(慶州)에서 지내는 상황에서, 갑자년(고려 우왕 10년, 1384) 가을 성균사예(成均司藝) 이문화(李文和, 1358~1414)가 경상도를 염문(廉問)하면서 계림부윤(鷄林府尹) 박위(朴葳)의 도움으로 토역(土役)을 시작하고 지주사(知州事) 김급(金伋, 또는 金及)의 참여로 1년 만에 이룩한 울주읍성의 영건(營建) 전말을 기록한 글이다. 읍성을 짓는 데 주도적

---

1) 이 글은 『新增東國輿地勝覽』, 권22, 「蔚山府」 '古跡' 조, 古邑城 항목에 기록되어서 울산의 邑誌들이나 다른 기록들에서 〈古邑城記〉라고 부르고 있으나, 李詹이 이 글을 쓰던 당시에는 〈울주읍성기〉로 기록되었을 것이기에 이렇게 제목을 붙였다.

인 역할을 한 이문화는 어린 시절에 지주사인 아버지를 따라와서 울산에서 놀던 추억을 가진 사람으로서, 번화하고 공고했던 이 지방이 황폐해진 데 대한 안타까운 마음을 드러내었다.

> 울주는 옛 흥려부(興麗府)이다. 산과 바다가 깊기로는 동남쪽에서 으뜸가는 장관(壯觀)이다. 본디 땅이 기름지고 물고기와 소금이 많이 나는 곳으로 불렸기 때문에 백성 중에는 앉아서 부자가 된 사람이 여럿이 있었다. 그래서 군국의 수요가 수천 전(錢)에 이르고 바치는 해산물도 적지 않았다. 대개 이익이 있는 곳에 백성들이 모이고, 백성들이 모여야 세금이 많아지며, 세금이 많으면 국가의 자원되는 것이 간절하고 필요하다. 그 망산(望山)의 신을 계변(戒邊)이라 하는데, 혁혁한 신령이 복을 내리므로 국가의 의식으로 제사를 지냄으로써 지금까지 이 고을을 압도하고 있다.[2)]

이 인용문에서 우리는 예로부터 울산의 자연 환경이 매우 아름답고 물산이 풍부하였다는 사실과, 고려 말기까지 이 지방의 수호신인 계변천신(戒邊天神)을 국가에서 제사지내는 의식이 있었음을 증언하고 있다. 이문화도 울산에 도착하여 먼저 계변신에게 제사를 지냈는데, 이때는 덤불이 눈에 가득히 보이고 노루와 사슴이 떼 지어 놀고 있어서 혹시 도적이 원숭이처럼 숨어 있지나 않을까 의심스러울 정도였고 계변천신에게 공경을 다하고 정성을 드렸으나 그 영험이 드러나지는 못하였다고 한다. 그러나 그는 읍성이 완성된 뒤에는 계변천신의 영험이 다시 나타난 것으로 기술하고 있다.

---

2) 李詹, 〈蔚州邑城記〉, 위의 책, 같은 곳. "蔚州古之興麗府 山海奧區 東南第一壯觀也 素號沃饒 且利魚鹽 故民之坐致富者 比屋皆然 因而軍國之需 多至累千 海錯之貢 亦不爲少矣 夫利之所在 民之所聚 民聚而賦重 賦重而國家之資焉者切要焉 其望山神曰戒邊 以赫靈降嘏血食 至今以鎭于州"

> 이듬해 봄 이월에 (읍성이) 이루어지자, 이에 신사(神祠)를 수리하여 제사지내고 공관(公館)을 지어서 살도록 하고 백성들의 토지를 헤아려 주었다. 이 일을 조정에 보고하니 나라에서 아름답게 여겨 비로소 황무지를 개간하여 둔전(屯田)을 두고 농사짓는 데 군대를 사용하니, 가을에는 과연 수확이 배나 되어 성(城)을 믿을 수 있게 되었다. 성에 올라가서 바라보면 산과 물이 옛날과 같고 풍경도 다르지 않게 되어서 넓디넓은 것이 마치 현묘(玄妙)한 공적이 있음을 알지 못하는 듯하다.[3)]

이 인용문은 읍성이 완성된 뒤에 계변신의 사당을 수리하고 공관을 짓는 일과 황무지를 개간하는 등의 사업을 전개함으로써 농사의 수확을 배가(倍加)시키고 읍성의 효용성을 깨닫게 되었을 뿐 아니라 울주의 옛 모습을 회복하기에 이르렀다는 것이다. 읍성을 영건한 후의 이러한 긍정적 효과가 계변천신의 영험에 바탕을 두고 있음은 더 말할 필요가 없다.

울산의 옛 지명 중의 하나인 학성(鶴城)은 계변성(戒邊城)의 천신(天神)이 학을 타고 신두산(神頭山)에 내려와서 사람의 생명과 봉록을 주관했다는 설화에 기인(基因)하고 있다.[4)] 신두산은 현재 학성공원이 있는 산으로 생각되지만 읍성은 학성공원을 둘러싼 현재의 왜성(倭城)과는 다른 성임이 분명하다. 도산성(島山城) 또는 시루성(甑城)이라고도 불리는 이 왜성은 선조(宣祖) 30년(1597) 정유재란 때 왜장(倭將) 가토 기요마사(加藤淸正)가 새로 쌓은 성으로서 계변성이 아닌 것은 분명하지만 두 성의 위치가 일치하는지 여부는 분명하지 않다.

---

3) 위의 글, 같은 곳. "越明年春二月告成 於是修神祠而灌之 營廨宇而舘之 度民廛而授之 旣而狀聞 國家嘉之 始開荒 置屯田 寓兵於農 秋果倍獲 試城可頼也 登城而望之 則山河如昨 風景不殊 浩浩然 莫知玄功之所在也"

4) 金克己, 〈太和樓詩序〉, 『新增東國輿地勝覽』, 권22, 「蔚山府」 '樓亭'. "世傳戒邊天神 駕鶴降神頭山 主人壽祿 故謂之鶴城"

이 설화는 『고려사』, 『세종실록』 「지리지」와 『신증동국여지승람』에도 받아들여져서 이 고을의 지명유래 설화로 자리 잡고 있는데 때로는 역사적 사실과 관련하여 해석되기도 하였다. 즉 계변천신을 통일신라 말기에 고려 태조에게 귀부(歸附)하였던 이 고을의 호족(豪族) 박윤웅(朴允雄)으로 파악하려는 시도가 그것인데,[5] 이 해석의 타당성 여부를 막론하고 울산 주민의 생명과 봉록을 주관하였다고 하는 계변천신은 이 고을의 수호신으로 인식되어 고을 거주민이 숭상하는 대상이 되었으며 옛 읍성 안에 있던 성황사(城隍祠)에 성황신으로 좌정되었다.[6] 따라서 '(신)학성'이라는 고을 명칭의 유래와 관련된 이 설화는 고을을 대표하는 관아의 건물에 대한 기문에 자주 언급되는 중요한 삽화(揷話)이면서 이 지방 사람들의 잠재의식 속에 뿌리박힌 오랜 연원으로 작용하는 것이다.

계변천신의 영험에 대한 언급은 이미 고려 무신란(武臣亂) 시기에 활동하였던 이규보(李奎報, 1168~1241)의 글에 나타나 있다. 그는 고려 신종(神宗) 5년(1202) 12월에 동경(東京, 현재의 경주)에서 반란이 일어나고 운문산(雲門山)의 도적들이 거병(擧兵)하자 병마녹사(兵馬錄事) 겸 수제(修製)로 종군하여 반란이 평정된 1704년 3월에 개경으로 귀환하기까지 그곳에 머물렀는데,[7] 그때 초토처치사(招討處置使)를 대신하여 계변천신에게 올린 제문 3편이 문집에 남아 있다. 이 제

---

5) 李有壽, 『蔚山地名史』(울산문화원, 1986), 847~862면 참조. 이 책에서는, 신두산에 학을 타고 내려온 계변천신을 신라 말기에 개지변 즉, 계변의 실력자로서 경순왕 4년(고려 태조 13년, 930)에 崔奐을 보내어 왕건에게 항부하였던 박윤웅으로 보고 그를 울산의 創邑祖로 파악하고 있다. 그리고 계변천신이 사람의 생명과 봉록을 주관했다는 기록도, 후삼국시대의 호족들이 조세의 수취권과 인력의 징발권을 행사하여 私兵을 가지면서 城主 또는 장군이라 칭하면서 그 지역민의 실질적인 지배자의 입장에 있었던 사실과 결부시켜 해석하고 있다.

6) 『新增東國輿地勝覽』, 권22, 「蔚山郡」, 「祠廟」. "城隍祠 在古邑城內 郎戒邊神也"

7) 李奎報, 『東國李相國集』, 「年譜」, 『韓國文集叢刊』 1권, 287~288면 및 『高麗史』, 권102, 「列傳」 15, 〈李奎報〉 참조.

문들은 계변천신의 영험에 기초하여 경주지방의 도적을 토벌하게 해 달라는 소망을 담거나, 이미 도적을 토벌해 준 데 대한 감사의 마음을 표하고 있다.

> ① 임금의 병사들에게는 명성이 있도록 하시고 도적의 무리들은 쓸어버린 듯이 하소서. 바야흐로 해초가 푸르기 전에 개선가가 길을 채우게 하소서. 공은 반드시 우리의 신께 돌리고 국가의 창고를 기울여서 은혜를 갚겠습니다.[8)]

> ② 저희가 군대를 일으키던 날부터 우리의 천신께서 이 지방을 진압하신다는 소문을 들었습니다. 천리를 멀다 않고 몸소 사당을 찾아 작은 정성을 펴고 은혜의 후광을 입기를 바랐습니다. 과연 신령께서 감응하심이 멀지 않았기에 도적 괴수의 머리를 매달게 되었습니다.[9)]

> ③ 일찍이 초여름에 의비(義庇)와 발좌(勃佐)는 칼날 아래 머리가 떨어지고, 연말이 되지 않아 산각(山角)과 득광(得光)은 함정 속에서 꼬리가 흔들렸습니다. 소굴을 온통 뒤엎고 불태워 고을이 정밀(靜謐)하게 된 것은 모두 시키신 바이니 나에게 무슨 공이 있겠습니까?[10)]

①은 적도를 토벌하기 전에 올린 것인데, 계변천신의 영험에 대한 강한 믿음을 바탕으로 도적을 토벌하게 해 달라는 간절한 소망을 드러내고 있으며, 만약 공을 이루게 된다면 반드시 거기에 보답하겠다는

---

8) 李奎報, 〈蔚州戒邊城天神祭文〉, 『東國李相國集』, 권38, 『韓國文集叢刊』 2, 96~97면. "使天兵兮有聲 使賊徒兮如掃 方海草兮未綠 奏凱歌兮盈道 功必歸於我神 國之報兮傾困罄府"

9) 李奎報, 〈戒邊大神謝祭文〉, 위의 책, 100면. "愚等自興師之日 聞我天神鎭此一方 不遠千里 躬叩祠堂 一申微素 覬荷恩光 果靈應之不遐 致賊魁之梟首"

10) 李奎報, 〈戒邊天神前復祭文〉, 위의 책, 같은 곳. "曾於夏初 義庇勃佐 頭落於劍下 未及歲抄 山角得光 尾搖於穽中 傾巢穴以蕩焚 致方州之靜謐 皆所使也 吾何有焉"

약속을 담고 있다. ②와 ③은 ①에서 한 약속과 같이 토벌군이 도적들을 무찌르게 되자 거기에 감사하는 마음을 표하고 있다. 변려문(騈儷文) 형식을 사용한 이 제문들에서 이 지방 수호신인 계변천신에 대한 당시 사람들의 강한 믿음과 신뢰감을 읽을 수 있다.

〈울주읍성기〉의 마지막에는 울주 출신으로 피난 시기에 고향을 그리워하던 낭장(郎將) 박종주(朴從周)가 이미 고향에 돌아와 읍성의 본말을 갖추어 기문을 써 줄 것을 부탁하기에 이 성의 영건(營建)과 관련된 이문화, 김급 등과의 친분까지 고려하여 이 글을 쓰게 되었다는 사실을 밝히는 것으로 마무리하고 있다.

울산부사 이충익(李忠翼)의 〈가학루기(駕鶴樓記)〉는 울주도호부(蔚州都護府) 아문(衙門)의 고각루(鼓角樓)인 가학루의 중건에 대한 기문이다. 이 누각의 이름도 계변천신이 학을 타고 신두산에 내려왔다는 설화와 관련이 있다.

> 가학루는 울주도호부 아문의 고각(鼓角)의 누(樓)이다. 어찌하여 '학(鶴)' 자(字)를 취하여 이름을 지었는가? 고을에 신학성의 옛 터가 있기 때문이다. 즉, 고려조의 김극기(金克己) 학사가 전해 준 "계변신이 학을 타고 신두산에 내려왔다."고 하는 것이 이것이다. 고을을 개창한 초기에 공해(公廨)의 이름을 붙이면서 이 '학' 자를 버리지 않고, 손님을 맞는 객관(客館)을 '학성관(鶴城館)'이라 하고, 정사를 다스리는 동헌(東軒)을 '반학헌(伴鶴軒)'이라 하며, 북을 다는 누각을 '가학루'라고 일컬은 것은 "봉(鳳)이여, 봉이여!"라고 하는 것과 참으로 비슷하니 진실로 이것은 한 마리 봉과 같은 뜻이다.[11)]

11) 李忠翼, 〈駕鶴樓記〉, 『蔚山邑誌』, 권6. "駕鶴樓者 蔚州都護衙門 鼓角之樓也 奚取乎鶴而名之也 州有神鶴城故址 卽麗朝金學士克己所傳 戒邊神駕鶴降神頭山者是耳 刱邑之初 所以公廨之命名 不捨是鶴 延賓館曰鶴城 治事軒曰伴鶴 而鼓樓之得駕鶴稱者 正類乎鳳兮鳳兮 固是一鳳之意也"

이 글에 따르면 관아에 소속된 건물 중 상당수가 계변천신 하강 설화와 관련된 '(신)학성'이라는 지명에서 '학' 자를 따서 이름을 붙인 것임을 알 수 있다. 이름은 비록 그러하지만 실제로 이 건물의 중건 동기는 다른 데에 있었다.

이충익은 자기가 처음 부임하니 다 허물어진 외동헌(外東軒)인 알안당(糱岸堂)만 보이고 외삼문(外三門)인 가학루가 없어 황량한 것을 보고, 뜻과 재물을 모아 알안당에 쓸 재목과 기와를 수습하고 또 가학루를 다시 엮어 보수하게 되었다고 했다. 여기에서 재미있는 것은 가학루 중건의 당위성을 강조하기 위해 펼친 그의 논리이다. 즉 그는 궁실의 문 위에 가로 대는 나무인 문미(門楣)는 사람 얼굴의 눈썹과 같다고 했다. 얼굴에 눈썹이 없다고 하더라도 사람이 보고 듣는 데 아무런 지장은 없지만 그것이 없으면 얼굴이 환하게 드러나지 않는 것과 마찬가지로, 문미는 사람이 기거하는 데는 아무런 지장이 없는 물건이지만 그것이 없으면 궁실이 되지 않는다고 했다. '문방 미(楣)' 자를 '나무 목(木)'에 '눈썹 미(眉)'를 붙여서 만든 까닭을 알겠으니, 따라서 이 고을에 외동헌은 없어도 되겠지만 외삼문은 없어서는 안 될 것이라고 했다. 그렇게 하여 이 고을의 고각루인 가학루가 중건된 만큼 이 누각의 흥폐로써 고을의 운수를 점칠 수 있게 되리라는 말로 글을 마무리하고 있다.

이 밖에도 실용적인 목적을 위한 구축물에 대한 기문으로 판관(判官) 손기양(孫起陽, 1559~1617)의 〈알안당기(糱岸堂記)〉와 부사 이정인(李廷仁)의 〈명륜당기(明倫堂記)〉가 전해지고 있다.

전자는 판관이 집무할 장소가 없어 구석진 자리에 얽어 놓은 건물인 알안당의 성격을 그 이름에 초점을 맞추어 풀이한 글이다. '알(糱)[움]'은 깎아내어 버리는 것이고, '안(岸)[언덕]'은 땅 가운데에서 모가 진 곳을 의미하는데, 당(堂)이 터를 잡은 곳은 북쪽 언덕의 모서리를 깎아 평탄하게 한 것이 3분의 2나 되기 때문에 땅의 알안(糱岸)이요,

당의 모습은 사치하지도 않고 누추하지도 않으며 우뚝한 곳이 없이 굽어 있으며 여러 나무들 가운데 숨어 있기 때문에 집의 알안이라고 했다. 더욱이 이 글을 지은 작가의 지위인 판관이라는 자리는 위로 병마절도사(兵馬節度使)를 섬기고, 가운데로 편장(編將)과 접하며, 아래로 아전과 백성에게 임해야 하기 때문에 여러 측면에서 알안이라는 것이다. 이것은 스스로를 낮추고 겸손하게 처신해야 함을 교훈으로 삼으려는 뜻을 담은 것이다.

후자는 울산 향교의 부속건물인 명륜당의 마루와 재실이 퇴락했는데도 보수하지 않은 까닭이 수백 년 동안 과거 급제자가 적고 사당 옆에 거주하는 하인들이 죽어나가는 등의 흉사가 이어져 집터가 좋지 않다고 믿는 주민들의 생각 때문이라는 사실을 알고, 이 건물을 중수한 다음 풍수지리설이란 게 믿을 바가 못 됨을 설파한 글이다. 명륜당이 성균관이나 지방의 각 향교에 부설되어 있던 건물로서 학생들이 모여 공부하던 강당인 것을 감안하면, 유학 진흥을 교육의 근본으로 생각하던 조선시대에 이런 글은 대개 규범적인 내용을 담기 마련이었음을 여기에서 확인할 수 있다.

### 2) 관료들의 풍류를 위한 구축물에 대한 기문: <태화루기>와 <태화루중신기>

지금은 건물이 없어지고 현판만 전해지는 태화루(太和樓)는 일찍이 밀양(密陽)의 영남루(嶺南樓), 진주(晉州)의 촉석루(矗石樓), 안동(安東)의 영호루(映湖樓)와 함께 일찍이 영남 4대 누각의 하나로 꼽히던 건물이었다. 이 누각은 울산을 찾은 수많은 시인묵객들이 올라 주변의 경관을 완상하고 술잔을 주고받으며 시를 짓던 곳으로 고려 후기부터 울주팔경(蔚州八景)의 하나로 꼽히던 대상이었다. 이 누각의 창건과 중수의 전말을 기록한 기문으로는 조선시대 최초의 대제학을 지낸 권근(權近, 1352~1409)의 〈태화루기(大和樓記)〉와 권근의 외손자로서 무려 23년이나 대제학을 지내고 『동문선(東文選)』을 편찬한 서거정(徐居正, 1420~1488)의 〈태화루중신기(太和樓重新記)〉[12]가 있다. 따라서 이 두 기문은 조선 전기의 대표적인 관각(館閣) 문인의 문장이라고 할 만하다.

이 누각은 울산의 서북쪽 산에서 흘러와 동해로 흘러가는 태화강의 북쪽 벼랑 위, 즉 지금의 태화교의 북쪽 벼랑 위에 위치했던 것으로 짐작되는데,[13] 두 기문은 모두 주변 경관의 묘사를 글의 실마리로 삼고 있다.

> ① 울주는 동쪽과 남쪽이 큰 바다에 닿아 있고 도성과는 거리가 가장 먼 곳이다. 고을 서쪽 몇 리 거리에는 큰 시내가 있어 남쪽으로 흐르다가 동쪽으로 꺾여 바다로 들어간다. 동쪽으로 펼쳐진 곳에 물이 더욱 광활하고 맑고 깊은 곳을 황룡연(黃龍淵)라 하는데, 그 북쪽에는 깎아지른 듯한 벼랑이 우뚝하다. 남쪽으로 굽이치다가 동쪽으로 돌아가는 곳에는 작은 산이 물의 남쪽에 우뚝한데, 기화요초와 참죽, 차나무가 겨울에도 향기로우니 이곳을 장춘오(藏春塢)라고 한다. 신라 때에 처음 북쪽 벼랑 위에 절을 지어 태화사(太和寺)라 하였고, 그 서남쪽에 누각을 세웠으니 그 아래는 바로 넓은 강물이다. 산이 들 바깥에 놓여 있는데 바다는 하늘 끝에 닿아 있어, 누각에 올라 바라보는 아름다움이 기이하고 빼어났다.[14]

---

12) 이 글의 제목은 『新增東國輿地勝覽』에 실린 것인데, 徐居正의 『四佳集』, 文集, 권3에는 〈泰和樓重新記〉, 울산의 각종 읍지에는 〈太和樓重修記〉로 되어 있다.

13) 태화루는 임진왜란 때 불타버리고, 뒤에 울산의 객관인 학성관의 종루인 남문루를 세워 보관 중이던 태화루 현판을 걸게 됨으로써 그곳이 태화루가 되었다가 알제시대에 학성관과 함께 남문루도 헐리게 되어 그 이름이 없어지게 되었다. 따라서 임진왜란 이후에 세워진 태화루는 원래의 태화루와는 전혀 다른 곳에 위치한 것이었다.

14) 權近, 〈大和樓記〉, 『新增東國輿地勝覽』, 권22, 「蔚山郡」, '樓亭'條. "蔚爲州

> ② 나는 일찍이 남쪽지방 길에서 노닐면서 명승을 두루 찾았는데 촉석루(矗石樓), 영남루(嶺南樓), 명원루(明遠樓), 영호루(暎湖樓), 쌍벽루(雙碧樓)와 같은 누각과 해운대(海雲臺), 월영대(月影臺), 관어대(觀魚臺)와 같은 돈대들이 참으로 기이하고 특이하며 매우 빼어난 곳이었다. 마지막에 울주(蔚州)로 가게 되어 태화루의 형승을 듣고는 한 번 유쾌하게 오르고 싶었다. 울주의 강가에 이르러 바라보니 푸른 언덕 벼랑 위에 높이 솟은 한 누각이 맑고 푸른 물을 굽어보고 있기에, 그 높고 웅장한 것을 아껴서 물어보니 태화루라고 하였다.[15)]

①은 〈태화루기〉의 첫 부분으로 태화강을 따라 펼쳐지는 아름다운 경승 속에서도 황룡연과 장춘오의 승경과 태화사 서남쪽의 태화루에서 바라보는 산과 바다의 아름다움을 그려내었고, ②는 〈태화루중신기〉의 첫 부분으로 영남지방의 승경을 유람하고 마지막으로 울주에 이르러 벼랑과 물이 함께 어우러진 속에 우뚝 솟은 태화루의 웅장한 모습에 대한 놀라움을 드러내고 있다. 두 기문은 모두 첫머리에서 멋진 자연 경관 속에 자리 잡은 누각의 아름다움을 그려냄으로써 이미 없어지거나 퇴락한 누각을 다시 짓거나 고쳐야 할 당위성을 부각시키고 있다.

권근의 〈태화루기〉는 조선 초기에 태종(太宗)의 국구(國舅)인 민제(閔霽, 1339~1408)가 정종(定宗) 1년(1399) 봄에 이곳에 왔다가 누각의 일부가 없어지고 퇴락한 것을 보고 안타까이 여겨 새로 지을 뜻을

---

東南際巨海 去王京最遐 距州之西數里 有大川 南流東折而入海 其東圻也也水尤宏濶而澄深 曰黃龍淵 其北石崖 截然壁立 南迤而東廻 有山巋然 峙于水南 名葩異卉 海竹山茶 經冬馥郁 曰藏春塢 新羅之時 始置寺于北崖之上 曰大和寺 西南起樓 下臨淵水 山橫野外 海接天涯 登覽之美 最爲奇勝"

15) 徐居正, 〈太和樓重新記〉, 위의 책, 같은 곳. "余嘗遊南路 歷訪名區 於樓 得矗石嶺南明遠暎湖雙碧 於臺 得海雲月影觀魚 眞所謂瓌奇特絶形勝之地也 最後將適蔚 聞大和之樓之勝 欲一快登 到蔚江 望見一樓巋然 於層崖絶壁之上 俯臨澄碧 愛其峻壯 訊之 曰大和"

가지고 있다가 3년 뒤에 경상도를 안찰(按擦)하러 가는 안노생(安魯生)에게 부탁함으로써, 지주사(知州事) 안광연(安光衍)이 감독하여 새로 짓게 되었다는 사실을 기록하고 있다. "누대와 정관(亭觀)을 설치하는 것이 비록 정사에 관계없는 듯하지만 때때로 유람하여 피로와 안일을 조절하는 일이 없는 나라는 없다."고 한 민제의 말처럼,[16] 이 누각이 아름다운 경관 속에서 삶의 피로를 풀고 기운을 회복하려는 의도에서 지은 것임을 분명히 하고 있다. 뒷부분에서는 부귀하게 살면서도 아담한 말과 한적한 흥취를 조금도 변하지 않고 있는 민제가 이 누각에 올라 가슴이 쇄락해지고 도량이 확 트인 것처럼, 그의 이 마음을 미루어서 온 나라 백성들과 함께 즐거워하면 우리 백성들도 아마 함께 즐기는 마음이 될 것이라고 하여 민제의 이 행위를 유교 국가에서 여민동락(與民同樂)의 이념을 실현한 모범적 사례로 파악하고 있다. 그래서 권근은 자기도 민제처럼 이 누각에 올라 풍광을 구경하고 술을 마시며 시를 읊어 그 빼어난 경개를 기록하고 싶다는 소망으로 이 글을 끝맺고 있다.

한편 서거정의 〈태화루중신기〉는 몹시 퇴락한 이 누각에 부축을 받아 올라가니 탁 트인 경치가 다른 누각들보다 빼어나지만, 정포(鄭誧)·이곡(李穀)·권근(權近) 등 선현들의 빼어난 작품을 적었던 제판(題板)이 모두 없어져 매우 처량한 기분에 잠겨 있다가, 이튿날 밤에 소동파(蘇東坡)의 적벽강(赤壁江) 놀이에 비견할 만한 태화강의 뱃놀이로 울적한 심회를 풀고 돌아온 경험을 적고 있다. 그 뒤 읍재(邑宰)를 맡은 박복경(朴復卿)이 태화루를 중수하여 예전의 아름다움을 회복하였다는 말을 듣고 그의 행적을 칭송하고, 언제 한 번 이 누각에 그와 함께 올라서 술을 마시며 시를 짓고 싶다는 희망을 드러내면서 이 글을 마무리하고 있는데, 서거정도 민제와 마찬가지로 이 누정의

16) 權近, 앞의 글, 같은 곳. "樓臺亭觀之設 雖若無關政治 然時遊觀節勞日 無國無之"

성격을 빼어난 경승(景勝)에서 상영(觴詠)하는 장소로 인식하고 있음을 분명히 하고 있다.

## 2. 양반들의 산수유기

울산 주변은 예로부터 산천과 해변의 경관이 아름다운 곳으로 알려져 왔다. 그들의 생업도 가지산(迦智山)·신불산(神佛山)·간월산(肝月山)·영취산(靈鷲山)·고헌산(高巘山)·천황산(天皇山)·재약산(載藥山) 등의 이른바 영남알프스 또는 울주칠봉(蔚州七峯)이라고 불리는 준봉들과 관련한 산림 채취, 해상의 어업 활동, 농지의 농산 활동이 두루 이루어져 왔다고 할 수 있다. 그것은 이 지역에 전해지고 있는 민요에서 분명히 나타난다. 즉 평야지대에서 불리는 모노래(모찌기노래, 모심기노래)뿐 아니라 논매기노래와 밭매기노래가 함께 존재하고 있을 뿐 아니라 깊은 산속에서 불려지는 (어)사용과 해변에서 불리는 그물당기기(멸치후리는 노래)와 노 젓는 노래 등이 공존하고 있는 사실17)이 이 지역의 지리적·산업적 특성을 잘 보여준다고 할 수 있다.

따라서 이 지역에서는 주변의 아름다운 산수를 유람하면서 쓴 산수유기(山水遊記)가 많이 남아 있을 것으로 기대되지만 실상은 그렇지 못한 측면이 있다. 남은 문장이라고 하더라도 영남알프스 지역에 해당하는 준봉을 유람한 기문은 찾기 어렵고, 지금은 경남 양산시(梁山市)에 편입되어 있지만 예전에는 울산 권역에 속하던 원적산(圓寂山, 일명 千聖山)을 유람하고 쓴 기문이 몇 편 남아 있는 정도이다. 이 산은 현재 울산과 양산의 경계를 이루고 있는데, 전체적인 경관이 아름답고 산세가 웅장하여 주말이면 등산객들이 즐겨 찾는 곳이다.

17) 여기에 대해서는 성기옥·성범중·양명학, 『울산울주지방 민요자료집』(울산대학교출판부, 1990) 참조할 것.

이 산을 유람하면서 쓴 기문은 서석린(徐錫麟, 1710~1789)의 글을 필두로 하여, 이양오(李養吾, 1737~1811)와 남경희(南景羲, 1758~1812)의 기행문, 그리고 조표(趙滮, 1807~1871)의 글이 남아 있어서 이 산에 대한 이 지역 문인들의 관심도를 짐작할 수 있게 해 준다. 이 글 중 이양오와 남경희의 기행문은 같은 날 일행(一行)이 되어 함께 이 산에 올랐던 경험을 두 사람이 각기 쓴 글로서, 독자들에게 비교하면서 읽는 재미를 주는 작품이기도 하다. 즉 지금부터 200여 년 전인 정조(正祖) 24년(1800) 윤사월 초열흘날에 출발하여 4박 5일 동안 원적산을 유람하고 나서 쓴 글로서, 동일한 일정을 소화한 두 사람의 기행문을 읽어 보면 비록 동일한 대상과 경험이지만 개인에 따라 동일하게 또는 다르게 인식되는 양상을 오늘날에 비추어 살펴볼 수 있는 재미도 있다. 특히 이양오의 기문에는 산행 도중에 일행과 주고받았던 한시를 함께 기록함으로써 여행 현장 분위기와 아름다운 자연물에서 유발된 감정의 추이를 여실히 살필 수 있도록 한 것이 특징이라고 할 만하다.

그 밖의 기문으로는 이만부(李萬敷, 1664~1732)의 〈반구기(盤龜記)〉와 송찬규(宋璨奎, 1838~1910)의 〈모은대기(慕隱臺記)〉를 들 수 있다. 이 두 기문의 대상인 반구대와 모은대는 다 같이 포은(圃隱) 정몽주(鄭夢周, 1337~1392)와 관련된 장소라는 특징이 있다. 반구대는 울산광역시 울주군 언양읍 대곡리 반구산(盤龜山, 265m)의 끝에 있는 3층으로 된 석대(石臺)이다. 물 위에 떠 있는 산의 형상이 거북이가 엎드린 모양과 같아서 붙은 이름이라고 하는데, 고려 말기에 언양(彦陽)에 유배되었던 포은이 올랐던 곳이라고 하여 포은대(圃隱臺)라 부르기도 한다. 이곳은 산수의 경관이 아름답기로 소문난 곳이고, 여름철에는 피서객들이 많이 찾는 곳이다. 근래에는 국보 285호인 반구대 암각화(盤龜臺岩刻畵)를 찾는 사람들이 많아짐에 따라 이곳으로 들어가는 길이 새로 포장되어 있다. 그리고 모은대는 울주군 삼남면 교동의 작괘천(酌掛川, 勺掛川) 가에 있는 큼직한 바위로서, 포은의 덕을 사모하는 의도에서 대한제국 시기에 언양의 선비 송찬규가 명명한 것이다.[18] 아래에 이 글들을 번역문과 함께 제시하여 독자가 감상할 수 있도록 하겠다.

서석린(徐錫麟)[19], 〈불지[20]를 유람한 기문(遊佛池記)〉(『睡聱集』)

못은 원적산(圓寂山)에 있고, 산은 양산의 치소(治所)에서 동북쪽으로 삼십 리에 있다. 숙종(肅宗) 35년(1709) 기축년 봄에 선군(先君)[21]이 양산 관아에 빈객으로 계시면서 사군(使君)[22] 김환(金鍰)의 아들 정겸(正謙)·정태(正泰)·정환(正渙) 및 상사(上舍)[23] 김이갑(金爾甲)과 사군의 조카 정숭(正崇) 및 율리(栗里) 사람 오희창(吳喜昌)이 여기에 유람하였다.

지금 임금[24] 37년(1761) 신사년 가을에 석린(錫麟)이 선군의 지난날 유람을 잇게 되니 기축년부터 신사년까지 53년이 지났다. 이른바 대둔사(大芚寺)와 불지암(佛池庵)은 모두 용한겁(龍漢劫)[25]이 지나 옛날의

---

18) 〈慕隱臺記〉에 대해서는 '제3장. 경승 한시의 세계' 중 '3. 작천정과 작괘천 주변의 제영'을 참조할 것.

19) 徐錫麟(1710~1789)은 조선 후기의 문인으로 자가 夢膺이고, 호는 睡聱이며, 본관은 利川이다. 관찰사 仁元의 5세손이고 학생 弘漸의 아들로, 淸道에서 태어나 彦陽縣 상남면 吉川으로 옮겨와 살았다. 英祖 23년(1747)에 진사가 되고 童蒙教官에 추증되었다. 영조 33년에는 언양현감 金天相의 위촉으로 『巘山誌』를 처음으로 編修하였다. 문집으로 『睡聱集』이 있다.

20) 佛池는 원적산의 바위틈에 있는 못으로 금수(金水)라고도 하는데, 이 물은 가물어도 차거나 줄어들지 않고, 황금색이 물의 표면에 뜨고 오랫동안 마시면 습기를 고칠 수 있다고 전해진다.

21) 先君은 돌아가신 자기 아버지를 일컫는 말로, 여기에서는 서석린의 부친 徐弘漸을 가리킨다.

22) 使君은 牧使·府使·郡守 등 지방수령을 일컫는 말이다.

23) 上舍는 성균관의 유생으로 小科에 합격한 사람이다.

24) 當宁는 당시의 임금으로, 여기에서는 英祖를 가리킨다.

25) 龍漢劫은 道教에서 말하는 元始天尊의 年號의 하나인데, 오랜 세월이 지났음을 뜻한다.

고색창연한 재가 되어 버렸는데, 다만 불지(佛池)와 금수(金水)만이 그대로 남아 있다. 옛날과 지금을 쳐다보고 굽어보노라니 서글픈 마음을 이기지 못하고 새벽에 들어왔다가 달빛을 받으며 나왔으니, 소설당(蘇雪堂)[26]이 적벽강(赤壁江)에서 배를 띄운 날이었다.[27]

池在圓寂山 山在梁之治東北三十里 肅廟三十五年己丑春 先君客于梁衙 與金使君鍰子正謙正泰正渙及金上舍爾甲及使君之從子正崇及栗里子吳喜昌遊於此 當宁三十七年辛巳秋 錫麟嗣先君舊遊 自己丑洎辛巳 至五十三年矣 所謂大芚寺及佛池庵 皆爲龍漢劫 灰先天古色 獨佛池金水在焉 俯仰今古 不勝愴感 乘曉而入 帶月而出 蘇雪堂泛舟赤壁之日也.

이양오(李養吾), 〈다시 원적산을 유람한 기문(重遊圓寂山記)〉(『磻溪集』)[28]

경신년[29] 윤사월 초열흘날 석계(石溪)[30]의 강당(講堂)에서 백전(白戰)을 여니 원근의 늙은이와 젊은이들이 많이 모였다. 좌랑(佐郞) 중은(仲殷) 남경희(南景羲)와 원장(院長) 지국(持國) 임만제(任萬濟)[31]가

26) 蘇雪堂은 중국 宋나라의 문인 蘇軾이 貴州의 臨皐亭에 寓居할 때 東坡에 지은 堂이다.

27) 泛舟赤壁之日은 赤壁에 배를 띄운 날이라는 뜻인데, 蘇軾은 壬戌年 칠월 열엿샛날에 적벽강에 배를 띄워 놀면서 유명한 〈赤壁賦〉를 지었으므로, 7월 16일을 가리킨다.

28) 이 글은 이양오의 필사본 『반계집』 권4의 17葉(후면)에서 24葉(후면)까지 실려 있다. 목판본 『반계선생문집』 권5에는 〈重遊圓寂山錄〉이라는 제목으로 실려 있는데, 이 글에는 필사본에 수록된 한시들이 모두 빠져 있고 부분적으로 차이가 있는 곳이 다 수 있다. 이 책에서는 필사본의 글을 모두 다 보여주고, 목판본에 없는 부분은 [ ] 속에 넣어서 구분하기로 하겠다. 또, 두 판본에서 서로 다른 부분은 原文을 보여주는 부분에서 각주로 드러내기로 하겠다.

29) 庚申年은 正祖 24년(1800)인데, 이때 이양오의 나이는 64세였다.

30) 石溪는 울산광역시 울주군 웅촌면 석천리[돌내 · 회천(回川)]에 있던 마을 이름이다. 1914년 행정 구역 폐합에 따라 石溪洞을 병합하여 석천리라고 하였다.(姜吉夫, 앞의 책, 527면)

31) 任萬濟는 生平이 자세하지 않으나, 목판본 『磻溪集』 권1에 〈任霧翁持國萬濟

모두 고관(考官)[32]으로 먼저 와서 함께 즐기고 마쳤다.

이튿날 여러 친구들이 원적산의 연한 녹음을 구경하고자 억지로 나를 동행하자고 하여 사양할 수가 없었다. 이에 다섯 명의 노인이 지팡이를 이어서 서쪽으로 가는데 중은과 지국, 문응(文應) 박회석(朴晦錫)[33], 용현(龍見) 윤현(尹俔) 그리고 나의 족숙(族叔) 이의춘(李宜春)도 따랐다. 고야촌(姑射邨)[34]을 지나며 이경도(李敬衜)를 찾았으나 만나지 못하였는데, 한 손자 아이가 나와서 맞이하여 붉은 이슬 같은 술을 따르고 쌀밥을 올리는 게 자못 정성스러웠다. 일행이 운흥사(雲興寺)[35]라는 옛 절을 찾아가니 승려의 요사(寮舍)에는 온통 풀이 무성하고 부처를 모신 집도 손상되고 부서져서 다시는 옛날의 모습이 아니었다.

[사람을 근심스럽고 비참하게 만들기에 즉석에서 시를 짓기를[36],

어디가 운흥사인가?
일행은 오래된 나무 사이에서 찾네.
좋은 나그네를 맞이하는 승려는 없는데
빈 산을 지키는 부처는 남아 있네.

---

以詩求和 追步寄懷〉라는 시 제목으로 보아 반계와는 매우 친밀한 관계였음을 짐작할 수 있고, 또 그의 號는 霧翁, 字는 持國이었음을 알 수 있다.

32) 考官은 시험을 관리하는 사람이다.

33) 朴晦錫은 生平이 자세하지 않으나, 목판본『磻溪集』권1에 〈次朴文應晦錫愛蓮堂韻〉이라는 시 제목으로 보아 반계와는 매우 친밀한 관계였음을 짐작할 수 있고, 또 그의 字는 文應임을 알 수 있는데, 이 글에서 그가 노래를 잘 불렀다는 사실을 알 수 있다.

34) 姑射는 '古也'라고도 하는데, 현재의 울산광역시 울주군 웅촌면 고연리에 있다.

35) 雲興寺는 울산광역시 울주군 웅촌면 고연리 반계 마을의 서쪽 운흥계곡에 있었던 울산지역에서 가장 큰 사찰로서, 신라 제26대 진평왕 때 창건하였다고도 하고(『蔚山邑誌』), 제30대 문무왕 때 元曉大師가 건립하였다고 하기도 한다. 그 후 고려 말에 指空禪師가 중창하였으나 임진왜란 때 불탄 것을 光海君 6년(1614)에 大熙가 다시 세웠다고 한다. 이양오가 이 글을 쓴 正祖 24년(1800)에 이미 절이 거의 황폐하게 되었음을 알 수 있다.

36) 口占은 즉석에서 시를 지어 읊는 것으로 口號라고도 한다.

새 자취는 섬돌에 두루 오르고
달팽이 점액은 벽에 꾸불꾸불 올라가네.
이전의 여러 선비 친구들을 생각하나니
이곳에서 함께 단란하였네.

지국이 정리하기를,

부서진 지 오래 된 운홍사에는
소나무와 삼나무가 물과 대나무의 사이에 있네.
탑은 외로이 늙은 나무에 기대고
요사는 고요히 빈 산에 갇히었네.
승려들의 흩어짐을 탄식할 만하고
불상의 광대함을 또 슬퍼하네.
가을이 지난 뒤 다시 찾을 것을 약속하는데
어느 날에 다시 단란해지랴?]

간향각(看香閣)[37]에서 조금 쉬고 해가 기울 무렵 사자암(獅子菴)에 닿았다. 먼저 대(臺)에 앉으니 바람이 부는 대가 매우 상쾌하였다. 서쪽 목판을 보관하는 곳[38]에 들어가 자는데, 승려들 중에 전부터 아는 사람이 많아서 친절하게 대하였다.

이튿날 출발하여 안쪽 산을 향하는데, 두 승려가 술과 안주를 가지고 따라와서 고개를 넘어 풀밭에 앉아 술을 몇 순배 돌리고 그만두었다. 의춘은 범의 꼬리를 뽑을 만한 힘이 있어서 '호미장군(虎尾將軍)'이라고 불렀는데, 호미가 말갈기를 잡아당겼지만 큰길로 내려가기까지 버틸 수는 없겠기에 그에게 쉬지 않고 가서 대둔점(大芚店)[39]에서 기다리도록 하였다. 승려 한 명은 돌아가고 다른 승려 한 명은 동행하

37) 看香閣은 운홍사에 있던 亭閣이었던 듯하다.
38) 版頭는 목판의 판면 숫자, 또는 零散한 木板이다.
39) 大芚店은 신라시대에 원효가 창건한 大芚寺가 없어지고 난 다음 그 자리에 있었던 酒店인 듯하다.

여 몇 리쯤 떨어져 있는 조계암(曹溪庵)[40]으로 들어갔더니, 암자의 승려가 술을 권하였다. 백여 발짝[41] 남짓 가서 안적암(安寂菴)[42]에 이르렀다. 집이 매우 정결하여 산중에서 이름난 곳인데 승려의 접대도 정성스러웠다.

점심밥을 먹은 다음 승려에게 길을 일러 달라고 하여 개울을 따라 남쪽으로 내려갔다 물은 맑고 바위는 기이하여 어떤 이는 손으로 떠서 마시고 어떤 이는 앉아서 읊었다. 대둔점에 이르니, 호미가 기다린지 벌써 오래 되어 소반에 가득하게 붉은 물포구나무[43]열매를따서 놓았기에 먹어보니 매우 상쾌하여 달콤한 물을 물리칠 만하였다. 또 술을 사서 권하므로 각기 한 잔씩 마셔보니 술도 맛이 있었다. 모두 "불지(佛池)[44]의 청신한 감상에 흥을 돋울 것이 없어서는 안 된다."라고 하기에, 승려를 불러 술병을 가지고 앞서 가게 하였다. 개울을 건너 고개를 쳐다보니 높다란 고개가 얼굴을 마주하고 서 있었다. 열 걸음에 한 번씩 쉬며 고개를 넘은 다음 남쪽으로 내려갔다가 서쪽으로 가로질러 불지에 닿았다. 그 산은 깎아지른 듯 선 것이 천 자나 되는데 실제로는 하나의 큰 바위이다. 못도 바위 속의 물인데, 그 빛깔은 아래가 옥색이고 위가 금빛이다. 그 근원은 솟아나지 않고 저절로 떨어지는데 마시면 매우 맑고 차며, 물은 가물어도 넘치거나 줄어들지 않는다. 바위 속에 쇠가 있고 쇠 속에 액체가 있으며, 액체가 쌓여서 못이 된 것

---

40) 曹溪庵은 鼎足山 쪽에 있는 암자인데, 安寂菴과 매우 가까운 곳에 있다.

41) 武는 반걸음, 곧 한 발짝의 거리이다.

42) 安寂菴은 경남 양산시 하북면 용연리에 소재한 암자로서, 경상남도 유형문화제 제119호로 지정되어 있다.

43) 蔦蘆는 물포구나무, 즉 뜰보리수나무의 울산 방언이다. 계곡이나 야산, 절벽 가에 자생하는 높이 2~4m의 낙엽관목으로 꽃은 4, 5월에 연한 황색으로 피고, 열매는 6, 7월에 길이 1.5cm 정도의 타원형으로 밑으로 처지며 붉게 익는다. 익은 열매는 말랑말랑하고 새콤달콤한 맛이 나는데 술을 담기도 한다고 한다.

44) 佛池는 1934년판 『울산읍지』 권1(39ab), 「古蹟」의 '金水'에 "원적산에 있는데 불지라고도 부른다. 물이 가물어도 차거나 줄어들지 않는데, 황금색이 물의 표면에 뜨고 오랫동안 마시면 습기를 고칠 수 있다.(在圓寂山 一名佛池 水旱不能盈縮 金色浮水面 久飮能治濕)"라고 되어 있다. 한편, 이양오는 〈金水解〉(목판본, 『磻溪先生文集』 권5, 雜著)라는 글을 남기고 있다.

으로 생각되었다. 못의 물에 금빛이 있게 되었으니 이치가 참으로 그런 것이다. 승려가 술을 권하기에 바위 위에 모여 앉아 잔을 주고받으며 다 마시고 전복을 찢어서 씹었다. 또 문응에게 노래 부르기를 청하니 그 소리가 솔바람과 서로 높았다 낮았다 하니 족히 관악기나 현악기인 듯하였다. 중은이 나를 돌아보며, "이처럼 아름다운 곳에서 시가 없어서야 되겠습니까?"라고 하기에, 나는 "좋지요."라고 대답하고 깊이 생각하여 시구를 지었다.

[이르기를,

깊은 산에서 빼어난 경치를 찾아
가고 또 가서 골짜기로 들어가네.
구름을 헤쳐 바위 길을 찾아내고
구멍을 살펴 황금 샘물을 마시네.
시골 주점에서 술을 시켜 마시고
사찰 집에서 평상을 빌려 자네.
줄을 지어서 누런 대추나무 지팡이를 짚고
푸른 나무그늘 가에서 시를 주고받네.

중은이 답하기를,

맑고 화창하여 좋은 시절에
손을 잡고 별천지[45]로 들어가네.
자주 앉음은 바위를 만나기 때문이요
천천히 감은 샘물소리를 들으려 함이네.
바람에 불리는 옷깃은 돋은 날개[46] 같은데

---

45) 壺中天은 신선 壺公의 고사에서 나온 말로 別天地・別世界・仙境 등의 뜻으로 사용되고, 壺天・壺中天・壺中天地 등으로 쓰인다. 호공은 後漢 때의 사람으로 汝南의 저자에서 약을 팔았는데 늘 항아리 하나를 지붕 위에 걸어 두고 저자가 파하면 뛰어서 그 항아리 속으로 들어갔다고 한다.

소리나는 그림은 잠든 용과 흡사하네.
해질 녘에 오르기를 그만두고
산 속[47] 언저리에서 승려를 찾네.

지국이 차운하기를,

진리를 찾는[48] 늙은 나그네는
원적산 골짜기에 있네.
빽빽한 숲에는 다투어 새가 울고
열린 바위에는 또 샘물이 솟네.
술집[49]에서는 술을 사서 마시고
절간에서는 등불을 짝하여 자네.
바다와 그다지 멀리 떨어지지 않아
삼신산[50] 주변이 아득하고 어렴풋하네.[51]

용현이 잇기를,

나는 인간세계에서 왔는데
산 속에 별천지가 있네.
봉우리마다 흰 구슬로 꾸미고
골짜기마다 맑은 샘물을 걸어 놓았네.
동틀 무렵에 금수(金水)에서 물 마시고

---

46) 羽化는 羽化登仙의 준말로, 사람의 몸에 날개가 돋아 하늘로 올라가 신선이 되는 것이다.

47) 紫翠는 자줏빛과 푸른빛으로 산을 비유한다.

48) 尋眞은 仙道를 찾는 것인데, 나중에는 사물의 本原이나 진리를 탐구함을 뜻하기도 한다.

49) 杏村은 복숭아꽃이 핀 마을로서 술집을 비유하는데, 이것은 杜牧의 시 〈淸明〉에 기인한다.

50) 三山은 三神山의 준말로, 동해 가운데 있고 신선이 산다는 蓬萊山·瀛洲山·方丈山을 가리킨다.

51) 縹緲는 아득하고 어렴풋한 모양이다.

땅거미 질 때쯤 미타암(彌陀菴)[52]에서 잠자네.
동남쪽의 명승지를
부질없이 한 길 몸 주위에 부치네.]

동쪽으로 몇 리를 가서 성불암(成佛菴)에 들어가서 안적암의 승려들을 보내었다. 암자는 비록 참선하는 집이지만 손님접대가 군색하지 않았으나, 다만 그 집에는 벽에 이가 많아서 밤에 잠을 이루지 못하였다.

이튿날 밥을 먹은 뒤 동쪽으로 원적암(圓寂菴)에 이르렀는데 그 사이가 1리 남짓이었다. 담배를 한 대 피우고 나서 호미가 작별을 고하는데 매우 처량해 보였다. 한 사미[53]에게 길을 안내하게 하여 남쪽으로 내려가니 골짜기는 깊고 물은 소용돌이치고 있었다. 또 너럭바위가 많아 잠시 앉아 있다가 천천히 걸었다. 고개 위로 올라가서 여러 벗들이 모두 견성암(見性菴)을 향하는데, 나와 문응은 뒤쳐지게 되었다. 이날 열이 심하여 한참 동안 앉아서 쉬니 문응이 말하기를, "견성암으로 가는 길은 매우 어려우니 곧장 내원사(內院寺)[54]로 가는 게 낫겠습니다."라고 하였다. 이에 거닐며 쉬다가[55] 느긋하게 걸어서 내원사로 갔는데, 서쪽 누각에 올라가서 옷과 두건을 벗고 쓰러지듯이 드러누웠다. [승려를 불러 술집이 있는 곳을 물었으나 대답이 없었다.] 이윽고 여러 벗들이 견성암에서 왔다. [시로 스스로 꾸짖기를,

길은 바위틈으로 들어가는데

52) 彌陀菴은 경남 양산시 웅상면 千聖山)에 있는 절이다. 창건연대는 알 수 없으나 통일신라 초기에 원효가 창건하였는데, 고려 禑王 2년(1376)에 중창하고, 조선 高宗 25년(1888)에 正眞이 중창하여 오늘에 이르고 있다. 현존하는 堂宇로는 법당과 산신각 · 요사채 등이 있고, 문화재로는 통일신라 때의 것으로 보물 998호인 彌陀庵阿彌陀佛立像이 있다.
53) 沙彌는 十戒를 받고 具足戒를 받기 위하여 수행하고 있는 어린 남자 중이다.
54) 內院寺는 경남 양산시 하북면 천성산의 중턱에 있는 절로, 신라 문무왕 때 원효가 창건하였다.
55) 流憩는 이리저리 거닐며 쉬는 것이다.

사람은 그림 속에서 걸어가네.
묵은 안개는 봉우리마다 개고
때를 만난 새는 곳곳에서 우네.
중은의 글 솜씨는 산을 흔들고
문응의 노래 소리는 구름을 멈추네.[56)]
걸음마다 기이한 경치를 즐기고
흐르는 물에 나아가 속세의 마음을 씻네.

중은이 그 운을 따서,

벼랑을 오르거나 골짜기를 건너서
거닐며 쉬다가 또 한가로이 가네.
숲이 빽빽한데 절은 어디 있는가?
날이 더딘데 종은 울리지 않네.
구름 근처에서 사슴 자취를 알고
잎새 너머에서 꾀꼬리소리를 듣네.
특별히[57)] 은거하겠다는 기약을 거듭하나니
안개와 놀[58)]에 정감이 있는 듯하네.

지국이 말하기를,

어제 운흥사 골짜기에서 자고
서쪽으로 십 리를 지났네.
연기는 흩어지는 새벽의 푸른 산빛을 따르고
바람은 울리는 한낮의 종소리를 전송하네.
푸른 잎은 맑게 감상할 만한데
노란 꾀꼬리는 또 좋은 소리를 내네.

---

56) 遏雲은 遏行雲의 준말로서, 노래 소리가 아름다워 가던 구름이 멈춤을 뜻한다.
57) 特地는 '특별히, 일부러' 등을 뜻한다.
58) 煙霞는 안개와 놀, 또는 고요한 산수의 경치이다.

꽃과 강물은 돌아가는 나그네에게
헤어지며 마치 정감을 표하는[59] 듯하네.

편액에 승려의 시 두어 수가 있는 것을 보고 차운하기를,

골짜기를 걸을 때는 한창 뜨겁더니
누각에 앉아서 나그네는 돌아감을 잊네.
구불구불한 개울은 소리 내는 거문고요
겹치고 겹친 산은 살아 있는 그림이네.
시를 읊으면 흰 머리카락이 부끄러워
술을 마셔 붉은 얼굴을 빌리네.
곳곳이 모두 아름다운 경치인데
푸른 수풀 사이에 그늘이 깨끗하네.

중은이 응답하기를,

내원사는 갇힌 듯이 깊숙한데
한가로운 구름이 절로 오고가네.
작은 누각은 이른 더위를 물리치고
이웃한 풍경은 앞의 산에 걸려 있네.
대지팡이의 나그네는 낯설지 않고
바위 벼랑의 모습은 아직 그대로이네.
어찌하면 시내 한 굽이를 나누어서
삼간 집을 덧붙여 지으랴?

지국이 잇기를,

금수의 기이한 경관을 본 뒤

59) 爲情은 뜻을 표현함이다.

견성암을 찾아갔다가 돌아오네.
이리저리 파란 개울을 올라가고
멀리멀리 푸른 산을 넘네.
새는 시인의 흥취를 불러일으키고
봄은 취한 사람의 얼굴에 머무네.
어디쯤이 내원사인가?
흰 구름 사이에 있음을 아네.] [60]

승려가 점심밥을 올렸으나 나와 문응은 피곤함을 이기지 못하여 머물려고 하니 지국이 "날이 아직 이르니 머물 수 없습니다."라고 하면서 길에 익숙한 사람에게 앞에서 인도하게 하므로 드디어 갔다. 고개는 높고도 멀어 발자국을 따라가는데, 꼭대기까지의 거리가 십 리는 된다고 하였다. 걸음마다 쉬며 굽이굽이 올라갔다. 동쪽으로 내려와서 고개를 넘고 또 꺾어서 북쪽으로 올라가는데, 돌길이 매우 좁아서 종종 위태로운 신발이 쓰러질 듯 기울기도 하였다. 저녁에 미타암에서 묵는데 제공하는 음식이 입에 맞고 벽에 이가 없어서 평온하게 잤다.

다음날 아침밥을 먹고 함께 굴[미타굴(彌陀窟)[61]을 가리킴]을 구경하러 갔다. 굴은 암자의 동쪽에서 조금 북쪽으로 삼백 자[尺][62]쯤에 있다. 그 산은 또 순전히 돌로 되어 있는데 높고 크지만 불지보다는 조금 작다. 산밑에 굴이 있는데 동쪽을 향해 입구가 터져 있고 밖은 넓고 안은 좁다. 가운데에 한 길 남짓한 바위가 있는데 앞면에 불상을 새겨 놓고 불좌 아래에 자리를 마련해 놓았다. 거기에 영험이 있다고 하여 기도하는 사람들의 발꿈치가 서로 닿을 지경이니 거처하는 승려들이 먹고사는 방도가 되기에 족하다. 산의 기이한 경치를 논한다면

60) 이양오는 임술년(순조 2년, 1802)에 다시 이 시에 차운한 시를 문집에 남기고 있다. 〈閱重遊圓寂山記 更次內院板上韻〉(筆寫本 『磻溪集』 권3): "洞府重重闢 春光處處還 壺中得佳句 袖裏有名山 聽鳥多新語 逢僧少舊顔 羨君忘俗物 高臥白雲間"

61) 阿彌陀佛立像은 彌陀菴의 동북쪽 벼랑 밑의 彌陀窟에 봉안되어 있다. 경남 양산시 웅상읍 소주리에 소재하는데, 보물 제998호로 지정되어 있다.

62) 柯는 三尺이다.

불지와 미타굴(彌陀窟)이 백중하다고 할 만하다.

[시를 지어 작별하기를,

나그네가 천 년 된 굴을 찾는데
시절은 때마침 사월이네.
멀리 넓은 바다 밖을 바라보고
높이 흰 구름 가에 앉네.
가운데에는 아미타불이 서 있고
옆쪽은 날개가 돋은 신선과 통하네.
모두 우혈(禹穴)[63]을 찾는다고 의심하는데
억지로 이별하고 어둑한 연기 속을 내려오네.

중은이 이어서 읊기를,

바위 앞에는 지은 집이 안온한데
바위 꼭대기에서는 하늘을 오를 수 있네.
오솔길은 구름이 다니는 길이요
먼 산은 해가 솟는 주변이네.
그윽이 찾아서 옛 부처를 엿보고
깨끗하게 앉아서 날아가는 신선에게 읍(揖)하네.
인간세상의 저녁을 굽어보니
흐릿하게 연기가 빠르게 지나가네.

---

63) 禹穴은 禹井이라고도 하는데, 중국 浙江省 蘇興의 會稽山의 한 봉우리인 宛委山에 있다고 한다. 司馬遷의 『史記』〈太史公自序〉에서 "(소홍의) 회계산에 올라 (거기에서) 우혈을 찾았다.(上會稽 探禹穴)"라는 구절이 나오는데, 이 구절에 대해 『瑯邪大醉編』의 〈禹穴〉에서는 우혈은 禹가 江漢의 물을 다스릴 때 거처하던 곳으로 陝西省 洵陽縣의 동쪽에 있으므로 앞의 구절은 "(소홍의) 회계산에 오르고 (순양에서) 우혈을 찾았다"라고 해석해야 하지만 후세 사람들이 사마천의 언급을 잘못 해석하여 회계산에 있는 것으로 오해하게 되었다고 하였다.

지국이 차운하기를,

수없이 꺾어지며 험한 길을 다 오르니
몸은 푸른 하늘에 오른 듯하네.
취서산(鷲棲山)[64]은 손으로 가리키는 지점의 바깥이고
대마도(對馬島)[65]는 아득한 곳의 주변이네.
늙은 돌은 어느 시대의 부처이고
노니는 바위는 어느 곳의 신선인가?
세상을 잊으려는 뜻은 가볍게 나부끼는데
먼 마을의 연기를 굽어보네.]

또 산허리에서 가느다란 길을 따라 북쪽으로 삼 리쯤 가니 적수암(滴水菴) 옛터[66]가 있다. 대개 병풍 바위 아래 조금 흘러온 줄기가 서리고 엎어져서 흙으로 된 돈대가 있는데, 동쪽을 향해 열려 있어 북쪽 절벽을 마주하면 마치 날개처럼 둥글게 끌어안고 있다. 위에는 사람처럼 선 세 바위가 있고, 절벽 남쪽과 돈대의 북쪽 사이에는 만 길 폭포[67]가 있어서 우레가 되고 눈이 되며, 주렴이 되고 비단이 된다. 돈대 앞 백 보쯤 되는 곳의 폭포 너머에는 바위 하나가 우뚝한데, 돈대를 향해 머리를 숙인 것이 마치 여기서 입으로 밝혀야 할 것이 있는 듯하다. 돈대의 남쪽은 미타굴의 아래쪽 산기슭인데 먼 곳을 감싸서 보호하고, 앞에는 큰 들판이 열리니 넓고 환하여 기뻐할 만하다. 중은 이 말하기를, "빼어난 곳이고, 빼어난 곳이로다. 불지와 미타굴이 비록

64) 鷲棲山은 梁山 通度寺의 뒷산으로, 울산광역시 울주군 삼남면과 경남 양산시 하북면 사이에 있는 1,059m의 산으로, 靈鷲山이라고도 하는데 산의 모양이 마치 독수리가 날개를 펼치고 있는 듯한 모습에서 따온 것이다. 영취산은 中印度 摩迦陀國 王舍城의 동북쪽에 있던 耆闍崛山을 번역한 것으로, 그 산정이 독수리 머리와 같이 생겨서 얻은 이름인데, 이 산은 부처님이 상주하는 곳이라고 한다.

65) 對馬島는 한반도와 일본 큐우슈우(九州) 사이의 바다에 있는 섬으로, 6개의 유인도와 70여 개의 무인도로 이루어져 있다.

66) 滴水菴 옛 터에는 현재 새로 지은 法水源이라는 암자가 자리하고 있다.

67) 폭포는 현재 법수원 뒤쪽에 있는 폭포인데, 마을 사람들은 혈류폭포 또는 혈수폭포라고 부른다.

빼어난 곳이기는 하지만 승려와 도사가 사는 곳에 지나지 않는데, 이곳은 곧 이른바 '맑고 깨끗하여 깊은 곳을 마주하여 있고, 비고 투명하여 먼 데를 향해 열려 있다.'라고 하는 것이다. 만약 그 위에 삼간의 집을 지어 세상의 걱정을 풀어 버린다면 그 빼어난 경치가 무엇과 같은가? 다만 이 산에서 으뜸이 되는 데 그치지 않고 또한 마땅히 옥산[68]이나 반구대[69]에 양보하지 않을 것이다. 바라건대 선생께서는 조속히 도모하십시오. 그렇지 않으면 승려[70]에게 잃게 될까 두렵습니다."라고 하기에 나는, "비록 그렇다고 하더라도 여기에도 운수가 있는데 어찌 쉽게 경영할 수 있겠소? 소년시절에 한 번 이곳에 왔었지만 별다른 관심 없이 지나쳤고, 암자 터가 정밀하고 묘함을 깨닫지 못하고 여기까지 이르게 된 것이지요."라고 하였다.

[인하여 즉석에서 시를 짓기를[71],

땅이 궁벽하여 안개와 놀은 시드는데
암자 터에는 세월이 느긋하네.
푸른 하늘에는 숫돌 기둥[72]이 우뚝하고
굽은 골짜기에는 바위 병풍이 그윽하네.
폭포소리를 듣느라 발걸음 돌릴 것을 잊고
산을 사랑하여 누각을 세우려고 하네.
오늘 별천지에서 즐거워하니
세상의 시름이 다 없어지네.

---

68) 玉山은 경북 경주시 안강면 옥산리에 있는 晦齋 李彦迪(1491~1553)을 배향한 玉山書院 뒤의 紫玉山을 가리키는 듯하다. 이곳은 산수의 경치가 빼어난 곳으로 알려져 있다.

69) 盤龜臺는 울산광역시 울주군 언양읍 대곡리 반구산(265m)의 끝에 있는 3층의 石臺로서, 물위에 떠 있는 산의 형상이 엎드린 거북 같아서 이렇게 불린다.

70) 苾蒭는 승려이다.

71) 口號는 즉석에서 시를 지어 읊는 것으로, 口占과 같다.

72) 砥柱는 격류 속에도 움직이지 아니한다는 중국 黃河의 가운데 있는 돌기둥으로, 지조를 굳게 지키는 사람을 비유한다.

또 말하기를,

산허리는 원숭이가 다니는 길이고
지팡이 꼭대기에는 적수암이 있네.
대가 거칠어져 승려는 살지 않는데
땅이 빼어나니 나그네는 찾아서 오네.
천 층 폭포가 하얗게 걸려 있고
만 길 이내[73]는 푸르게 떠 있네.
집을 짓는 데[74] 바야흐로 뜻이 있는데
수풀 사이에서 혹시라도 부끄러움이 없으리요?

중은이 답하기를,

높은 산꼭대기에서 깨어진 기와를 찾는데
어느 시대에 외로운 암자에 기탁하였는가?
폭포수를 마셔서 마음으로 먼저 씻고
놀을 건너서 손으로 찾으려 하네.
바위의 모습은 모두 가파른 벼랑이요
허공의 푸른빛은 곧 흐릿한 이내이네.
높이 나는 새가 아름다운 곳을 독차지하니
품은 마음이 나를 부끄럽게 함을 깨닫네.

지국이 화답하기를,

지금을 슬퍼하며 옛 땅을 굽어보니
구름과 만물[75]이 모두 느긋하네.
기원(祇園)[76]의 나무는 봄에 덧없이 늙는데

73) 嵐氣는 해 질 무렵 멀리 보이는 푸르스름하고 흐릿한 기운이다. 이내.
74) 誅茅는 농사를 짓거나 집을 짓기 위해 산야의 풀이나 띠를 없애버리는 것이다.
75) 雲物은 구름과 만물, 景觀이다.

감실(龕室)[77]의 꽃은 저녁에 더욱 그윽하네.
고상하게 세상을 벗어남이 있는 듯한데
어찌 반드시 억지로 누각에 오르리요?
산을 내려가는 길이 비스듬하게 이어지는데
평평한 들판은 눈길이 미치는 데까지 시름이네.

세찬 폭포와 기이한 바위 아래
가시나무를 헤치니 옛 암자가 있네.
터는 남았어도 승려가 떠나 황폐한데
경치가 유명하니 나그네는 와서 찾네.
들은 넓어 흐릿하게 숲을 나누고
산은 높아 멀리 남기를 마주하네.
반계(磻溪)[78] 노인은 시구가 씩씩한데
호리병을 본떠 그린 것[79]이 부끄럽네.]

읊기를 마치고 직연(稷淵)을 보려고 폭포를 따라 동쪽으로 내려오니 또 몇 굽이의 아름다운 곳이 있어서 앉기도 하고 가기도 하며 직연에 이르렀다. 못의 입구는 남쪽을 향하고 있는데 남쪽을 건너면 볼 만하였으나, 일행이 모두 건너기를 꺼려하여 볼 수가 없었다. 예로부터 용혈(龍穴)이라고 부르고 이제까지 기우제를 지내는 곳인데, 용이 잠기고 뛰어오르는 곳이므로 못에도 깊고 얕음이 있다고 한다. 인하여

76) 祇園은 釋迦가 설법하였던 精舍 이름으로 祇樹給孤獨園의 略語인데, 여기에서는 절을 뜻한다.
77) 龕室은 불상·신주 등을 안치시키기 위하여 만든 공간으로, 龕이라고도 한다.
78) 磻溪는 이양오의 號이다.
79) 葫畵依樣은 옛 사람이 그린 호리병을 본떠 그리는 것처럼 창의성이 없이 그림을 그리는 것이다. 『東軒筆錄』에 따르면 宋 太祖가 한림학사 陶穀이 制書를 草할 때에 前人의 舊本을 점검하여 詞語만 바꾸어 쓴다는 말을 수없이 듣고, "세속의 이른바 옛날 것을 모방하여 호리병을 그린 것일 뿐이니, 무슨 힘을 쓴 것이 있는가?(此乃俗所謂依樣畵葫蘆耳 何宣力之有)"라고 비웃었다고 하며, 이에 따라 "한림원의 도학사를 비웃을 만하니, 해마다 호리병을 본떠서 그리네.(堪笑翰林陶學士 年年依樣畵葫蘆)"라는 시 구절이 회자되었다고 한다.

백명(百椧)[80] 마을로 내려오니, 문응이 미타암에서 먼저 와서 마을 사람들에게 큰 나무 아래 자리를 깔고 기다리도록 하였다. 함께 앉아 담배를 한 대씩 피우면서 모두 금수와 적수암의 빼어난 경치를 말하는데 웃음소리가 입에서 떠나지 않았다. 마을 사람이 말하기를, "미타굴 위에는 돌 사이에 또 금수가 있어서 불지보다 낫지만, 중들이 그것을 보려는 사람들이 에워싸고 싸울까 두려워 꺼리고 있습지요."라고 하였다. 변재필(卞再弼)이 나와서 인사하고 술을 사서 권하기에 한 순배를 돌리고 끝내었다. 오면서 서창(西倉)을 지나는데 박내팔(朴來八)이 또 술을 각기 한 잔씩 올렸다. 용당(龍塘)에 이르러 문응의 집에서 점심밥을 먹었는데 죽순 국이 별미였다. 또 술을 마시고는 주인 노인과 이별하고 떠나서 돌아왔다. 땅거미가 질 무렵에 강당으로 들어오니 곧 열나흗날이었다.

[성응이 열이튿날 질녀의 혼례를 치렀다고 술과 음식을 가지고 와서 대접하였다. 보름날에는 비가 와서 머물고, 열 엿샛날은 우리 부(府)의 향교[81]에서 백일장을 베풀고 부사가 편지로 성응과 중은을 초대하였다. 함께 갔던 네 사람이 모두 떠나매 이별하면서 슬픔을 이기지 못하였다.]

중은이 나에게 말하기를, "이번 여행은 참으로 얻기가 쉽지 훌륭한 일이니, 기문을 지어 전하여 보임이 매우 좋을 것입니다."라고 하기에 내가, "그렇게 하리라."라고 하였다. 피로 때문에 드러누워 며칠을 넘기고 나서 변변치 못한 글을 짓는다.

庚申閏四月上旬 設白戰[82]于石溪講堂 遠近老少多會 南佐郎仲殷[景羲][83] 任院長[84]持國[萬濟] 皆以考官先來 同樂而罷

翼日 諸益欲觀圓寂軟綠 强余作伴 辭不獲 於是 五老聯笻而西 仲殷

---

80) 百椧은 마을 이름으로, 현재의 경남 양산시 웅상읍 召周里의 남서쪽에 있는 백동 마을을 가리킨다.
81) 校宮은 鄕校이다.
82) 목판본에는 '白戰'이 '白場'으로 되어 있다.
83) [景羲]는 『목판본』에는 [ ] 안의 '景羲'라는 글자가 없다는 것을 표시한다. 이하 같음.
84) 목판본에는 '院長'이 '斯文'으로 되어 있다.

持國朴文應[晦錫]尹龍見[俔]及余 族叔宜春亦從 過姑射邨[85] 訪[李]敬衜[86]不遇 有童孫出迎 酌紅露 進白飯 頗款 行過雲興[古]寺 僧寮皆茂草 佛宇亦殘廢 非復昔日顔

[令人愁慘 口占曰

何處雲興寺 行尋古樹間 無僧迎好客 餘佛守空山

鳥跡登階徧 蝸涎上壁盤 憶曾諸士友 於此共團圞

持國亂曰

久廢雲興寺 松杉水竹間 塔孤依古木 寮靜鎖空山

可歎緇徒迸 旋悲佛像盤 重尋秋後約 何日更團圞]

小憩于看香閣 日下稷 抵獅子菴 先坐臺 風之臺極蕭爽 入宿西版頭 僧多舊顔 爲之眷眷

明日 發向內山 兩衲携酒肴從之 踰嶺坐草 步酒數巡而罷 宜春有力能拔虎尾 故號爲虎尾將軍 虎尾牽騶 不堪下孔道 使之迤行 待於大芚 一衲還 一衲偕 數里許 入曹溪庵[87] 菴僧酒之[88] 行百餘武 至安寂菴 結構極精 名於山中 僧待之亦款

午飯後 命僧指路 沿溪而南 水石淸奇 或掬而嗽 或坐而吟 及至大芚店 虎尾待之已久 摘紅蔫蘆滿盤 啖之極快 可令蔗漿退舍 又沽酒勸之 各飮一杯[89] 酒亦旨 咸曰 佛池淸賞 不可無助興者 呼僧持壺前行 越溪仰嶺 嶺峻當面而立 十步一休 旣踰 南下西迤 至佛池 其山削立千尺而實一大石 池亦石中水 其色下玉而上金 其源不涌而自滴 飮之極淸冽 水旱無盈縮 意者石中有鐵 鐵中有液 液積而爲池 池水之有金色 理所固然 僧進酒 聚坐石上 酬酌而盡 裂鰒而嚼 又請文應歌之 其聲與松風相上下 足當管絃 仲殷顧余曰 如此佳處 可無詩乎 余曰 諾 沉[90]吟得句[云

獵景山深處 行行入洞天 披雲尋石徑 窺竇嗽金泉

85) 목판본에는 '邨'이 '村'으로 되어 있다.
86) 목판본에는 이 자리에 '族'이라는 한 글자가 더 있다.
87) 목판본에는 '庵'이 '菴'으로 되어 있다.
88) 목판본에는 '酒之'가 '進酒'로 되어 있다.
89) 목판본에는 '杯'가 '盃'로 되어 있다.
90) 목판본에는 '沉'이 '沈'으로 되어 있다.

郵店呼罇飮 僧房借榻眠 聯翩黃棘杖 酬唱綠陰邊

仲殷酬之曰

淸和好時節 攜手入壺天 屢坐因逢石 徐行爲聽泉

風襟如羽化 聲畫逼龍眠 落日登臨罷 尋僧紫翠邊

持國次之曰

尋眞遲暮客 圓寂洞中天 林密爭號鳥 巖開又湧泉

杏村沽酒飮 蓮社伴燈眠 去海無多地 三山縹緲邊

龍見繼之曰

我自人間至 山中別有天 峯峯椎白玉 谷谷掛淸泉

金水平明飮 彌陁薄暮眠 東南名勝地 謾付丈身邊]

東行數里 入成佛菴 送安寂僧 菴雖禪室 接賓不窘 但其室多壁蝨 夜不成眠[91)]

明日飯後 東至圓寂菴 其間里餘燒煙一帒罷 虎尾告別甚悵 使一沙彌引路南下 谷深水滙 又多盤陁石 小坐徐行 至峴上 諸友皆向見性菴 余與文應落後 是日熱甚 移時坐歇 文應言 見性路甚艱 莫如直向內院 於是流憩緩步 往內院 登西樓 脫衣巾頹臥 [呼僧問酒家 以無對] 俄而諸友從見性來

[以詩自訟云

路從巖罅入 人在畫中行 宿霧峯峯歇 時禽處處鳴

仲殷搖嶽筆 文應遏雲聲 步步耽奇勝 臨流浣世情

仲殷步其韻

緣崖或度谷 流憩復閒行 林密寺何在 日遲鐘未鳴

近雲知鹿跡 隔葉得鸎聲 特地幽期再 煙霞若有情

持國曰

昨宿雲興洞 西登十里行 煙隨曉翠散 風送午鍾鳴

綠葉堪淸賞 黃鸝又好聲 花江歸去客 臨別若爲情

見板上有二三僧韻 次曰

谷行時正熱 樓坐客忘還 曲曲鳴琴澗 重重活畫山

---

91) 목판본에는 '眠'이 '寐'로 되어 있다.

吟詩慙白髮 酌酒借朱顔 到處皆佳境 淸陰綠樹間

仲殷應之曰

內院深如鎖 閒雲自往還 小樓排早熱 隣磬掛前山

竹杖非生客 巖屛尙舊顔 那分溪一曲 添置屋三間

持國續之曰

金水奇觀後 因尋見性還 徘徊緣碧澗 迢遰越蒼山

鳥喚詩人興 春留醉客顔 那邊內院是 知在白雲間]

僧進午飯 余與文應不勝憊 欲留 持國言 日尙早 不可留 令路服前導遂行 嶺高且遠 從趾距椒十里云 步步而休 轉轉而登 東下踰峴 又折而北上[92] 石徑甚窄 往往傾危屨之고요(喬亢,虛亢) 暮宿彌陀菴 供飧[93]可口 無壁蝨 穩睡

次日朝食 同往觀窟 窟在菴東稍北百柯許 其山亦純石而高大 稍遜於佛池 山底有窟 向東開口 外闊內狹 中立丈餘之石 前刻佛像 設席於座下 以其有靈驗 祈禱者 踵相接 所以爲居僧饜足之道也 若論山之奇勝 佛池彌陁可謂伯仲

[作詩以別曰

客訪千年窟 時當四月天 遠望滄海外 高坐白雲邊

中立阿彌佛 傍通羽化仙 渾疑探禹穴 强別下蒼煙

仲殷續吟曰

巖前牢置屋 巖頂可攀天 細路雲行處 遙山日出邊

冥探窺古佛 淸坐揖飛仙 俯視人間夕 依依藹之煙

持國次曰

萬轉崎嶇盡 身如上碧天 鷲栖指點外 馬島渺茫邊

石老何時佛 巖遊底處仙 飄飄遺世志 俯視遠村煙]

又從山腹 線路益[94]北三里許 得滴水菴舊址 盖[95]石屛之下 稍有來脉 蟠伏爲土臺 東向開 面北壁 環擁如翼 上有人立三巖 壁南臺北間

---

92) 목판본에는 '上'이 '下'로 되어 있다.
93) 목판본에는 '飧'이 '飱'으로 되어 있다.
94) 목판본에는 '益'이 '轉'으로 되어 있다.
95) 목판본에는 '盖'가 '蓋'로 되어 있다.

有萬丈飛瀑 爲雷爲雪 爲簾爲練 臺前百步許越瀑 一石特立 向臺俯首 如有所辟咡焉 臺南則彌陁下麓 遠抱回護 前開大野 曠朗可喜 仲殷曰 勝地勝地 佛池彌陁雖勝 不過爲緇徒丹士之所居 而此地則所謂淸淨[96] 當深處 虛明向遠開者也 若置三間屋於其上 而消遣世慮 則其爲勝地何如也 不但爲此山第一 亦當不讓於玉山盤龜 願君早圖之 恐見失於苾蒭[97]也 余曰 雖然 此亦有數 豈能容易經營 少年時 一過此地 泛然看過 不悟菴基之精妙 至於此也

[仍口號曰

境僻煙霞老 菴墟歲月悠 蒼蒼砥柱屹 曲曲石屛幽

聽瀑忘回屐 憐山欲起樓 別區今日樂 消盡世間愁

又曰

山腹通猿路 杖頭滴水菴 臺荒僧不住 地勝客來探

白掛千層瀑 蒼浮萬丈嵐 誅茅方有意 林間倘無慚

仲殷答之曰

危巓尋破瓦 何代寄孤菴 嗽瀑心先濯 凌霞手欲探

巖姿皆峭壁 空翠是微嵐 高鳥專佳境 含情覺我慚

持國和之曰

傷今俯古地 雲物摠悠悠 秖樹春空老 龕花晩更幽

有如高出世 何必强登樓 迤邐下山路 平原極目愁

激瀑奇巖下 披荊得古菴 遺墟僧去廢 名勝客來探

野曠微分樹 山高遠對嵐 皤翁詩句健 依樣畫葫慚]

吟罷 欲觀稷淵 沿瀑東下 亦有數三曲佳處 且坐且行 至稷淵 淵口向南 南渡可觀 一行皆憚渡 不得觀 自古稱龍穴 至今爲雩所 然龍所潛躍淵亦深淺云 仍下百梌村 文應自彌陁先來 令村人設茵於大樹下以待 同坐燒烟佮 皆說金水滴水之勝 吃吃不離口 村人曰 彌陁之上 石間亦有金水 勝於佛池 而僧恐觀之者鬪牢 諱焉 卞再弼出見 沽酒侑之 一巡而罷 來過西倉 朴來八又進酒各一杯 至龍塘 文應家午飯 笋羹爲別味

96) 목판본에는 '淨'이 '淨'으로 되어 있다.
97) 목판본에는 '蒭'가 '芻'로 되어 있다.

又酌之 因別主人翁 發還 薄暮入講堂 迺十四日也

[聖應從以十二日行姪女婚禮 持酒饌出饋 十五日雨仍留 十六日本府校宮 設白場 主倅書速聖應及仲殷 同行四人皆去 作別不勝黯然]

仲殷謂余 今行實不易得之勝事 作記傳示甚好 余曰 然 因憊臥 越數日 杜撰之.[98]

남경희(南景羲)[99], 〈거듭 원적산을 유람한 기문(再遊圓寂山記)〉(『癡庵集』)

임자년[100]에 나는 이자형(李子衡)과 함께 원적산의 여러 암자들을 살펴보았는데, 잠을 잔 두 곳은 내원암(內院庵)과 금봉암(金鳳庵)이었고 거쳐간 세 곳은 원적암(圓寂庵)과 성불암(成佛庵) 및 서암(西庵)이었다. 어떤 사람은 볼 만한 것은 이제 다 보았다고 하고, 어떤 사람은 이것으로는 다 보았다고 하기에는 부족하다고 하였는데, 시절이 한겨울이어서 삭풍(朔風)에 흥이 깨어져서 마침내 금봉암에서 돌아오고 말았다.

경신년(庚申年)[101] 윤사월 계해(癸亥)에 이용회(李用晦)[102]·박문응(朴文應)[103]·임지국(任持國)[104]·윤용현(尹龍見)[105]을 데리고 석계(石溪)[106]에서 갔는데, 이른바 호미장군(虎尾將軍)[107]이라고 하는 자

98) 목판본에는 '杜撰之'가 '撰之如右'로 되어 있다.
99) 南景羲(1758~1812)는 조선 후기의 문신으로, 자가 仲殷이고, 호는 癡庵이며, 본관은 英陽이다. 龍萬(1709~1784)의 아들로 柳宜健의 외손이다. 正祖 1년(1777) 增廣試 文科에서 丙科 11명으로 급제하고 1788년부터 承文院博士·成均館典籍·司憲府監察·兵曹佐郎·司諫院正言을 지낸 다음, 1791년에 사직하고 고향인 경주의 보문리로 돌아와 은거하였다. 문집으로 『癡庵集』이 있다.
100) 壬子年은 正祖 16년(1792)인데, 이때 남경희의 나이는 45세였다.
101) 庚申年은 正祖 24년(1800)인데, 이때 남경희의 나이는 53세였다.
102) 用晦는 磻溪 李養吾를 가리킨다. 이양오는 字가 用浩인데, 여기에서 남경희는 그를 用晦라고 지칭하고 있는 것으로 보아, 이것은 이양오의 다른 字이거나, 남경희의 착각이었을 것으로 보인다.
103) 文應은 朴晦錫의 字인데. 그는 노래에 능하였다고 한다.
104) 持國은 任萬濟의 字이다. 號는 霧翁이다.
105) 龍見은 尹鉉의 字이다.

도 따라갔다. 운흥사(雲興寺) 골짜기로 길을 잡으니 시냇물 소리와 숲 그림자가 맑고 그윽하여 기뻐할 만하였는데, 황폐한 절을 슬퍼하며 사자암(獅子庵)에서 묵었다.

갑자에 승려가 술을 올리기에 가지고 따라오게 하여, 고개를 넘어 풀밭에 앉아 술을 마셨다. 술이 반쯤 취하여 문응(文應)에게 노래를 청하였더니 호미(虎尾)는 화답에 능하였다. 길이 험하여 말을 통과시키기 어려웠는데, 호미에게 말이 있었기 때문에 비스듬히 가서 대둔점(大芚店)에서 기다리게 하였다. 조계암(曹溪庵)을 거쳐 안적암(安寂庵)에서 쉬었는데, 암자가 맑고 깨끗하며 그윽하여 청아하게 앉아서 차마 떠나기 어려웠다. 암자의 승려가 길을 인도하여 개울을 따라 내려오는데, 종종 기이한 곳이 있어서 고요하게 쉬며 생각을 맑게 한 뒤에야 떠났다. 대둔점에 거의 다 간 곳에는 백 보쯤 되는 맑은 못이 있었는데, 푸른 절벽이 더욱 기이하여 지난번의 놀이가 미진하였음을 깨달았다.

주점에 이르니 호미가 과연 기다리고 있었고, 붉은 물포구나무열매[108]를 먹었다. 어떤 사람이, "불지(佛池)[109]의 청신한 감상에 술이 없으면 안 되지요."라고 하여, 승려에게 술병을 가지고 앞서 가게 하였다. 남쪽으로 높은 고개를 넘으니 서쪽에 천척(千尺)의 깎아지른 절벽이 보였는데, 높다란 모양이 마치 서로 알아보는 듯하였다. 그 구멍에는 물이 있는데, 고여 있지도 않고 흐르지도 않았다. 다만 방울방울 아래로 떨어지는 것이 보였는데, 이른바 불지였다. 땅에 가득하게 누런 금이 깔린 듯하여 매우 괴이하였다. 용회가 "돌 속에 있는 쇠가 녹은

---

106) 石溪는 울산광역시 울주군 웅촌면 석천리[돌내 · 회천(回川)]에 있던 마을 이름이다.

107) 虎尾將軍은 호랑이의 꼬리를 뽑을 만한 힘을 가졌다고 하여 붙은 이양오의 족숙인 李宜春의 별명이다.

108) 蘆蔦는 蔦蘆의 착오인 듯하다. 오구는 물포구나무, 즉 뜰보리수나무의 울산 방언이다.

109) 佛池는 원적산의 바위틈에 있는 못으로 金水라고도 하는데, 이 물은 가물어도 차거나 줄어들지 않고, 황금색이 물의 표면에 뜨고 오랫동안 마시면 습기를 고칠 수 있다고 전해진다.

듯한데 이치가 혹시 그렇습니까?”라고 하였다. 승려가 술을 따르고, 문응이 노래 몇 곡을 부르다 보니 해가 저녁이 되었다. 성불암에서 자는데, 무는 놈이 성가시게 굴어서 잠을 들지 못하고 있는데, 창에 가득한 달빛은 매우 아름답게 느껴졌다.

을축에 원적암에 이르러서 호미는 떠나갔다. 암자 앞에 골짜기가 깊어 물이 맑고 바위는 흰데, 너럭바위에 잠시 앉아 있다가 또 남쪽으로 높은 고개를 넘었다. 용회와 문응은 나보다 뒤쳐져 버리고, 세 사람이 견성암(見性庵)으로 가는데 길이 매우 험하여 자주 굽고 꺾였다. 암자에서 수십 보 아래쪽에 열 길 폭포를 만나서 지팡이를 짚고 고요히 살피고 나서, 내려가서 내원암으로 들어갔더니 두 사람은 노곤하여 서쪽 누각에 드러누워 있었다. 음식을 먹은 뒤에도 해가 아직 이른 시각이었으므로, 두 사람이 머물자고 하였으나 지국이 그럴 수 없다고 하였다. 드디어 떠나서 동쪽으로 큰 고개를 올라가니 길에서 적멸굴(寂滅窟)이 보였는데, 돌의 형상이 어둑하여 그림과 같았다. 그 옆에 암자가 있었지만 지금은 없어졌다고 한다. 고갯마루에서 잠깐 내려오다 꺾어져서 북쪽으로 오르고, 오르고 내리기를 여러 번 반복한 다음 벼랑에 매달린 오솔길을 밟고 지나는데 오싹하였다. 미타암(彌陀庵)에서 묵었다.

병인에 굴을 구경하였다. 굴은 매우 기궤(奇詭)하고, 바위의 자태는 매우 빼어나서, 나는 여기에서 그것을 구경함이 늦은 것을 탄식하였다. 벼랑을 따라 길을 잡았는데, 북쪽으로 삼리(三里) 가량 가니 흙으로 쌓은 돈대가 평평하게 남아 있어서 옛 건물 터임을 알 수 있었으니, 곧 적수암(滴水庵) 자리였다. 서쪽은 바위병풍이 둘렀는데, 남쪽은 바위이고 북쪽은 절벽이며, 동쪽은 큰 들판이 이어져서 탁 트임과 그윽하고 깊숙함이 모두 적합한 형국이었다. 북쪽 절벽의 끝에는 기이한 바위가 사람처럼 서서 문(門)이 되고, 폭포가 서쪽 병풍바위의 북쪽에서 나오는데, 쳐다보니 하얀 명주가 돈대의 북쪽에까지 닿아 너럭바위를 안고 떨어지는 듯하여, 서쪽의 병풍바위에서 평평한 땅에 이르기까지 만장(萬丈)의 폭포라고 부를 만하였다. 끊어진 벼랑 옆에 있는 물과 바위가 이와 같으니 기이하고도 기이하도다. "이 산의 유람은 이곳이 극치로구나."라고 모두 말하였다. 석문(石門)에서 수백 보를 나와 다시 개울을 따라 거닐며 쉬었는데, 굽이마다 맑고 아름다워서 차마 이별할 수가 없었다. 백명(百榀) 마을에 이르렀더니 마을 사람이 또 말하기를, "적수암 위의 바위병풍 사이에는 금수(金水)가 있는데 불지(佛池)보다 빼어나지요. 승려들이 그것을 꺼리기 싫어하기 때문에 유람객이 이를 수가 없습니다."라고 하였다. 또 그 말 때문에 구슬프게 돌아보게 되었으니, 심하도다 산수의 기이함이여!

그래서 지난번에 어떤 두 사람이 한 말을 생각해 보나니, 모두 다 보았다고 한 사람은 남이 나아감을 막는 사람이요, 다 보았다고 하기에는 부족하다고 한 사람은 남이 끝까지 나아감을 면려(勉勵)하는 사람이라고 하겠다. 무릇 천하의 일은 그 끝까지 가 보지 아니하면 족히 그 아름다움을 다하였다고 할 수 없다. 그래서 군자는 나아가되 그칠 줄을 모르나니, 백리(百里) 길을 가는 사람은 구십 리를 가서 그치더라도 반(半)밖에 못 갔다고 한다. 지난번에 다하지 못한 것이 어찌 다만 십리(十里)뿐이겠는가? 마침내 전(前)과 후(後)에 구경한 것과 마을 사람에게 들은 것을 함께 기록하여 이번 유람에서 아직 다하지 못한 것을 탄식할 뿐만 아니라 또 무릇 세상에서 중도(中途)에 그만두는 자들을 경계하고자 한다.

歲壬子 余與李子衡觀圓寂山諸庵 所宿二庵 內院金鳳也 所歷三庵 圓寂成佛及西庵也 或曰 可觀盡於是 或曰 是不足以盡之 時當大冬 朔風敗興 遂從金鳳歸

庚申之歲 閏四月 癸亥 携李用晦朴文應任持國尹龍見 從石溪往 所謂虎尾將軍者亦從 取道雲興洞天 泉聲樹影 淸幽可喜 弔廢寺 宿獅子庵

甲子 僧進酒 令携而從之 踰嶺坐草行盃 酒半請文應歌 虎尾能和 路險不通馬 虎尾有馬 使迤行待於大芚 歷曹溪 食安寂庵 庵蕭灑窈窕 淸坐不忍去 庵僧引路 循溪而下 往往有奇處 輒靜憩澄慮 然後乃去 幾及大芚店 百步澄潭 翠壁益奇 覺昔者之遊未盡也

至店 虎尾果待 食紅藘蔫 或曰 佛池淸賞 不可無酒 命僧携壺前行 南踰峻嶺 西見千尺削石 偃蹇如相識 其竇有水 不源不流 但見滴滴下墜 所謂佛池也 滿地黃金 甚怪 用晦曰 石中鐵液 理或然歟 僧酌酒 文應歌數闋 日且夕矣 宿成佛庵 愁蝎不寐 滿牕月色甚宜

乙丑 至圓寂庵 虎尾辭去 庵前谷深 水淸石白 小坐盤陀石 又南踰峻嶺 用晦文應後余 三人尋見性庵 路極險 屢屈折 乃得從庵降數十步 得十丈飛泉 植杖靜觀 乃下入內院 二人者傯臥西樓矣 旣食 日尙早 二人欲留 持國不可 遂行 東登大嶺 道望寂滅窟 石狀蒼然如畫 傍有庵 今廢云 從嶺頭乍降 折而北登 登降者數 懸岸細路 履之凜然 宿彌陀庵

丙寅 觀窟 窟極奇詭 巖姿特秀 余於是歎其見之晩也 循崖取道 北三里許 而土臺盤結 有舊趾可辨 卽滴水庵也 環以西屛 南巖北壁 東臨大野 曠奧皆適 北壁之終 異石人立爲門 飛泉出西屛之北 仰之 如白練至臺北 抱盤陀石而落 從西屛至平地 可稱萬丈瀑 絶頂之側 泉石如此 奇哉奇哉 咸以爲玆山之遊 於玆極矣 出石門數百步 復循溪流憩 曲曲淸麗 不忍別 至百楡村 村人又言 滴水上石屛間 有金水 勝佛池 僧諱之 遊者莫能至 又爲之 悵然回望 甚矣山水之奇也

因思昔者二或人之言 以爲盡觀之者 阻人之進者也 以爲不足以盡之者 勉人進乎極也 凡天下事 不造其極 不足以盡其美 故君子進而不知止 行百里者 九十里而止 謂之半也 昔者所未盡 豈特十里哉 遂幷記前後所觀及所聞於村人者 歎玆遊之猶未盡 而且以警夫世之半途而止者.

조표(趙淲), 〈안적산[110] 기행(安寂山紀行)〉(『兢齋遺集』)

원적산은 의춘군(宜春郡)[111] 북쪽에 있는데, 수십 리에 걸쳐 자리잡고 있어서 동쪽으로 울주(蔚州)의 서쪽 경계에 닿고, 산과 물이 맑고 기이하여 세속에서 소금강(小金剛)이라고 부른다. 신라시대에 원효(元曉) 선사가 여기에서 도(道)를 강설(講說)하여 제자가 많았으므로,

110) 安寂山은 원적산의 다른 이름이다.
111) 宜春郡은 경남 양산시의 옛 이름이다.

이직도 천 명의 성인들이 도를 깨친 곳이라고 전해지는데, 금수(金水)와 성불암(成佛庵)이 그곳이다.

일찍이 갑오년[112] 가을에, 헌양(巘陽)[113]의 수령 왕희택(王熙澤)과 함께 내원암(內院庵)에서 자고 다음날 성불암에 올랐다가 금수(金水)를 구경하고 돌아왔다. 시절이 구월 보름께였기에, 붉은 나무와 단풍이 매우 감상할 만하였으나, 출발한 날짜가 매우 갑작스러워서 이른바 안적산의 여러 경승(景勝)을 다 찾아볼 수는 없었다.

금년 초여름에 용당(龍塘)의 박국리(朴菊籬) 노인이 초대하였기로 다시 금수로 행차할 것을 약속하였다. 바로 동생과 막내아우가 함께 갔는데 국리 노인은 명아주지팡이를 짚고 나왔고, 성백(聖伯) 원로의 여러 형들이 그를 따랐다. 이리저리 거닐면서 열 걸음에 한 번씩 쉬었다. 어떤 때는 수풀을 헤치고 새소리를 듣고 바위에 앉아 구름을 바라보았다. 한낮에 안적암(安寂菴)에서 배부르게 먹고 저녁에 조계암(曹溪庵)에서 묵었다.

다음날에는 가사암(袈裟庵) 골짜기에서 출발하여 잠시 신사(新寺)에서 쉬고 저녁에 내원사에 묵었다. 바로 동생이 성백의 여러 형제들과 금수에 올랐는데 나와 국리 노인은 골짜기 입구의 너럭바위 위에서 기다렸다. 마침내 의춘관(宜春舘)에서 길이 갈라지게 되었는데, 우리 형제들과 성백은 봉래(蓬萊)[114] 온천으로 갔다. 돌아오는 길에 바로 동생이 혼자 미타암(彌陀菴)으로 올라갔으나 나는 피곤하여 그렇게 할 수가 없기로 가을을 기약하고 돌아왔다.

圓寂山在宜春郡北 蟠回數十里 東臨蔚州之西界 山水淸奇 俗稱小金剛者也 羅元曉禪師講道于此 弟子衆多 故尙傳千聖悟道之地 而金水成佛 卽其處也

向於甲午秋 同巘倅王熙澤 宿內院 翌日登成佛 觀金水而歸 時則九月之望間也 紅樹丹楓 殊極可賞 而行期甚遽 所謂安寂諸勝 未及搜覽矣

---

112) 甲午年은 純祖 34년(1834)이다.
113) 巘陽은 彦陽을 가리킨다. 高巘山의 남쪽에 있다는 뜻이다.
114) 蓬萊는 東萊를 가리킨다.

今年初夏 因龍塘朴菊籬翁之邀 約更作金水之行 叔季偕往 菊翁扶藜而出 聖伯元老諸兄從之 逍遙杖屨 十步一休 或披林聽鳥 坐石看雲 午喫安寂 暮宿漕溪

翌朝 自袈裟洞 暫憩新寺 抵宿內院 叔氏與聖伯諸兄上金水 余與菊翁待于谷口盤陀石上 遂自宜春舘分路 吾兄弟及聖伯向蓬萊溫泉 回路叔氏獨上彌陀菴 余則憊而未能 秋以爲期而歸.

이만부(李萬敷)[115], 〈반구기(盤龜記)〉(『息山先生別集』)

반구대는 서야벌(徐耶伐)[116] 남쪽 60리에 있다. 운문산(雲門山)이 동쪽으로 나오다가 남쪽으로 돌아 학성(鶴城)과 헌양(巘陽)의 경계를 이룬다. 그 북쪽을 일컬어 치술령(鵄述嶺)이라고 하는데, 다시 우뚝하게 솟은 것이 연화산(蓮花山)이고, 치술령에서 나누어져서 높고 영롱한 것이 부용강(芙蓉岡)이다. 조금 평탄하다가 다시 솟아서 쌓인 돌이 버티고 서서 만 길이나 우뚝 선 것이 천마봉(天馬峰)이다. 곧장 남쪽으로 이어져서 위쪽이 평평하고 아래쪽은 깎아지른 것이 병풍바위(屛巖)이고, 연화산의 동쪽에 우뚝하게 솟은 것이 뾰족바위(秀巖)이다. 산과 물이 서북쪽에서 갈라져서 양쪽으로 골짜기가 두르고 동남쪽으로는 야트막한 병풍바위가 두르고 있으니 뒤에는 여덟 굽이가 있고 앞에는 아홉 굽이가 있으며 그래서 뾰족바위가 얽히고 맺혀 있게 되니, 이것이 반구대 골짜기가 이루어지게 된 유래이다.

그러나 산길이 거칠고 후미지며 깊고 멀기 때문에 옛날에는 골짜기에 사는 사람들이 농사짓고 가축을 키우는 곳일 뿐이었는데, 최군(崔君)[117]이 처음으로 살펴보고 길을 내어 이곳에 살게 되었다. 물줄기를

115) 李萬敷(1664~1732)는 조선 중기의 학자로, 자가 仲舒이고, 호는 息山이며, 본관은 延安이다. 예조참판 沃의 아들로, 英祖 5년(1729)에 효성과 학행으로 천거되어 장릉참봉·빙고별제 등에 임명되었으나 모두 사퇴하였다. 李滉을 程朱學의 적통으로 인정하고 周濂溪·程明道·程伊川·張橫渠·朱子 등 5현을 존경하였다. 문집으로 『息山集』이 있다.

116) 徐耶伐은 徐羅伐을 가리키는데, 경주의 옛 이름이다.

117) 崔君은 集淸亭을 지은 崔信基를 가리킨다.

따라 가면 굽은 개울이 있는데, 어지러운 물줄기가 십여 리를 들어가면 높다란 산들이 겹치게 막고 있어서 경관이 기이함을 알지 못하다가 뾰족바위를 지나 서쪽으로 돌아가게 되면 갑자기 천마봉과 삽천봉(鍤天峰)이 서로 맞이함에 놀라게 된다. 평탄한 비탈길을 백여 걸음 가서 소나무와 대나무 숲을 관통하면 비로소 그 정자에 이르게 되는데, 정자는 바로 연화산에서 아홉 굽이에 닿아 있고, 천마봉의 병풍바위를 마주하고 있다. 정자 앞의 작은 사립문을 나와 끊어진 절벽을 내려가면 기이한 바위와 괴상한 돌들이 마치 구름 기운이 쌓인 속에 바둑알을 늘어놓은 듯한데 떼어놓음과 붙임에 법도가 있다. 거기에 쌓인 물이 굽고 꺾이고 부딪치고 때려서, 간혹 눈썹을 그리고 수레를 만들기도 하니 아마 지혜로운 사람이 베푼 듯하다. 물가에는 독특한 바위 셋이 있는데, 하나는 왕도(王到)[118]라고 하니 세속에 전해지기를 신라 때에 어떤 왕이 유람을 좋아하여 일찍이 이 골짜기에 들어와서 그 위에 앉았다고 하며, 둘째와 셋째 바위는 망선대(望仙臺)와 관어대(觀魚臺)라고 한다. 돌에 새겨진 병풍바위 아래에도 특별한 바위가 있으니, 하나는 채운벽(彩雲壁)인데 위쪽은 옥천선동(玉泉仙洞)이라고 하고 아래쪽은 완화계(浣花溪)라고 하며, 또 학 그림이 있다. 함께 바위에 새겨져 있는데, 모두 최군이 한 것이다. 위에는 매달린 바위가 있고, 바위 아래에는 석대(石臺)가 있으며, 아래에는 두 개의 거북바위가 있고 거북 위에 반구대가 있다. 병풍바위에서 남쪽으로 내려가면 포은(圃隱) 선생의 사당이 있는데, 그 위를 포은대(圃隱臺)라고 부른다. 늙은이가 최군에게 너럭바위 위에 낙서(洛書)[119] 45점을 새기고 그 이름에 부응하도록 권하고, 마침내 그 대략을 기록하여 돌려주노라.

盤龜在徐耶伐南六十里 雲門東出南旋 與鶴城巘陽壤界 其北蔽曰鵄述嶺 再秀(山敖)屼 爲蓮花山 分鵄述 峻嶒瓏玲 爲芙蓉岡 少夷還聳 疊石撐拒 特立萬丈 爲天馬峰 郎下南迤 上平下削 爲屛巖 蓮花東峙岧嶢

118) 王到는 왕이 이르렀다는 뜻이다.

119) 洛書는 중국 夏나라의 禹 임금 때 洛水에서 나온 神龜의 등에 있었다는 45점의 글씨인데, 이것은 伏羲氏 때 黃河에서 龍馬가 지고 나왔다는 55점의 그림인 河圖와 함께 『周易』의 이치가 되었다고 한다.

爲秀巖 山水自西北劃 兩峽環 而東南薄屛巖 後有八曲 前有九曲 而秀巖爲之結紐 此盤龜谷 所由成也

然山蹊荒僻深遠 古爲峽人耕牧場而已 有崔君者 始賞而開鑿居焉 下流有曲溪 入亂流十餘里 巍㠊重掩 不知異觀 及過秀巖西轉 卒愕天馬錨天相迎 平磴百餘步 貫松竹林 始及其亭 亭正當蓮花 臨九曲 對天馬屛巖 出亭前小扉 擲下斷崖 奇巖詭石 如屯雲置碁 離列有法 水積焉屈折盪戛 或蓄黛成輪 類智者所設也 水上特巖有三 一曰王到 俗傳新羅某王好遊 嘗入谷坐其上云 二三曰望仙臺 曰觀魚臺 石刻屛巖下特巖 一曰彩雲壁 上曰玉泉仙洞 曰浣花溪 又畵鶴 俱石刻 皆崔君爲之上有懸石 石下有石臺 下有雙龜石 龜上有龜臺 屛巖南下有圃隱先生祠 其上曰圃隱臺 老人勸崔君 盤石上刻洛書四十五點 以副其名 遂記其大略以歸.

## 3. 주민 생활과 풍속 관련 제영

### 1) 어민의 생활상을 담은 제영

한시 작품 가운데는 수적으로 많지는 않지만 주민의 생활상을 엿볼 수 있는 것들이 있어서, 조선시대에 울산지방과 그 주변에서 살았던 서민들의 삶의 모습을 살펴볼 수 있다. 그 중에서 먼저 눈에 띄는 것이 중인 출신으로 한국 위항문학(委巷文學)의 전개에서 중요한 역할을 하였던 유하(柳下) 홍세태(洪世泰, 1653~1725)가 울산의 경상좌병영(慶尙左兵營) 소속 남옥(南玉) 목장에서 감목관(監牧官)으로 있을 때 지은 일련의 한시들이다. 그는 숙종(肅宗) 45년(1719) 67세 때에 울산 감목관이 되어 틈나는 대로 다니면서 견문한 것을 작품으로 남겨 놓았는데, 특히 바닷가 마을에 사는 사람들의 모습을 많이 그리고 있다.

홍세태(洪世泰), 〈이 고장(此邦)〉(『柳下集』)

이 고장은 풍토가 열악하고
풍속(風俗)도 매우 완고하네.
목숨이 거룻배 안에 있고
처자식은 떨어진 섬 사이에 있네.
장기(瘴氣) 어린 구름은 늘 태양을 감싸고
봄에는 물이 불어 산으로 오르려고 하네.
밤에 그물당기는 소리가 들리거늘
모래무지가 어제 벌써 돌아왔다고 하네.
此邦風土惡　　民物亦多頑
性命扁舟內　　妻兒絶島間
瘴雲常夾日　　春水欲登山
夜語聞牽網　　鯊魚昨已還

이 시는 바닷가 지역인 울산의 풍토와 이곳에 살고 있는 어민들의 삶의 모습을 그린 작품이다. 이 지역은 풍토가 열악하고 풍속은 매우 완고한데, 그 까닭을 내일을 기약하기 어려운 바다의 환경 탓으로 돌리고 있다. 풍토병을 일으키는 장기가 어린 구름은 늘 해를 감싸고, 봄철에는 물이 불어서 산을 덮으려고 한다고 했다. 밤에 그물당기는 소리가 들리거늘, 모래무지가 벌써 돌아왔다고 함으로써 물고기를 잡아서 살아가는 바닷가 사람들의 생활상을 실감나네 그려내고 있다.

홍세태(洪世泰), 〈바닷가 마을(海村)〉(『柳下集』)

그저 두렵기만 한 영문(營門)에서 아전이 화를 내며 꾸짖는데
공물을 바치느라 힘없이 가난하게 되고 말았네.
몰래 다른 포구에서 그물을 쳐서

새로 잡은 청어는 남에게 보여주지 않네.
生怕營門吏怒嗔　　上供無力及私貧
暗從別浦施罛網　　新得靑魚不示人

세모(歲暮)에 거친 마을이라서 까마귀도 굶주리는데
추운 날 묵은 나무에는 저녁연기조차 걸리지 않네.
짧은 치마 입고 머리털 붉은 아이는 뉘 집 딸인가?
바위틈에서 물결을 밟으며 김을 따고 있네.
歲暮荒村烏亦饑　　天寒古木夕烟微
短裳赤髮誰家女　　踏浪巖間採海衣

이 시는 울산의 바닷가 마을에 사는 사람들의 모습을 엿볼 수 있는 작품이다. 앞의 작품은 병영에 공물을 바치기 위해 고생하는 어민의 모습을 보여주고, 뒤의 작품은 차가운 날씨에 저녁조차 짓지 못하는 가난한 어촌 마을과 그 속에서 짧은 치마에 붉은 머리의 아가씨가 바위틈에서 김을 채취하는 모습을 그리고 있다. 이 시와 같은 제목의 다음 작품은 울산 바닷가에 사는 사람들의 어려운 형편을 그려내고 있다.

홍세태(洪世泰), 〈바닷가 마을(海村)〉(『柳下集』)

외딴 마을에 집은 몇 채뿐인데
이곳이 어부들이 사는 곳이라고 하네.
작은 집들은 나뉨의 경계를 나무로 하고
비린내 풍기는 울타리에는 모두 물고기를 걸어 두었네.
땅이 끝난 곳에서 구차하게 사는데
흉년 든 뒤끝이라서 세금도 내지 못하네.
논밭120)에서 농사를 짓지도 않으면서

120) 南畝는 남쪽의 밭으로, 농사짓는 땅을 가리킨다. 『詩經』, 「小雅」 〈甫田〉에 "이

민초(民草)[121]들이 한 집에서 함께 살고 있네.
孤村纔數戶　　道是海夫居
屋小分依樹　　籬腥盡掛魚
偸生地窮處　　逃賦歲荒餘
不及耕南畝　　齊民共室廬

이 시는 집이 몇 채뿐인 바닷가의 외딴 마을의 구차스러운 삶의 모습을 그린 작품이다. 작은 집들은 담도 없어서 나무로 경계를 삼고 울타리에는 물고기를 걸어서 말리고 있음을 지적한 뒤, 땅이 끝난 곳에서 죽지 못해 살아가는 사람들의 처지에 또 흉년 든 뒤끝이라서 세금조차 내지 못하는 백성들의 안타까운 차분하게 그려내고 있다. 마지막 부분에서는 손길이 많이 필요한 농사를 짓는 것이 아닌데도 자그마한 집에서 옹기종기 모여서 살 수밖에 없는 가난한 바닷가 백성들의 모습을 여실히 드러내 보임으로써 경제적으로 절대 빈곤상태에 처한 하층민의 생활상을 생생하게 증언하고 있다.

홍세태(洪世泰), 〈큰바람의 노래(大風行)〉(『柳下集』)

서북쪽에서 큰바람이 일어나더니
맹렬한 형세로 곧장 남쪽지방을 뒤집으려고 하네.
호랑이와 표범이 울부짖는 산에는 꺾인 나무가 찢어지고
교룡과 악어가 웅크린 바다에는 깊은 물이 검어지네.
뱃사람과 어부는 그물을 거두면서
배에 기대어 하늘을 우러러보며 부질없이 탄식하네.
삼아(三衙)[122]에 매일 바쳐야 하는 것을 어디에서 구할까?

---

제 남쪽 논밭에 가니, 혹은 김을 매고 혹은 북을 돋우니, 기장이 무성하네.(今適南畝 或耘或耔 黍稷薿薿)"라는 대목이 있다.

121) 齊民은 平民이다.

122) 三衙는 중국 宋나라 때 궁정을 지키던 殿前司, 侍衛親軍馬衛司, 侍衛親軍步

대구와 청어를 구할 길이 없네.
용당(龍堂)[123]의 세금을 걷는 관리는 순영(巡營)에 버티고서
위에서 내려 보낸 공문이 없어도 기력이 생긴다네.

大風起兮從西北　　猛勢直欲翻南國
山號虎豹木摧裂　　海蟄蛟鼉水深黑
舟人漁子撤網罟　　倚棹仰天空歎息
三衙日供何所須　　大口青魚不可得
龍堂稅官倚巡營　　且莫發牌生氣力

이 시도 바닷가 사람들이 큰바람을 만나 공물과 살림살이 걱정에 어찌할 바 모르는 모습을 그린 작품이다. 큰바람이 불면 병영에 바쳐야 하는 대구와 청어를 마련하지 못한다는 사실과 그런 속에서도 순영(巡營)의 위세를 등에 업은 세리(稅吏)들의 거들먹거리는 모습을 그려내고 있다.

홍세태, 〈바닷가를 따라가며 홍취를 기록하다(沿海途中記興)〉(『柳下集』)

바닷가 하늘에 바람이 자니 물결도 스러지는데
높다란 하늘 아래 물가를 따라 말 가는 대로 버려두네.
연기가 새어나오는 나직한 집에서 독포(禿浦)[124]를 바라보고
풀이 뒤덮인 무너진 성에서 신라(新羅)를 기억하네.
물고기와 소금을 사러 온 사람들은 평평한 모래밭에서 말을 하고
술과 음식을 가지고 온 무당은 오래된 나무에서 노래하네.
당시의 영가태수(永嘉太守)[125]와 얼마나 닮았는가?

---

衛司의 세 禁軍을 가리키는데, 여기에서는 慶尙左兵營을 가리킨다.
123) 龍堂은 蛟龍의 그림을 건 水神이 河伯의 집인데, 여기에서는 漁稅를 받는 관리의 집을 가리킨다.
124) 禿浦는 울산 東面 바닷가의 포구 이름이다.

임지(任地)에서 관아의 일을 내던지고 자주 산으로 들어갔으니.

海空風息水微波　　遵渚天長信馬過
矮屋洩烟看禿浦　　壞城埋草記新羅
魚鹽客集平沙語　　酒食巫來古木歌
何似當時永嘉守　　任抛官事入山多

이 시는 바닷가를 정처 없이 지나가면서 견문한 내용을 진솔하게 표현한 작품이다. 어느 맑고 바람도 없는 가을날 말을 타고 말 가는 대로 버려두고 바닷가를 따라 가노라니, 포구가 바라보이는 언덕에는 사람이 살 것 같아 보이지 않는 나직한 집이 있고, 또 가다 보니 풀로 뒤덮인 신라시대에 구축한 성터도 나타남을 그려내고 있다. 모래밭에 모인 사람들은 물고기와 소금 흥정이 한창이고, 오래 된 고목 아래에서는 무당이 술과 음식을 차리고 굿판을 벌이고 있다고 하였다. 마지막에는 임지(任地)에서 틈만 나면 산과 바다를 찾아다니고 있는 자신이 영가의 태수로 좌천되자 관아의 일을 내던지고 자주 산천을 유람하였던 사령운(謝靈運)과 비교하여 어떤지를 묻는 것으로 시를 마무리하고 있다. 이 시는 결국 자신의 산과 바다 유람의 흥취를 표현하기 위한 것이지만, 그의 눈앞에 펼쳐진 일상사는 바로 18세기 초반을 살았던 울산지방 바닷가 사람들의 삶의 모습을 증언하고 있음에 틀림없을 것이다.

앞의 작품에서도 약간 언급되었지만, 이 지역 어민들의 풍속을 읊은 제영들도 있다. 다음 작품은 홍세태가 포착한 나례(儺禮) 행사를 대상으로 한 작품이다.

---

125) 永嘉太守는 南朝 宋의 시인 謝靈運(385~433)을 가리킨다. 그는 영가태수로 좌천되자 그 불만을 아름다운 자연을 찾아다니는 것으로 위로하고 시에서 산수의 아름다움을 찬미하였다.

홍세태(洪世泰), 〈나례의 북소리(儺鼓)〉(『柳下集』)

우렁찬 나례(儺禮)의 북소리에 춤추는 소매가 펄럭이고
넓은 뜰의 술자리에는 등불이 밝게 빛나기 시작하네.
땅에 꽂힌 푸른 깃발은 흔들리며 그림자를 지우는데
무당에게 빙의(憑依)한 귀신의 말은 황홀하게 전해지네.
객지 생활에 이방(異方) 풍속과 친숙해짐이 해롭지 않지만
노쇠한 나이로 새해를 맞음을 홀로 안타까워하네.
"꼬끼오!" 닭 울음소리에 떠다니는 먼지처럼 흩어지는데
쓸쓸한 은하수가 새벽하늘에 가득하네.

儺鼓雷轟舞袖翩　　廣庭燈燭晃初筵
春旗揷地招搖影　　神語憑巫怳惚傳
未害客居親異俗　　獨憐衰齒得新年
鳴雞腷膊游塵散　　牢落星河滿曉天

이 시는 섣달 그믐날 밤에 펼쳐진 나례 행사를 보고 쓴 작품이다. 고려시대에는 궁중에 유행하던 나례의식이 조선시대에는 민간에까지 널리 전파되어 행해졌던 바, 울산지방에서도 한 해의 액을 쫓아내고 새해를 맞이하려는 의도에서 이때까지 이 의식을 행하였음을 알 수 있다. 나례의 북소리가 울리고 춤추는 무희(舞姬)의 소매가 펄럭이기 시작하면 뜰에는 등불이 밝게 빛나고 술자리가 펼쳐지는데, 땅에 꽂힌 푸른 깃발은 흔들리며 그림자가 지워지고 무당은 빙의(憑依)한 귀신을 말을 전하며 밤을 새워 행사를 진행하는 모습을 보여주고 있다. 서울을 떠나와서 울산의 나례를 처음 보게 된 시인은, 객지 생활 중에 이방(異方)인 이곳의 풍속에 친해질 수 있는 기회라는 점은 긍정적으로 평가할 만한 행사지만 늘그막에 다시 한 해를 맞아야 하는 만큼 홀로 안타까운 마음이 든다고 하였다. 그렇게 하룻밤을 지내고 나서, 닭 울음소리가 들리면 마치 하늘에 뜬 먼지처럼 흩어지는데 하늘에는 아직

은하수가 가득히 떠 있는 모습을 제시함으로써, 잔치가 끝난 다음의 휑하게 빈 듯한 썰렁한 분위기를 그려내고 있다.

홍세태, 〈말 귀신 사당의 노래(馬堂歌)〉(『柳下集』 권7)

남자 무당은 북을 치고 여자 무당은 노래하는데
신이 내린 잔치자리에 반쯤 취하여 기대었네.
수많은 말들을 푸른 봄풀에 풀어 놓았으니
밤에는 하늘의 사마(駟馬)가 사람을 흠뻑 비추리.
男巫擊鼓女巫歌　　神降瓊筵倚半酡
萬馬放來春草綠　　夜看天駟照人多

이 시는 울산감목관으로 온 시인이 말 귀신을 모신 사당에서 벌어진 굿판을 보고 쓴 작품이다. 북을 치는 남자 무당과 노래하는 여자 무당이 어우러진 굿판에서 신이 내린 모습을 구경하면서 반쯤 취한 상태로 구경하는 모습을 보여주고 있다. 목장에 봄풀을 뜯어 먹으라고 수많은 말들을 풀어 놓은 만큼, 밤에는 하늘의 사마(駟馬)가 지상의 사람들을 흠뻑 비추어 주리라는 생각을 담아내고 있다. 이 시를 통하여, 우리는 울산지방에는 오늘날까지 전승되는 풍어(豊漁)를 위한 동해안별신굿뿐만 아니라 병영의 목장에서는 말 귀신을 위한 사당을 차려 놓고 말의 무사안녕을 위한 굿판을 열기도 하였음을 알 수 있다.

또 홍세태와 같은 세대의 인물로서 또 울산지방 주민들의 풍속을 그린 시를 남긴 인물로는 권두경(權斗經, 1654~1726)이 있다. 그는 〈울산의 성황당(蔚山城隍堂)〉(7수)(『蒼雪齋集』)에서 울산지방 어부의 삶을 생생하게 그려내고 있다. 이 시의 주석에 따르면 성황당은 해문(海門)에서 가까운 어촌에 있는데, 이 마을 사람들은 해마다 청어를 잡아서 생계를 꾸려왔는데 오륙 년 전부터 청어가 매우 귀하게 되어

백성들은 모두 생업의 수단을 잃어버린 상태에 있다고 한다.126)

① “끼룩끼룩.” 하며 무수한 바닷새가 우는데
포구에 돌아오는 배는 밤이 가깝도록 다니네.
올해에는 청어가 그물 속에 들지 않으니
물고기 잡는 많은 집들은 어떻게127) 살아가는가?
嘈嘈無數海鵝鳴　　浦口歸舟近夜行
今歲青魚不入網　　萬家漁戶若爲生(제3수)

② 하늘의 바람과 달무리 속에 비가 부슬부슬 내리면
포구마다 물고기 잡는 집들은 스스로 사립문을 닫네.
장사꾼128)이 물결에 배를 띄움은 밤낮이 따로 없어서
사경(四更)에 바다에서 배가 돌아왔다고 사람들이 말을 하네.
天風月暈雨霏霏　　浦浦漁家自掩扉
估客乘潮無晝夜　　四更人語海舟歸(제4수)

③ 물고기 잡고 해산물 따느라고 평생을 파도에 맡기는데
청어가 그물에 들어오는 때는 섣달이 제철이네.
여러 해 동안 바닷고기들이 비로 쓴 듯이 빈곤하니
호남지방으로 부질없이 쌀 싣고 올 배를 수없이 보낸다네.129)
漁採生涯寄浪頭　　青魚入網臘爲秋
頻年海族貧如掃　　斷送湖南萬米舟(제5수)

④ 어부들을 어찌 훌륭한 농부와 견주랴?

---

126) 城隍堂近海門 蔚山之漁村也 歲以捉青魚爲生 自五六年 青魚絶貴 民皆失業. (權斗經, 〈蔚山城隍堂〉, 『蒼雪齋集』 권3, 「鷲城錄」)
127) 若爲는 何如와 같은 말로 反問이나 성질·상황 등을 가리키며, ‘어떻게 하다’라고 해석한다.
128) 估客은 상인, 장사꾼이다.
129) 斷送은 虛送과 같은 말로, 헛되이 보내는 것이다.

농가에서는 가끔씩 풍년을 만나기도 함을 아네.
물고기 잡는 그물을 내던지고 농기구[130]를 손질하려고 하지만
어찌하면 바다를 농지로 변화시킬 봉래산(蓬萊山)을 만날 수 있으랴?
漁戶爭如耕戶賢　　　農家往往解逢年
欲投魚網治犁耙　　　安得蓬萊海變田(제6수)

이 시들은 바닷가에서 살아가는 사람들의 다양한 모습을 보여주고 있다.

①은 밤이 될 때까지 배들이 포구로 드나들고 있지만 청어가 흉년이기 때문에 어렵게 살아가는 어부들의 모습을 그리고 있고, ②는 부슬부슬 내리는 빗속에서도 장사꾼들이 이른 새벽부터 생계를 위해 열심히 배가 돌아오기를 기다리며 살아가는 모습을 담고 있으며, ③은 청어가 한 철인 섣달인데도 물고기의 씨가 말라서 농사가 중심을 이루고 있는 호남지방으로 부질없이 쌀 싣고 올 배를 보내는 형편임을 드러내고 있다. ④는 어부들의 삶은 늘 구차스럽기 그지없지만 농부들은 가끔 풍년을 만나기도 하기 때문에 혹시 하는 마음에 농기구를 손질하면서 이 바다를 농지로 바꿀 수 있는 신선의 세계라도 만날 수 있을까 하는 덧없는 희망을 담고 있다. 이처럼 이 시들은 열악하기 그지없는 울산지방 어민들의 어려운 생활모습을 그려내고 있다고 할 것이다.

마지막으로 울산 출신 인물의 작품으로 이 지역 어민들의 삶의 모습을 것을 보기로 하자.

유환수(柳煥秀), 〈바다 어귀(海口)〉(『楊隱遺稿』)

밤낮으로 물고기 잡고 소금 굽는 불이요
봄가을에는 오초(吳楚)에서 온 장사꾼이네.

130) 犁耙는 쟁기와 써레로, 農器具를 가리킨다.

어지러운[131] 풍속을 싫어하지 말지니
백성들의 먹을거리가 이 속에서 나온다네.

| | |
|---|---|
| 晝夜漁鹽火 | 春秋吳楚商 |
| 莫嫌貿貿俗 | 民食此中長 |

유환수(1807~1856)의 이 시는 10수로 된 「양호잡영(楊湖雜詠)」 중의 하나로, 울산지방 바닷가의 모습을 보여주고 있다. 이 시는 어부들이 바다에서 물고기를 잡는 일 이외에도, 염포(鹽浦)에서는 소금가마로 바닷물을 끓여 소금을 굽느라 정신이 없을 뿐 아니라 봄가을에는 중국의 오초(吳楚) 지역에서 온 장사꾼들이 모여 장시(場市)를 펼치기도 한다고 하였다. 이러한 활기찬 모습이 바로 이곳 어민들의 생활 방편인 만큼 어지러운 풍속이라고 혐오하지 말아야 할 것이라는 생각을 담고 있다. 이 시는 생활의 방도를 마련하기 위해 최선을 다해 열심히 살아가는 건강한 어민상을 바닷가 마을의 풍경에 담아 간단한 필치로 선명하게 담아내고 있다고 하겠다.

### 2) 19세기 초반의 울산사회 비판 한시

한평생을 울산의 향리에서 살았던 이양오(李養吾)의 『반계집(磻溪集)』에는 향토애를 바탕으로 한 수많은 한시와 기행문 등이 실려 있다. 그는 72세 때인 순조(純祖) 8년(1808)에 사회의 불합리한 현상을 조목별로 비판하고 스스로를 반성하는 의미에서 「감회(感懷)」라는 장편고시를 20수 제작하였다. 이 작품은 19세기 초 조선사회의 모순점과 지향점을 동시에 보여주는 웅대한 오언고시(五言古詩)라고 할 수 있다.

『반계집(磻溪集)』(목판본) 권3에 실린 17수짜리 작품의 소제목을 보

---

131) 貿貿는 어지러운 모양이다.

면 1수: 거짓된 학문의 배척(斥僞學), 2수: 문장 숭상의 말폐(尙文末弊), 3수: 조세 이외의 징수에 대한 탄식(歎租外徵), 4수: 환향[132]의 폐단(還餉爲弊), 5수: 되와 말과 저울의 불일치(斗升權衡不一), 6수: 형법의 해이(刑法解弛), 7수: 전쟁 대비의 소홀(武備不修), 8수: 『연기신편』의 불이행(不行演機新篇), 9수: 좌병영의 지세로 인한 폐단(左營地勢 營還爲弊), 10수: 뇌물 풍조의 성행(貪贓成風), 11수: 등짐장수 금지(負賈宜禁), 12수: 과거의 불공정(科擧不公), 13수: 초야에 버려진 인재(草野遺賢), 14수: 문체의 고문 숭상(文體尙古), 15수: 향교와 서원의 말폐(校院末弊), 16수: 소학과 대학의 도(小學大學之道), 17수: 스스로의 진술(自敍)로 되어 있다. 이 작품에서 다룬 문제는 상호 중복되는 범주의 것도 있지만, 대개 개선이 필요한 사회 · 문화 · 정치적 현실에 대한 자신의 견해를 제시한 것이다.

그런데 이 작품이 『반계유고(磻溪遺稿)』(필사본)에는 20수로 되어 있고, 원고의 편집과 정리 과정에서 표시한 것으로 보이는 "刪"字가 3수에 표시되어 있는데, 결국 그 작품들은 『반계집』(목판본, 필사본)에서 완전히 삭제됨으로써 작품은 17수가 되고 말았다. 삭제된 세 작품의 제목은 〈천주학이 노자나 불교보다 폐해가 심함(其三天學甚於老佛)〉, 〈붕당의 앙화(其十三 朋黨禍)〉, 〈남행[133]의 폐단(其十五 南行爲弊)〉인데, 제목에 드러나듯이 당시에 심각한 사회문제였던 천주학의 유행과 붕당의 심화, 과다한 남행의 유행 등은 당시에 드러내놓고 비판하기에는 매우 민감한 사안이었기 때문에 편집자에 의해 삭제된 것으로 이해된다. 또 어떤 경우에는 삭제된 3수의 작품과 동일한 이유에서 특정부분을 삭제한 것도 있는데, 목판본의 〈향교와 서원의 말폐(校院末弊)〉는 『반계유고』 및 『반계집』(필사본)에는 뒷부분 8구가 삭제

132) 還餉은 還穀과 糧餉을 아울러 일컫는 말이다. 환

133) 南行은 科擧에 의하지 않고 父 · 祖의 功에 힘입어서 하는 벼슬, 즉 蔭職을 가리킨다.

되어 수록된 경우를 예로 들 수 있다.

여기에서는 먼저 『반계집』(필사본, 목판본)에서 삭제된 3수의 작품을 살펴서 그가 파악한 당시의 사회적 모순이 핵심이 무엇인지 알아보고, 마지막으로 『반계집』에 수록된 17수의 결론에 해당하는 〈자서(自敍)〉를 고찰하여 이 작품을 쓴 작가의 생각을 살피기로 하겠다.

〈천주학이 노자나 불교보다 폐해가 심함(天學甚於老佛)〉

중원(中原)에서는 백양(伯陽)[134]이 나오고
서역(西域)에서는 능인(能仁)[135]이 출생하였네.
두 사람은 인의를 막아
천년 동안 백성을 미혹하였네.
사문(斯文)이 이단으로 변화되니
그 해(害)는 한계가 없네.
하물며 이제 천주학(天主學)이 일어나서
다시 서양에서 모여드네.
이미 남녀의 분별이 없으니
따라서 부자의 친애가 없어지네.
부적으로 질병을 치료하고
환술(幻術)로 금은을 모으네.
도리어 자비(慈悲)의 무리보다 아랫자리에 있지만
청정(淸淨)의 무리와는 함께 어울리지도 않네.
차마 의관을 제대로 차리는 풍속으로
저 개와 양과 같은 이들의 글을 배우겠는가?
죽여서 그 뿌리를 없애는 일은
우리의 임금님께 힘입기를 바라네.
백년 뒤에도 이천(伊川)[136]은

---

134) 伯陽은 老子의 字이다.
135) 能仁은 釋迦牟尼의 意譯이다.

좌임(左衽)[137]의 사람이 됨을 면할 수 있으리.

中原出伯陽　　西域生能仁
二家塞仁義　　千載迷黔民
斯文化異端　　其害無涯津
況今天學起　　復自西洋臻
旣無男女別　　仍滅父子親
符籙療疾病　　幻術致金銀
反在慈悲下　　莫與淸淨倫
忍以衣冠俗　　學彼犬羊文
誅戮絶其根　　幸賴吾聖君
伊川百年後　　庶免左衽人

이 시는 과거에 유학자들이 이단이라고 배척했던 도교(道敎)와 불교(佛敎)보다도 서양에서 들어온 천주학의 폐단이 훨씬 크다는 점을 강조하고 있다. 작품 속에 나오는 "이미 남녀의 분별이 없으니, 따라서 부자의 친애가 없어지네. 부적으로 질병을 치료하고, 환술(幻術)로 금은을 모으네."라고 파악한 대목이 이 시의 작자인 이양오의 천주학에 대한 인식이었다고 볼 수 있다. 즉 그는 남녀간의 분별(分別)과 부자간의 친애(親愛)라는 기본 윤리가 무너진 상황을 부정적으로 바라보고, 부적을 사용하여 질병을 치료하고 환술로 남을 속여서 재물을 모은다고 하면서 천주교도들의 행태를 비판하고 있는 것이다. 생각건대, 의관지족(衣冠之族)으로서 견양(犬羊)의 글을 배울 수는 없으니 "(그들을) 죽여서 그 뿌리를 없애는 일은, 우리의 임금님께 힘입기를 바라네."라고 한 극단적인 발언이 문집을 편집할 때에 문제점으로 판단되

136) 伊川은 北宋의 성리학자 程頤(1033~1107)의 別號이며, 邵雍의 별호이기도 하다.

137) 左衽은 옷깃을 왼쪽으로 여미는 것으로 (被髮)左衽이라고 하여 오랑캐를 비유한다.

어 이 작품이 삭제되었을 것으로 생각된다. 실제로 울산과 언양읍 주변에는 수많은 천주교도들이 순교했던 곳이 산재해 있는 만큼 이런 발언이 그대로 문집에 실려서 알려지게 되면 사회적으로 큰 문제를 야기할 소지가 있는 것으로 이해되었을 것이다.

〈붕당의 앙화(朋黨禍)〉

아, 붕당의 화는
멀리 당·송(唐·宋) 시대부터 시작되었네.
하북(河北)의 도적보다 몰아내기 어렵고
해로움도 헤아릴 수 없었네.
지금의 조정과 같지는 않았으니
시절의 모습이 위태롭기 그지없네.
동서남북의 당색(黨色)은
세 번 변하여 모두 갈래가 나누어졌네.
뒤집고 빼앗으며 서로 죽이니
헐뜯음과 명예가 서로 뒤바뀌네.
큰 악한이 성인처럼 존숭되고
큰 선비가 오랑캐처럼 폄하되네.
모든 것에 공론이 없고
되풀이됨에 일정한 기한이 없네.
이런 무리가 대정(大政)을 장악하니
무슨 연유로 잘 다스릴 수 있으랴?
그 가운데 반드시 어진 이도 있지만
누가 까마귀의 암수를 구별하랴?
구양수(歐陽脩)의 〈붕당론(朋黨論)〉 한 편이
마땅히 천고의 의문을 깨쳐주리.
나는 바라노라, 임금의 마음이
천지처럼 사사로움이 없기를.

噫噫朋黨禍　　遠自唐宋時
難於河北賊　　爲害亦不訾
未若今朝廷　　時象岌岌危
東西南北色　　三變皆分歧
傾奪互厮殺　　毁譽相反之
大慝尊爲聖　　鴻儒貶如夷
一切無公論　　反復無定期
此輩秉大政　　何由做善治
其中必有賢　　誰知烏雄雌
歐陽一篇論　　宜破千古疑
我願君王心　　如天地無私

이 시는 당파(黨派)의 대립으로 인한 피해를 논의하고 그것을 혁파(革罷)해야 한다는 당위성을 설파한 작품이다. 이 시에서 언급한 구양수의 〈붕당론〉은 제왕이 군자와 소인을 구별하여 봉록과 재물·금전 등의 이익을 탐하는 소인의 무리를 배척하고, 도의를 지키고 정성과 신의를 행하며 명예와 절조를 아끼는 등 도(道)를 함께 하고자 무리 짓는 군자를 등용해야 한다는 점을 강조한 글이다. 그런데 당색(黨色)이 짙은 관료들이 섣달의 인사 행정인 도목정사(都目政事), 즉 대정(大政)을 장악하여 문무 관료들의 인사 고과(人事考課)를 좌지우지하고 있다는 지적과, 탕평책(蕩平策)과 사회 개혁을 추진한 영·정조(英·正祖) 시대를 거쳐 도달한 순조(純祖) 시대에 이르러서 왕의 마음이 천지처럼 넓고 공평하여 사사로움이 없기를 바란다는 내용을 담고 있는 이 작품은, 향촌 선비인 이양오가 감당하기 어려운 중대한 정치적 사안인 만큼 역시 문제를 야기할 가능성이 있는 것으로 판단하여 문집에서 삭제되었을 것이다.

〈남행의 폐단(南行爲弊)〉

대개 듣자니 문과(文科)와 무과(武科)는
나뉘어져 동반(東班)과 서반(西班)이 되네.
반열에 오름이 이미 괴롭고
관리가 되는 것도 어렵다네.
문관 중에는 늘그막에도 전적(典籍)이 많고
무관 중에는 죽을 때까지 문지기를 하는 이도 있네.
문관도 아니고 또 무관도 아닌데
남행(南行)은 무슨 관리인가?
도리어 용호방(龍虎榜)을 비웃으며
주(州)와 목(牧)에서 제멋대로 행동하네.
세력을 끼고 제멋대로 탐내는데도
방백(方伯)은 팔짱을 끼고 바라보네.
낮은 지위에 있다고 대체 무슨 허물이 있는가?
백리 안의 사람들이 모두 편안하지 못하네.
명제(明帝) 때에는 사공(謝公)[138]이 주도하여
한 낭관(郎官)의 간섭도 허용하지 않았네.
만약 그 사람을 비난하도록 하면
다만 우리 백성이 해를 당할까 두렵네.
붉은 대문 집에서 사는 얼굴 하얀 사람이
어찌 어려운 백성의 일을 알리요?
다만 한 관원의 형편만을 위하고
만 사람을 추위에서 구제하지 않네.
생각건대 저 대대로 녹봉을 받아 사는 사람들은
누구인들 놀며 먹지 않으리요?
관리를 선택함은 공평함이 으뜸인데
공평하지 못하니 진실로 한탄할 만하네.

138) 謝公은 중국 南朝 齊나라 사람으로 字가 玄暉인 謝朓(464~499)를 가리킨다.

蓋聞文武科　分作東西班
登班旣辛苦　做官亦艱難
文多老典籍　武或終抱關
非文亦非武　南行是何官
反笑龍虎榜　橫行州牧間
挾勢恣貪婪　方伯袖手觀
有庳獨奚罪　百里皆不安
明帝謝公主　不許一郎干
若使非其人　惟恐吾民殘
朱門白面郎　豈知民事艱
只爲一官況　不恤萬人寒
惟彼世祿家　何人不素餐
擇官莫如公　不公良可歎

이 시는 남행(南行)의 폐단을 다룬 작품이다. 남행이란 조상의 음덕(蔭德)으로 과거를 거치지 않고 벼슬길에 나아가거나 높은 학행(學行)으로 천거되어 관직에 오르는 것을 가리키는 말이다. 이들은 흔히 남행관(南行官)으로 일컬어지는데 무과시험을 거치지 않고 부장이 된 사람을 남행부장(南行部將)이라 하고, 선전관(宣傳官)이 된 사람을 남행선천(南行宣薦)이라 부르기도 하였다.139) 『성호사설(星湖僿說)』에는 다음과 같이 기록되어 있다.

> 남행은 『고려사(高麗史)』 「충선왕세가(忠宣王世家)」를 살펴보면 "공신(功臣)의 자손으로서 남반(南班)에 소속된 자들을 동반(東班)으로 고치라."라고 하였고, 또 "처음 입사(入仕)하여 남반에 속한 자들은 연한을 막론하고 동반으로 고치라."라고 하였다. 남행의 행자(行字)는 '반항(班行)'의 항자인데 속음(俗音)에서 잘못 읽고 있는 듯하다. 세상

139) 『한국고전용어사전』 1, 세종대왕기념사업회, 2001, 1036~1037면, 참조.

에서는 과목(科目)을 중시하여 문・무(文・武)로 동서반(東・西班)을 삼고, 북쪽을 임금의 자리로 삼는다. 그래서 음사(蔭仕)한 사람들은 마땅히 그 남쪽에 반열(班列)을 지었을 것이다. 혹시 당시 제도에서 남쪽에 반열을 지어서 북쪽을 향하는 것이 있었는지 살필 수 없다.140)

역사를 살펴보건대 과거를 통해서 관직에 오르지도 않은 사람들인 남행관(南行官)들이 가문의 위세를 등에 업고 저지르는 횡포는 말로 표현하기 어려울 정도였다. 남행 출신들로 인한 폐해가 엄청나게 컸다는 사실을 몸소 체험한 이양오는 그들의 만행을 고발하여 그 폐단의 시정을 바라는 마음으로 이 문제를 거론하였을 것이다. 그러나 대대로 녹봉을 받으며 사는 벌열(閥閱) 출신들을 시위소찬(尸位素餐)한다고 비판하고 또 관직의 임용 전체를 불공평하다고 한 주장을 부담스럽게 생각한 편집자가 이 시를 문집에서 산거(刪去)한 것으로 판단된다.

다음은 이 작품의 종결부에 해당하는 시이다.

〈스스로의 진술(自敍)〉

나는 본디 재주가 없는 사람으로
담백하여 화려한 꾸밈이 없네.
호걸(豪傑)과 사귀지 못하고
공명(功名)을 잡지 못하였네.
하늘이 산과 물 사이로 내치기에
한가롭게 초가에 드러누워 있네.
일어나면 모였다가 퍼지는 구름을 바라보고
앉으면 피었다가 지는 꽃을 마주하네.
늙어 가면서 수레와 말을 사양하고
흥이 일면 뽕나무와 삼을 읊조리네.

---

140) 李瀷, 『星湖僿說』 권8, 「人事門」, 〈南行〉 참조.

마음대로 살아감이 내 분수를 따름일진대
가난하고 구차함을 어찌 족히 탄식하랴?
만사가 모두 영락(零落)하니
시비(是非)가 나에게 더해지지 않네.
다만 태평한 세상을 보고 싶을 뿐인데
법(法)이 오래되어 폐단이 도리어 많네.
강개(慷慨)하면 울음소리를 내고
바람을 만나면 크게 노래하네.
말을 해도 도움 될 것이 없는데
어찌 반드시 변화(卞和)[141]를 배우랴?
바라건대 수련(修鍊)하는 도사를 좇아
단전(丹田)에서 백아(白鴉)[142]를 기르고 싶네.

我本不才人　　澹泊無芬華
豪傑不可交　　功名不可拏
天放山水間　　閒臥茅茨家
起看卷舒雲　　坐對開落花
老去謝車馬　　興來詠桑麻
飮啄隨吾分　　貧窶何足嗟
萬事皆零落　　是非莫我加
但見太平世　　法久弊還多
慷慨發之鳴　　臨風浩浩歌
言之亦無補　　何必學卞和
願從修鍊士　　丹田養白鴉

이 시는 제목에서 보이듯이 스스로의 속마음을 드러낸 작품으로, 자

141) 卞和는 和氏璧의 고사에 나오는 楚나라 사람으로, 荊山 아래에서 옥 덩이를 얻어서 왕에게 바쳤으나 인정받지 못하고 도리어 왕을 속였다는 죄명으로 左右 刖刑을 당하였으나 결국 그 眞價를 인정받도록 하였다.

142) 白鴉는 몸집이 작고 배 아랫부분이 흰 까마귀로, 보통 까마귀와 달리 부모에게 먹이를 토해서 먹이지 않는 새(不反哺者)라고 한다.

기가 살아 온 평생을 돌이켜 보고 여생에서 추구할 바를 제시하고 있다. 앞부분에서 시인은 스스로를 재주 없는 사람으로 규정하고 융통성과 사교성이 없어서 호걸과 사귀지도 못하며, 하늘이 산수(山水) 사이로 내치기에 시골의 초가집에서 한가롭게 살고 있다고 하여, 관운(官運)이 없었던 자기의 삶을 담담한 어조로 관조하는 자세를 보여주고 있다. 그러나 전원의 삶도 의미가 없지는 않다는 점을 인정하고 있다. 즉 그는 걷혔다가 펼쳐지는 구름과 피었다가 떨어지는 꽃을 보며 기거하고, 도회의 번화함을 멀리하여 자기 마음대로 살 수 있을 뿐 아니라 가난하지만 분수에 따라 사는 만큼, 세상의 시비에서 벗어날 수 있음을 다행스러워하고 있다. 그는 태평한 시대를 보고 싶은 욕심이 있지만 "법이 오래되어 폐단이 도리어 많네."라는 지적처럼 조선이 건국된 이후 장구한 시간이 지난 탓으로 생긴 수많은 폐단 때문에 태평성대를 구현하기 어렵다는 점을 절감하고 있다. 그래서 그는 변화(卞和)처럼 자기의 본성을 끝까지 지켜 그 진정한 실체를 인정받기보다 차라리 그런 문제를 도외시하고, 자기의 완성을 위해 수련하는 도사처럼 "단전(丹田)에서 백아(白鵶)를 기르"는 수련을 하고 싶다는 염원을 드러내는 것으로 시를 마무리하고 있다.

결국 이양오는 「감회」 시를 통해 조선 후기 사회의 다양한 문제점들을 지적하고 나름의 개선 방안을 제시하기는 하였으나 그것이 병폐로 물들어 있는 조선사회를 개혁하는 실질적 방안이 되지 못한다는 사실을 누구보다도 더 잘 알고 있었다. 그래서 그는 도교적인 수련법을 통하여 개인적 차원의 수양을 완성하는 쪽으로 방향을 선회하려는 바람을 지니고 있음을 보여주고 있다.

# 참고문헌

## 1. 자료


姜弘重, 『東槎錄』, 『국역해행총재』, 민족문화추진회, 1974.

『高麗史』.

『嶠南誌』, 旿星社 영인, 1985.

『국역신증동국여지승람』, 민족문화추진회, 1972.

權斗經, 『蒼雪集』.

權相一, 『淸臺集』, 驪江出版社, 1989.

『근대계몽기 시가자료집』(3권), 성균관대학교 대동문화연구원, 2000.

金相宇, 〈酌川亭重修記〉(酌川亭 扁額).

金安國, 『慕齋集』, 『韓國文集叢刊』 20. 民族文化推進會.

金裕鎰, 〈酌川亭記〉(酌川亭 扁額).

金正泰, 〈松川小窩原記〉(松川亭 扁額).

金正默, 『又汕遺稿』.

金宗直, 『佔畢齋集』, 『韓國文集叢刊』 12, 民族文化推進會.

南景羲, 『癡庵集』.

南龍翼, 『扶桑錄』, 『국역해행총재』 v.5, 민족문화추진회, 1974.

『論語』.

『司馬榜目』.

『三南誌』, 三南面, 1998.

徐錫麟, 『睡聱集』.

성기옥 · 성범중 · 양명학, 『울산울주지방 민요자료집』, 울산대학교출판부, 1990.

成殷九 譯註, 『日本書紀』, 정음사, 1987.

宋洙煥 譯註, 『태화강에 배 띄우고(蔚山景勝 漢詩選集)』, 울산광역시, 1999.

宋鍾瑞, 〈酌川亭上樑文〉(酌川亭 扁額).

宋璨奎 편, 『慕隱臺詩集』(필사본).

『荀子』.

『詩經』.

『彦陽邑誌』, 彦陽邑誌發刊推進委員會, 2001.

『彦陽縣邑誌』.

『寧海朴氏大同譜』.

吳昞善, 〈酌川亭記〉(酌川亭 扁額).

吳寅善, 〈酌川亭記〉(酌川亭 扁額).

『蔚山邑誌』(1934년).

柳宜健, 『花溪集』.

柳宗元, 『柳河東集』.

李穀, 『稼亭集』, 『韓國文集叢刊』 3, 民族文化推進會.

李九籲, 『鳳仙花』, (출판사 불명), 1980.

李奎報, 『東國李相國集』, 『韓國文集叢刊』 1권, 民族文化推進會.

李觀吾, 『竹塢遺集』.

李萬敷, 『息山集』.

李丙燾 譯, 『三國遺事』, 大洋書籍, 1975.

李植, 『澤堂集』.

李養吾, 『磻溪集』.

李原, 『容軒集』, 『韓國文集叢刊』 7, 民族文化推進會.

李瀷, 『星湖僿說』.

李仁中, 『艮宇遺集』.

李廷孝, 『後松集』.

李濟臣, 『淸江集』, 韓國文集叢刊 43, 民族文化推進會.

李俊民, 『鶴皐遺集』.

張斗煥, 〈酌川亭記〉(酌川亭 扁額).

張錫英, 〈慕隱亭記〉(慕隱亭 扁額).

張志淵 편, 『大東詩選』, 亞細亞文化社 영인, 1980.

鄭夢周, 『圃隱集』, 『韓國文集叢刊』 5, 民族文化推進會.

정용수 외, 「慶南地方 樓亭資料」, 『石堂論叢』 22집, 동아대학교 석당전통문화연구원, 1995.

鄭誧, 『雪谷集』, 『韓國文集叢刊』 3, 民族文化推進會.

趙觀植, 『光軒遺稿』.

趙泰億, 『謙齋集』, 『韓國文集叢刊』 189.

趙虒, 『兢齋遺集』

崔鉉琛, 〈集淸亭重建記〉(集淸亭 扁額).

崔鉉弼, 〈集淸亭重建上樑文〉(集淸亭 扁額).

洪禹載, 『東槎錄』, 『국역해행총재』 v.6, 민족문화추진회, 1974.

『巘山誌』.

## 2. 논저

姜吉夫, 『鄕土와 地名』, 정음사, 1985.

고정의, 「처용가 해독의 재검토」, 『울산어문논집』 5집, 울산대학교 국어국문학과, 1989.2.

金松泰, 「蔚山監牧 洪世泰와 그가 남긴 鄕土詩에 대한 小攷」, 『鄕土史報』 9집, 蔚山鄕土史硏究會, 1998.

宣石悅, 「朴堤上의 出自와 관등 奈麻」, 『慶大史論』 10, 경남대학교 사학회, 1997.

成範重, 「고전문학과 지역성의 문제」, 『국어국문학』 144집, 국어국문학회, 2006.12.

______, 「구소(九簫) 이호경(李護卿)의 한시(漢詩)」, 『울산문학』 2007년 겨울호(통권 42호), 울산문인협회, 2007.12.

______, 「구충당(求忠堂) 이의립(李義立)의 시가」, 『울산문학』 2008년 봄호(통권 43호), 울산문인협회, 2008.3.

______, 「磻溪 李養吾의 漢詩世界」, 『韓國漢詩硏究』 12집, 韓國漢詩學會, 2004.10.

______, 「반계(磻溪) 이양오(李養吾)의 「감회(感懷)」」, 『울산문학』 2007년 가을호(통권 41호), 울산문인협회, 2007.9.

______, 「반구대와 집청정의 한시」, 『울산문학』 2007년 여름호(통권 40호), 울산문인협회, 2007.6.

______, 「울산지역 한시의 제 양상」, 『韓國漢詩硏究』 8집, 韓國漢詩學會, 2000.10.

______, 「한문학 속의 울산」, 『울산광역시사』 2(전통문화편), 울산광역시, 2002년.

______, 『한문학 속에 남아 있는 울산지역의 풍광과 풍류』, 울산대학교출판부, 2005.

송수환, 『울산의 역사와 문화』, 울산대학교출판부, 2007.

신재홍, 『향가의 해석』, 집문당, 2000.

申鉉雄, 「朴堤上의 出自와 身分問題(續)」, 『新羅文化』, 동국대학교 신라문화연구소, 2006.

엄기영, 「'朴堤上 이야기'의 受容 樣相과 그 意味」, 『民族文化硏究』 39, 고려대학교 민족문화연구소, 2003.

울산역사교사모임, 『다같이 돌자 울산 한바퀴』, 도서출판 처용, 1998.

이수봉, 「울산, 이야기 속으로」, (3)〈넋이 새(乙)가 되어 숨은(隱) 바위(岩)〉, 경상일보, 2007.10.14.

______, 「울산, 이야기 속으로」, (3)〈넋이 새(乙)가 되어 숨은(隱) 바위(岩)〉, 경상일보, 2007.10.14 「울산, 이야기 속으로」 (4) 「치술령의 신모」, 경상일보 2007.10.21.

李有壽, 『蔚山地名史』, 울산문화원, 1986.

장성운, 『울산이 보인다』, 대성문화, 2000.

崔二洛, 「蔚山八景攷」, 『鄕土史報』 1집, 蔚山鄕土史硏究會, 1988.

韓石根, 「東面八景과 方魚津十二景」, 『鄕土史報』 5집, 蔚山鄕土史硏究會, 1994.

______, 「蔚山에 남겨진 名詩閱覽」, 『鄕土史報』 9집, 蔚山鄕土史硏究會, 1998.

# 찾아보기

【ㄴ】

〖 ㅁ 〗

〖 ㅂ 〗

【 ㅈ 】

【ㅌ】



【ㅍ】

【 ㅎ 】

**울산지방의 문학전통과 작품세계**

**초판 1쇄 인쇄** 2009년 6월 25일 **초판 1쇄 발행** 2009년 6월 30일
**지은이** 성범중 **펴낸이** 박성복 **펴낸곳** 도서출판 월인
등록번호 제6-0364호 등록일 1998. 5. 4.
주소 142-879 서울특별시 강북구 한구름길 19-3(수유2동 252-9)
대표전화 (02) 912-5000 팩스 (02) 900-5036
e-mail worinnet@hanmail.net homepage http://www.worin.net

ISBN 978-89-8477-434-6 93810

값 15,000원